SECCIÓN DE OBRAS DE HISTORIA

MERCADERES DEL LITORAL

Para Joseph Love
muy cordialmente
Austin, 3/III/92
[illegible]

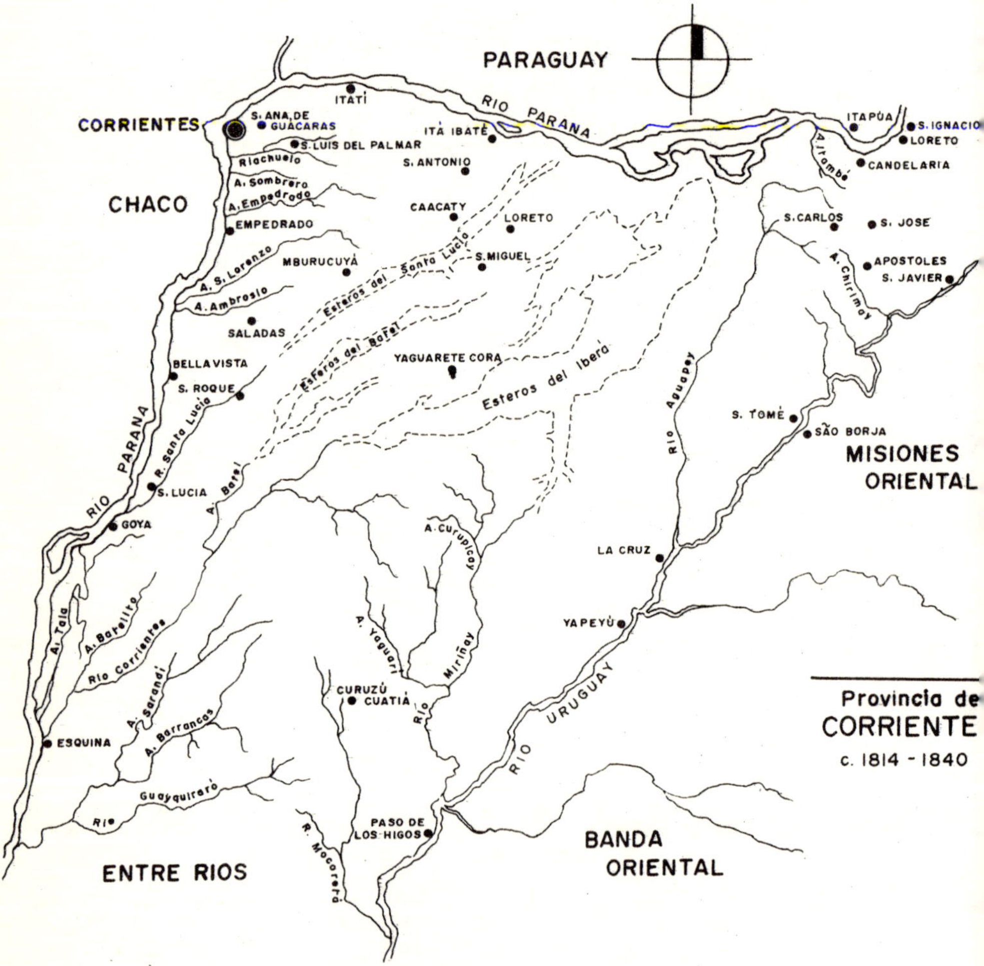
PARAGUAY
CHACO
CORRIENTES
S. ANA DE GUACARAS
S. LUIS DEL PALMAR
ITATI
ITA IBATE
RIO PARANA
ITAPUA
S. IGNACIO
LORETO
A. Itambé
CANDELARIA
Riachuelo
A. Sombrero
A. Empedrado
S. ANTONIO
CAACATY
LORETO
EMPEDRADO
S. CARLOS
S. JOSE
A. S. Lorenzo
MBURUCUYA
Esteros del Santa Lucia
S. MIGUEL
APOSTOLES
S. JAVIER
A. Chirimay
A. Ambrosio
SALADAS
Esteros del Batel
YAGUARETE CORA
BELLA VISTA
S. ROQUE
Esteros del Iberá
R. Santa Lucia
Rio Aguapey
S. TOME
SÃO BORJA
RIO PARANA
MISIONES ORIENTAL
S. LUCIA
A. Batel
GOYA
A. Curupicay
LA CRUZ
A. Tala
A. Batelito
Rio Corrientes
A. Yaguari
A. Miriñay
YAPEYU
A. Sarandi
CURUZU CUATIA
Rio
RIO URUGUAY
ESQUINA
A. Barrancas
Rio Guayquiraro
PASO DE LOS HIGOS
R. Mocoretá
BANDA ORIENTAL
ENTRE RIOS
Provincia de CORRIENTE
c. 1814 - 1840

MERCADERES DEL LITORAL

ECONOMIA Y SOCIEDAD EN LA PROVINCIA DE CORRIENTES, PRIMERA MITAD DEL SIGLO XIX

JOSE CARLOS CHIARAMONTE

FONDO DE CULTURA ECONOMICA
MEXICO - BUENOS AIRES

Primera edición, 1991

ISBN: 950-557-120-8

Impreso en Argentina - Printed in Argentina
Hecho el depósito que previene la ley 11.723

A mi hermana Berenice

ABREVIATURAS USADAS EN LAS NOTAS

A.G.N.	Archivo General de la Nación, Buenos Aires.
A.P.C.	Archivo General de la Provincia de Corrientes.
A.P.E.R.	Archivo Administrativo e Histórico de la Provincia de Entre Ríos, Paraná.
A.P.J.P.A.	Archivo Particular Juan Pedro de Aguirre, Correspondencia y documentación de Cristóbal de Aguirre, Archivo y Museo Histórico del Banco de la Provincia de Buenos Aires.
A.H.R.G.S.	Arquivo Histórico do Rio Grande do Sul, Porto Alegre, R.G.S., Brasil.
C.R.B.	Coleção Visconde do Rio Branco, Biblioteca Nacional, Rio de Janeiro, Brasil.
A.S.T.	Archivio di Stato di Torino, Turín, Italia.
P.R.O., F.O.	Public Record Office, Foreign Office, Londres, Gran Bretaña.

Referencias del Archivo General de la Provincia de Corrientes

C.O.	Correspondencia Oficial.
C.P.	Censo Provincial.
E.A.	Expedientes Administrativos
L.C.	Libro de Caja
L.T.R.P.	Libro Toma de Razón de Patentes.
P.P.	Papeles de Particulares.
S.T.P.E.	Sección Tribunales, Protocolos de Escribanos.
T.	Archivo de los Tribunales de Corrientes.
T.R.G.	Toma de Razón de Guías.

Fuentes éditas del Archivo General de la Provincia de Corrientes

R.O.P.C.	*Registro Oficial de la Provincia de Corrientes*, edición de 1929.
R.O.P.C., 1835	*Registro Oficial de la Provincia de Corrientes*, edición de 1835.
R.O.P.C., 1916	*Registro Oficial de la Provincia de Corrientes*, edición de 1916.

PRÓLOGO

1. Este volumen reúne trabajos elaborados entre los años 1974 y 1985, a lo largo de una investigación comenzada hacia 1970 y excesivamente demorada por involuntarias interrupciones, originadas todas en las vicisitudes de la vida universitaria argentina. Salvo uno de ellos, el que constituye la Introducción del libro, el resto está dedicado al estudio de la sociedad y economía de una provincia del litoral rioplatense, la provincia de Corrientes, en la primera mitad del siglo XIX. La diversidad de momentos en que fueron elaborados sus distintos capítulos, varios de ellos bastante antes de esta edición, explica que no se hayan incorporado los resultados de algunos trabajos recientes que hubiera sido de provecho utilizar.

El escrito introductorio reproduce el texto de una ponencia a un seminario sobre la cuestión regional en América Latina. Por su carácter de exposición de conjunto de la problemática regional argentina en la primera mitad del siglo pasado, nos pareció que podía contribuir a una mejor comprensión de los estudios que le suceden, sobre todo porque muestra de manera general las principales orientaciones que guiaron nuestra investigación sobre aquella provincia, a la vez que recoge algunos de sus resultados.

En cuanto a los estudios sobre la economía de la provincia de Corrientes, ellos no persiguen una información exhaustiva sobre el particular. Su objeto fue el análisis de ciertos aspectos de esa economía que contribuyen a dilucidar la naturaleza histórica de la clase dirigente y del estado provincial por ella construido. Debido a las circunstancias aludidas, estos estudios no pudieron ser desarrollados en forma continuada. Llevados a cabo por separado, en distintos momentos, hacen que el conjunto adolezca de cierta falta de homogeneidad. Dos de ellos fueron escritos para ser publicados en revistas especializadas, y otro, aún inédito, tiene un carácter similar. Por otra parte, en dos de estos trabajos, realizados al comienzo de la investigación, se analizan las formas históricas correspondientes a las principales actividades económicas de la provincia, con especial interés por su tipo histórico de producción mientras que en otros más recientes se estudian el comercio de la provincia, la política económica, las finanzas públicas, y la política relativa a la construcción del orden social. Las "Consideraciones finales", por último, incorporan algunos trozos de elaboración más reciente —las referencias a los límites de la mercantilización de la economía correntina— cuyo lugar natural hubiera sido algunos de los capítulos de la Primera Parte, pero que preferimos ubicar allí no solo para evitar una complicada reelaboración de los textos anteriores, sino también porque son funcionales al intento de balance contenido en esas reflexiones.

Todos los trabajos tienen por límites cronológicos, aproximadamente, los años 1821 y 1838, con la natural elasticidad a que obligan los fenómenos considerados; el primero de esos años, por ser el del profundo cambio que implicó el logro de la autonomía de la provincia —luego de la dominación sucesiva de Buenos Aires, Artigas y Ramírez— y el del comienzo de importantes mudanzas en el escenario político y económico del Río de la Plata. En el otro extremo, el esfuerzo que significó, a partir de 1838, la guerra con Buenos Aires y Entre Ríos, y los respectivos desastres militares —sumados a los efectos del bloqueo francés al Río de la Plata—, modifican a tal punto el conjunto de los fenómenos considerados como exponentes de la evolución socioeconómica de Corrientes —tasa de crecimiento de la población, importaciones y exportaciones, recaudación fiscal, ingresos y gastos del estado, entre otros—, que resultó adecuado fijar ese límite.

2. Detrás de estas breves referencias al contenido de los trabajos yace la necesidad de explicar el interés más general que dio lugar a la elección del tema. ¿Por qué la provincia de Corrientes? ¿Por qué la economía y sociedad correntinas en la primera mitad del siglo XIX? En la investigación histórica la elección de un tema puede tener motivaciones de muy distinta naturaleza que, pese a ello, suelen también conjugarse. Puede influir, por ejemplo, el interés de los historiadores por lo que podríamos llamar una experiencia metodológica; esto es, el interés por participar de las orientaciones en boga en la comunidad profesional aplicando los avances de la investigación reciente en algún asunto apto para tal propósito. O bien el tema surge del hallazgo de algún repositorio documental cuya riqueza haga atrayente la programación de un trabajo sobre la parcela histórica a la que corresponda, motivación accidental que no por eso deja de dar frutos de valor. En otro orden de cosas, más sustancial, la elección del tema puede reflejar preocupaciones menos atadas a los aspectos técnicos y metodológicos de la labor histórica y más influidas por su importancia en el espacio y período correspondientes. La lista puede ampliarse. No obstante, preferimos limitarnos a las variantes apuntadas porque las tres se reunieron en la elección de nuestro tema, decidido por la trascendencia de la participación correntina en la historia del período, por el interés de analizar en el caso de Co-

rrientes algunos problemas de relieve en el campo de la historia económica y social, y por la riqueza documental del archivo histórico de la provincia.

La importancia del papel desempeñado por Corrientes en las disputas sobre la oportunidad de organizar constitucionalmente el país, y sobre los intereses implícitos en ellas, fue entonces una motivación fundamental del trabajo. Esto es: su función como promotora de los acuerdos que condujeron a la Liga del Litoral; su enconado enfrentamiento con Buenos Aires en torno a los alcances que debían tener los compromisos a contraerse, especialmente respecto de las cuestiones claves de las rentas nacionales, la navegación de los ríos y el comercio exterior; la trascendencia de la célebre polémica sostenida por el más destacado de los líderes correntinos, Pedro Ferré, con los voceros de la política de Juan Manuel de Rosas. Dicha motivación se vio acrecentada por algo todavía más notable: el papel que habría de asumir Corrientes a lo largo del período, como la más fuerte opositora a la política bonaerense,[1] junto con la sorprendente capacidad economista y organizativa que le permitió montar tres ejércitos en los tres años que van de 1839 a 1841, para su enfrentamiento con Entre Ríos y Buenos Aires.

3. Tales características, sin embargo, implican problemas de consideración; problemas que surgen inevitablemente de ellas y, especialmente, de la significación que adquieren en los famosos textos correntinos que impugnaban la política económica liberal de Buenos Aires y su tenaz oposición a constituir el país; es decir, los problemas de explicar la capacidad de una provincia como esta para acometer empresas de tal naturaleza, y de definir a un grupo social capaz de expresarse en un programa —que agitó en el ámbito interprovincial y llevó parcialmente a la práctica en el orden interno— que parecía rozar los lineamientos del nacionalismo económico.

Los documentos del gobierno correntino en torno a las cuestiones que juzgaba de imprescindible resolución para organizar el país son muy conocidos. Ello se debe, más allá del interés polémico que concitaron en su momento, al hecho de constituir una parte fundamental de las fuentes históricas relativas a la Liga del Litoral y al Pacto Federal —el principal de los "pactos preexistentes" que invoca el Preámbulo de la Constitución de 1853, junto al Acuerdo de San Nicolás— y, asimismo, al interés creciente que han ido suscitando los textos que alguna vez impugnaron la política librecambista de Buenos Aires y el tipo de relación con el mercado mundial que desarrolló la Argentina durante el siglo pasado. Desde esta última perspectiva, los escritos de Ferré constituyen lo más destacado que pueda encontrarse en la primera mitad del siglo XIX. Ellos fueron reunidos en la extensa serie documental publicada por Emilio Ravignani en 1922 y comentados en obras de diversa naturaleza, especialmente por parte de historiadores constitucionalistas que tendían a destacar los aspectos atinentes a su disciplina.[2]

Antes de detenernos brevemente en la polémica de Corrientes con Buenos Aires —necesaria referencia, puesto que dicha polémica no ha formado parte de nuestro trabajo más que en la medida en que ha sido preciso aludirla al tratar de ciertas cuestiones—, conviene recordar que la provincia de Corrientes hizo del proyectado Congreso Constituyente la clave para la solución de sus problemas y, por consiguiente, el más grave tema de disputa con la de Buenos Aires. La controversia, célebre en la historia del período, tuvo su primer episodio agudo en las discusiones previas al Pacto del Litoral, suscrito en enero de 1831. El entredicho fue a tal punto agudo, que firmaron el tratado solamente las provincias de Buenos Aires, Entre Ríos y Santa Fe, debido al retiro de la de Corrientes. Para esta última, la momentánea deserción fue una forma de protesta contra la negativa de Buenos Aires a considerar nada que fuese más allá de la lucha contra la unitaria Liga del Interior, acaudillada por el General Paz, o contra eventuales acciones futuras del partido enemigo; negativa mucho más rotunda si las iniciativas de más largo alcance presentadas por Corrientes, con el momentáneo apoyo de Santa Fe y Entre Ríos, incluían la convocatoria de un Congreso Constituyente en un futuro próximo.

La cuestión constitucional fue entonces el compendio de los problemas que dominaron la vida política rioplatense de la primera mitad del siglo. Aparentemente el principal problema era el de la forma —federal o unitaria— del gobierno a constituir y esto pareció ser la piedra del escándalo en los fallidos intentos constitucionales de 1819 y 1826. Pero, luego de la derrota definitiva de los unitarios, al fracasar la Liga del Interior con la prisión de Paz, el bloqueo en que cae la cuestión constitucional revela la existencia de problemas de más fuerte gravitación. Esos problemas fueron objeto de una exposición abierta y provocativa por parte del gobierno correntino, especialmente a partir de las agitadas negociaciones preliminares al Tratado de 1831 y reiteradas en los años posteriores en una polémica que llevó las cosas a un grado de tirantez extremo entre las provincias del Litoral.

4. ¿Qué fue lo que propusieron los líderes correntinos en el con-

junto de exposiciones de sus criterios, desde las reuniones preparatorias de la Liga del Litoral hasta la polémica con De Angelis y otros voceros de Rosas? La mayor parte de esas exposiciones llevan la firma de Pedro Ferré, el más destacado de esos dirigentes, y lo que sigue es un escueto resumen de su contenido. Según Ferré, una vez derrocada la antigua dominación y rotas las restricciones del sistema colonial, hubiera sido necesario el establecimiento de nuevas restricciones destinadas a producir una masa de bienes mayor, convenientemente regulada en atención a las necesidades de las relaciones abiertas con el comercio en todo el mundo. No obstante, debido a una política liberal mal entendida, tanto el comercio exterior como el interior y aun las ventas al por menor cayeron en manos del extranjero. La inmigración indiscriminada produjo la entrada al país de un corto número de extranjeros útiles, junto con una mayoría de indeseables, quienes por falta de una política protectora por parte del estado se apoderaron progresivamente de todos los recursos y actividades útiles. Las sociedades, opinaba el líder correntino, deben procurar obtener el máximo grado de desarrollo; por eso, el país no debe aspirar a convertirse perpetuamente en consumidor de productos y manufacturas extranjeras y transformarse en una factoría perteneciente a todas las naciones del mundo. La libre concurrencia constituye una fatalidad. Los pocos artículos industriales del país no pueden soportar la competencia con la industria extranjera, y su producción se debilita o desaparece. Entonces, alegaba, aumenta el saldo desfavorable de la balanza del comercio exterior, se destruyen los capitales invertidos en estos ramos y sobreviene la miseria. Por eso, aquellos que atacan las restricciones al comercio extranjero porque conformarían la imposición de un monopolio olvidan que la libre concurrencia permite otro monopolio más depresivo e injusto: el de las naciones con industrias altamente perfeccionadas que impiden mediante la concurrencia el surgimiento de la industria nacional en los países más débiles. La prohibición tiene las ventajas de ocupar la mano de obra dispersa permitiendo la subsistencia individual, animar la industria, estimulada por la obtención de mayores ganancias, reducir el consumo de productos extranjeros, hecho muy importante dado que el país consume más de lo que produce, y, por último, salvar del aniquilamiento a algunos pueblos y hacer prosperar la industria de otros.

En el permanente alegato contra la influencia extranjera predominaba el ataque a Inglaterra, particularmente a la política que desde el Tratado de Amistad, Comercio y Navegación del 2 de febrero de 1825 con el Reino Unido condicionaba la política económica exterior del Río de la Plata.[3] Es cierto que la crítica a la política de Buenos Aires con respecto a Inglaterra tenía otras connotaciones, evidentemente debidas a la supervivencia de la antigua fobia antibritánica española, cosa que es particularmente visible en Pedro Ferré, cuyo fuerte catolicismo teñía de especial color la postura antibritánica. Pero, más allá de estas connotaciones, la crítica correntina consistía sustancialmente en una impugnación de las relaciones que Buenos Aires, al amparo de su forma de entender las ventajas del librecambio, había impuesto al resto de las provincias. De nada valía el argumento de que el tratado de 1825 había sido firmado por una autoridad nacional argentina. El fracaso de la gestión nacional de 1824-1826, que Corrientes al igual que la mayoría de las provincias atribuyeron a la ilegitimidad de la gestión de Rivadavia en la sustancial cuestión de la forma de gobierno, debilitaba también la legitimidad de ese tratado y justificaba la presión para su anulación.[4]

Por último, la denuncia de lo que Corrientes entendía como una usurpación de derechos correspondientes al conjunto de las provincias rioplatenses por parte de Buenos Aires se extendía a la cuestión de las rentas nacionales. Los correntinos sostenían que estas eran preexistentes a la constitución misma de la Nación, puesto que devenían del tesoro y las rentas de los antiguos reyes; esto es, que eran propiedades nacionales adquiridas por el derecho de guerra y que Buenos Aires no podía negar a la nación el derecho de poseerlas y regular su aplicación.

5. Por su parte, los voceros de Buenos Aires apoyaban sus argumentos en Adam Smith y en otros exponentes de la economía política clásica. Esta profesión de fe liberal por parte de los hombres de Juan Manuel de Rosas fue explícita y reiterativa en el curso de los debates periodísticos de 1832 y 1833. Sin embargo, esos puntos de vista habían sido expuestos anteriormente por el representante de Buenos Aires en las reuniones preparatorias del tratado de 1831, en respuesta a las demandas de las otras provincias. El *Memorándum* que José María Roxas y Patrón presentó entonces a la consideración de sus colegas de las otras tres provincias del Litoral puede resumirse en los siguientes puntos: cuando la generalidad de un país tiene producciones que emplean con ganancia y sin protección sus brazos y capitales, las restricciones, además de un embarazo para el comercio exterior, constituyen un motivo de quejas entre las diferentes partes de la Nación y un obstáculo para el desarrollo de la industria natural de cada país, que en nuestro caso es la ganadería. La prohibición, puesta al principio contra el extranjero, llevaría bien pronto a una guerra

industrial entre las mismas provincias. La industria casi exclusiva de las provincias de Buenos Aires, Santa Fe y Entre Ríos es la ganadería, y aun en Corrientes, argüía Roxas y Patrón, es la base de las demás. Actualmente es la ocupación más productiva por la abundancia de campos baratos y la posibilidad de utilizar los brazos más inútiles. La prohibición encarecerá los artículos que consume la gente dedicada a esas tareas y por consiguiente los costos de producción.

A la prohibición y alza de derechos que se apliquen a las importaciones —continuaba argumentando Roxas y Patrón— seguirá la disminución del comercio extranjero y la baja de precios en los cueros y frutos de exportación, y, en consecuencia, la ruina del pastoreo en Buenos Aires, Entre Ríos, Santa Fe, Corrientes, Córdoba y otras provincias cuyos productos se exportan. Por la misma razón, disminuirán las rentas nacionales.

En cuanto al derecho de las provincias a percibir parte de las rentas provenientes de la aduana de Buenos Aires, es cosa sabida que lo recaudado por los derechos sobre la importación es pagado en su casi totalidad por los consumidores. En este sentido, las provincias pagan en la aduana de Buenos Aires el valor de los efectos que consumen y aun los muy bajos impuestos de exportación de los productos nacionales. Pero también es un hecho que Buenos Aires paga la deuda nacional contraída por la guerra de la independencia y la guerra con el Brasil; mantiene la seguridad de las costas y del río, agentes y cónsules en países extranjeros; atiende las relaciones exteriores y responde a los perjuicios causados en la guerra a los neutrales. Por otra parte, cuando se constituya la Nación, añadía, deberá ser sobre la base de un Tesoro nacional y eso sería muy difícil de lograr después de la dispersión de las rentas y de las necesidades locales a que daría lugar esa dispersión.

Respecto a las relaciones con Gran Bretaña, y en general con los países europeos, el gobierno de Juan Manuel de Rosas hizo caso omiso de las reclamaciones correntinas. El tratado de 1825 era vital para el desarrollo de Buenos Aires y, además de los británicos, otros extranjeros, como los dedicados a la navegación de cabotaje, eran estimados imprescindibles. Esto se puso de manifiesto en la discusión en torno a la palabra habitantes incluida en el artículo 8 del tratado de la Liga del Litoral de 1831. Mientras Buenos Aires sostenía que esa era la designación de los beneficiarios de las franquicias que concedía dicho artículo —libertad de navegación y comercio—, de manera de incluir en ella a los extranjeros, los representantes de las otras provincias, al defender el término ciudadanos, pretendían excluirlos, posición que también encontró apoyo, aunque sin frutos, en la propia Cámara de Representantes de Buenos Aires.[5]

6. Los argumentos de ambas partes reflejaban los intereses respectivos en relación con las cuestiones de mayor peso para la orientación de la economía de toda la región rioplatense. Si bien las cuestiones de aduana, ríos y comercio exterior fueron temas candentes de la discusión doctrinaria, el asunto que reunía a todos ellos y los condicionaba era el del congreso constituyente que debía echar las bases de la unión nacional; porque para la mayoría de las provincias, antes de ser llevadas muchas de ellas a adherir a la posición de Buenos Aires, en vez de objetivo final debía ser motivo de los primeros pasos a dar, en forma inmediata, luego de la derrota de los unitarios. En este punto, la firme decisión de gran parte de los hombres de Buenos Aires fue no ceder en manera alguna los privilegios que les deparaba la posesión de una aduana nacional sin estado nacional, y el control del comercio exterior y la navegación de los ríos sin interferencia de la mayoría de las provincias a las que competían esos problemas.

Frente a esta política adversa a organizar el país sobre otra base que no fuera la supremacía de Buenos Aires, la política encabezada por Corrientes parecía ser la de la unidad nacional a todo trance. ¿Lo fue realmente? Es decir, ¿fue la de Corrientes una expresión real de nacionalismo o solo una defensa de su provincialismo escudada en reivindicaciones nacionales que no irían más allá de lo que pudiera satisfacer sus intereses particulares? Se trata de un problema a cuyo análisis intenta también contribuir este trabajo, puesto que del estudio de las condiciones económicas y sociales correntinas, y de la política económica desarrollada por la provincia en esos años, se pueden realizar inferencias fundamentales sobre sus intereses en juego en la cuestión nacional y sobre el sentido de su política, así como sobre el conjunto de la cuestión del particularismo provincial y de las tendencias nacionales del período.

7. Es cierto que la viciada tendencia a atribuir a una de las fuerzas contendientes el mérito de ser la portadora del verdadero espíritu nacional es un punto de vista que, respecto de Corrientes, parecería fortalecerse por cierta interpretación de algunas características de su programa político-económico, pues si se considerase, como ha ocurrido, que ese programa es un programa de desarrollo capitalista, se tornarían más convincentes los reclamos nacionales de la provincia en razón del nexo que tradicionalmente se ha establecido entre las etapas iniciales del desarrollo capitalita

y la conformación del sentimiento nacional. Más allá de la discusión respecto de la validez de ese supuesto, como se indica más adelante en el primero de estos trabajos, la hipótesis del carácter capitalista de la economía correntina era de por sí merecedora de atención.[6] De manera que el estudio de la conformación económica de Corrientes se convertía también en un medio de evaluar el supuesto carácter capitalista de su programa y la existencia misma de una burguesía capitalista que se expresaría en ese programa —hipótesis finalmente no confirmada—.[7] Ese propósito orienta buena parte de las páginas dedicadas a la estructura de la producción agraria e industrial, especialmente de las industrias de curtido y construcción de embarcaciones, cuyo detallado análisis se debe al relieve que poseían en el conjunto de la producción mercantil de la provincia. No obstante, al mismo tiempo que avanzaba ese análisis, la hipótesis del papel dominante del capital comercial y del predominio del financiamiento mercantil de las principales producciones de la provincia —hipótesis alternativa de la anterior— fue ganando terreno, revelándose como la más acorde con la información recogida.[8]

8. Por último, ciertas facetas del proceso de organización del estado autónomo provincial fueron los aspectos del trabajo que más posibilidades ofrecieron para la comprensión del papel peculiar de la provincia en las luchas políticas de la primera mitad del siglo pasado. Esa peculiaridad de Corrientes aparecía con nitidez al compararla, sumariamente, con las provincias vecinas de Entre Ríos y Santa Fe, esto es, al observar las distintas características de sus economías, su tipo de vida política y su papel en los conflictos de la época. Así, mientras Entre Ríos y Santa Fe sufrían con mayor persistencia los efectos devastadores de las luchas civiles inmediatamente posteriores a la independencia, y apuntaban su reconstrucción sobre el predominante desarrollo ganadero, Corrientes mantenía y desarrollaba una producción más diversificada, junto a un resurgir del grupo de mercaderes que controlaba su economía desde tiempos coloniales; y mientras las dos provincias vecinas se convertían en provincias de caudillo —Santa Fe—, o de caudillos —Entre Ríos—, Corrientes construía un estado más complejo, con predominio de los cauces políticos constitucionales en el ejercicio del poder, sin caudillos rurales dominantes, con gobernadores que cumplían regularmente su mandato y dejaban lugar a sus sucesores, pues les estaba vedado, por disposición constitucional, el ser reelectos.[9]

De tal manera, y más allá de la atracción tradicionalmente suscitada por el famoso proteccionismo correntino, el estudio de las finanzas públicas ocupó también nuestro interés en la medida en que esa faceta de la organización estatal, además de reflejar aspectos fundamentales de la estructura social correntina y aclarar otros relativos a su vida política interna y a su política interprovincial, constituía una útil vía de acceso al estudio de la organización del estado provincial.

Este libro recoge, entonces, trabajos dispersos pero que poseen, como motivo unificador, el de analizar algunas de las características particulares de una sociedad provincial en la primera mitad del siglo XIX, sobre el trasfondo del conflicto entre las contrapuestas tendencias a afirmar las autonomías provinciales y a gestionar la unificación nacional.

El autor desea expresar su reconocimiento a quienes colaboraron para hacer posible su investigación. En primer lugar, a dos instituciones universitarias a las que perteneció en distintos períodos y que lo apoyaron durante su trabajo en ellas: el Departamento de Economía de la Universidad Nacional del Sur, Bahía Blanca, Argentina, entre 1972 y 1974, y el Instituto de Investigaciones Sociales de la Universidad Autónoma de México, entre 1976 y 1986, con cuyo concurso pudo sortear parte de las dificultades de satisfacer fuera de la Argentina las necesidades relativas a bibliografía y fuentes. Asimismo, desea destacar el apoyo del Social Science Research Council, que mediante un subsidio concedido en 1981 hizo posible reanudar la investigación y llevarla a cabo en su mayor parte.

Sin embargo, no serían completas estas referencias si no se añadiesen los nombres de algunas personas. En los comienzos del trabajo, hacia 1970-1974, el autor fue eficazmente auxiliado por un equipo de colaboradores de la Universidad Nacional de Rosario, integrado por los historiadores Susana Belmartino, Marta Bonaudo, Marta Castiglione, Silvia Cragnolino, Carlos Tur y el economista Horacio Ciafardini. Todos ellos participaron en la recolección de informaciones en bibliotecas y archivos y, asimismo, en las discusiones sobre la orientación de las primeras etapas del trabajo. En sus etapas más recientes, luego de ser reanudado, Susana Belmartino colaboró en completar parte de la información y Marta Bonaudo tuvo a su cargo recopilar, y elaborar parcialmente, los datos de los libros de aduana de Corrientes para reconstruir el volumen de sus exportaciones.

Corresponde recordar también el apoyo entusiasta de Enrique Melchior, cuando fue director del Departamento de Economía de la Universidad Nacional del Sur, así como mencionar la amable atención de los directores del Archivo de la Provincia de Corrientes, Dn. Federico Palma y la Dra. Esther Piris Meixner de Maciel, que facilitaron la marcha del trabajo y más de una vez prestaron su oportuno asesoramiento.

Por último, cabe reconocer las útiles opiniones de lectores del manuscrito: Carlos Marichal, que contribuyó con sus observaciones a corregir algunos de sus defectos; Isaac Minian, que prestó valioso asesoramiento en diversas cuestiones económicas y financieras; Miguel Teubal, Osvaldo Feinstein, Marcello Carmagnani y Tulio Halperín que, hace ya tiempo, leyeron algunas partes del manuscrito y formularon observaciones de valor. A ellos, se agregan las más recientes, pero no menos útiles, de Jorge Gelman.

JOSÉ CARLOS CHIARAMONTE

Buenos Aires, 18 de julio de 1990

INTRODUCCIÓN

LA CUESTIÓN REGIONAL EN EL PROCESO DE GESTACIÓN DEL ESTADO NACIONAL ARGENTINO *

Luego de proclamada la Independencia en 1816, cuando la guerra contra España entra en su última fase y se traslada lejos del Río de la Plata, parecía llegada la hora de afrontar la constitución definitiva de una nueva nación. La realidad, en cambio, fue el fracaso, por largo tiempo irreversible, de aquel propósito. Los años 1820 y 1826 dataron su impracticabilidad; y hasta la caída de Juan Manuel de Rosas en 1852 la organización estatal quedó reducida al mínimo y la nación continuó constituyendo un enigmático proyecto. Para una visión retrospectiva, que pudiese ser realizada a fines del siglo XIX o en algún momento del actual, la historia de ese anárquico y despiadado siglo XIX pudo parecer la de una nación que demora en fraguar por resistencias internas, de variada naturaleza según quien la juzgara, pero indudablemente existente, aun en los peores momentos de aquella "anarquía" de la primera mitad del siglo. Sin embargo, si consideramos mejor las cosas, un tal punto de vista podría consistir en un anacronismo: el anacronismo de dar por existente, en aquel lapso que se cierra a mediados de la centuria, lo que encontramos realizado al culminar la segunda parte del siglo. ¿Existía realmente una nación impedida de organizarse en una estructura estatal por remanentes aciagos del pasado colonial, o lo ocurrido fue, por el contrario, la manifestación de una realidad social ajena a ese supuesto?

Lo que sigue se guía por la segunda perspectiva, entendiendo que conviene para una mejor comprensión de lo ocurrido no poner en los comienzos del proceso lo que habrá de ser resultado;

* El texto que sigue es el de una ponencia presentada al Seminario "La cuestión regional como cuestión nacional en América Latina", organizado por El Colegio de México y la Sociedad Interamericana de Planificación, y realizado en la ciudad de México, en la sede de la primera de esas instituciones, del 3 al 7 de noviembre de 1981. Ha sido ya publicado en el volumen que recoge los trabajos del Seminario: Marco Palacios (comp.), *La unidad nacional en América Latina, del regionalismo a la nacionalidad*, México, El Colegio de México, 1983.

proceso en el que, si existían factores de unión entre los pueblos rioplatenses que emergieron del desplome del imperio español, también es cierto que ellos no alcanzaban a conformar el fenómeno de una nación. Por eso, si al intentar, como necesitaremos hacerlo, un análisis de los diversos factores que tendían a la unificación nacional o que apuntaban a lo contrario, quisiéramos distinguir en ellos lo que nos pareciera más relevante para explicarnos la situación de las ex provincias unidas durante el período que concluye en 1852-1853, que se prolonga en parte hasta 1880; si repasáramos el conjunto de fenómenos atinente a producciones, comercio local, interregional y exterior, tendencias políticas, doctrinas constitucionales, emergencia del caudillismo, y otras tantas circunstancias del período, entendemos que entre todos ellos el rasgo más decisivo de la estructura social rioplatense en lo que respecta al problema nacional fue la inexistencia de una clase social dirigente de amplitud nacional —ateniéndonos a los límites de la futura nación— capaz de ser el sujeto histórico de ese proceso.

La inexistencia de una nación en el Río de la Plata de la primera mitad del siglo XIX es simplemente eso, si se nos permite una aparente tautología: la inexistencia de una nación; revelada fundamentalmente para el análisis histórico, en lo que constituye el rasgo que consideramos más significativo del proceso: la inexistencia de una clase dirigente en el nivel interprovincial, la sola existencia de clases —o grupos— sociales de alcances locales.

El significado de esto que apuntamos —y que entre otros rasgos otorga al proceso que culmina hacia 1880 el carácter de una historia de la emergencia de una clase social dirigente nacional— nos revelará mejor su sentido y su valor como punto de partida, si exponemos de inmediato la necesidad de revisar un supuesto bastante difundido respecto a la interpretación del hecho de la independencia. Se trata del criterio según el cual la independencia de las ex colonias ibéricas habría sido fruto de la maduración de una clase social, generalmente denominada burguesía a lo largo del período colonial tardío. Maduración que, una vez llegada a cierto punto, habría determinado que esa clase no pudiera ya encontrar cabida a su desarrollo en el seno de la vieja sociedad y necesitara romper las estructuras coloniales, tomar el poder y dar lugar al nuevo período histórico que posibilitaría su desarrollo y con él el de una sociedad nueva. Según esta perspectiva, las burguesías iberoamericanas habrían echado abajo, así, el viejo edificio colonial, aprovechando la coyuntura abierta por las guerras napoleónicas, y habrían iniciado una nueva etapa histórica durante la cual deberían aún pagar tributo a los resabios del pasado colonial, antes de lograr su gran cometido histórico: constituir las nuevas naciones.

Esta forma de concebir el fenómeno de la indepedencia, una especie de traducción iberoamericana del proceso de las revoluciones burguesas europeas, encontró un sinnúmero de escollos para sostenerse, cuya consideración excede los límites de este trabajo. De acuerdo con ella, la interpretación de lo ocurrido después, a lo largo de la primera mitad del siglo XIX, quedaría reducida a una historia de tropiezos, de avances y retrocesos, en el desarrollo de algo que ya está puesto desde el comienzo: la nación y la clase nacional que habría de construirla.

Sin embargo, un punto de vista más verosímil que surge de los trabajos históricos de los últimos tiempos es sustancialmente distinto: la indepedencia de las ex colonias ibéricas habría sido más bien efecto conjugado del derrumbe de los imperios ibéricos, de la presión, acrecida a todo lo largo del siglo XVIII, de la nueva potencia dominante en la arena mundial, Inglaterra, y de los factores de resentimiento y disconformidad existentes en casi todas las capas sociales americanas hacia el dominio colonial.[1] Estos últimos factores, si bien pesaron decisivamente en la emancipación, no alcanzan a dar cuenta del proceso de indepedencia estallado en aquella coyuntura. La independencia, entonces, sobreviene cuando el grado de maduración de los principales sectores sociales de las colonias estaba aún muy lejos de permitir trascender los particularismos regionales o locales, fenómeno que se habría hecho patente en esa primera etapa de vida independiente que, con diverso cierre, recorren casi todos los países hispano-americanos en la primera mitad del siglo.

Lo que acabamos de apuntar en esta breve justificación introductoria entraña un criterio básico de este trabajo, que conviene tornar más explícito. En un examen de la cuestión regional en Argentina como cuestión nacional, consideramos que el centro del problema está en el análisis de la estructura social. Fundamentalmente, en el intento de aclararnos los sujetos sociales que configuran el panorama regional de cada período y que juegan en el proceso que culmina en la organización del estado nacional. Si bien ello mismo nos obliga a analizar la información procedente de ámbitos como los de la historia económica o la historia política del período, nuestro interés fundamental será intentar una evaluación de las relaciones sociales características y de sus transformaciones, que pueda dar cuenta de los conflictos interregionales.

La cuestión regional ha sido considerada tradicionalmente como la cuestión de los obstáculos que se interpusieron en el camino de la organización nacional. Desde esta perspectiva, habría desde un comienzo quienes tendían a la unidad nacional y quienes se oponían a ella; quienes representaban al "partido de la nación" y quienes representaban al "partido de la fragmentación". Habrían existido, así, fuerzas nacionalistas y fuerzas antinacionales desde el momento mismo de la independencia, división que obliga entonces a postular partidos de lo nacional y partidos de la disolución y, por consiguiente, a suponer una fuerza social que encarnaría los intereses nacionales. Es dudoso que tal punto de vista pueda ser verificado, salvo que adoptemos el criterio equivocado de creer siempre a los hombres cuando hablan de sí mismos y tomar como representantes de la nación a quienes se manifestaban por ella en periódicos o reuniones políticas, olvidando que sus acciones concretas podrían estar en colisión con esos objetivos —aunque fuesen sinceros en proclamarlos — al adherir a intereses parciales —de localidad, de ocupación, de facción— que no favorecían naturalmente tal objetivo.

Por lo tanto, nos parece más fructífero considerar distintas situaciones que puedan ser abordadas con la información de que disponemos, sin dar por supuesto lo que no existía y tratando en cambio de establecer las tendencias nacionales y las opuestas que se gestaban al mismo tiempo y frecuentemente en unos mismos grupos sociales. En efecto, ambas tendencias se generaban, clara o confusamente según las circunstancias, en el seno de las fuerzas sociales que contendían en el agitado panorama interregional de la primera mitad del siglo; lo común era, naturalmente, que la necesidad de constituir una nación se entreviese bajo la forma de la satisfacción de los intereses locales sin mengua alguna. Y de haber tenido alguna de las provincias la fuerza suficiente para lograrlo, hubiese sido ése posiblemente el camino seguido. Por lo menos los intentos no faltaron, aunque terminaron en el fracaso. La cuestión regional como cuestión nacional será entonces la historia de un largo proceso en el que las distintas fuerzas contrapuestas, las fuerzas provinciales, deberán cambiar para que de ese cambio surjan las posibilidades de negociar una solución, un compromiso, que dé lugar a la nación constituida.

La región-provincia

La afirmación de que la misión histórica de la burguesía ha sido la formación de las naciones modernas es demasiado general y a medida que avanza la historiografía de la edad moderna surge un panorama en el cual las cosas no transcurren tan claramente como ella lo hacía suponer. Sin embargo, en la medida en que por lo menos en cierto momento del proceso las burguesías de los países europeos se convirtieron en portadoras de la ideología nacionalista, la analogía histórica implícita en aquella interpretación de la historia latinoamericana obliga a suponer la existencia de burguesías como clases sociales dominantes, o con voluntad de serlo, en el momento de la independencia y en las décadas posteriores a ella. Comencemos entonces por tratar de establecer la naturaleza histórica de las clases pasibles de ser consideradas como burguesías nacionalistas en la Argentina de la primera mitad del siglo XIX. Este propósito, claro está, se encuentra ceñido por los límites que le impone la insuficiencia de la información disponible. Si, como veremos, la historia económica regional argentina padece una sensible escasez de trabajos de utilidad, el análisis de la estructura social es aun más deficiente, deficiencia agravada por las dificultades que son propias en general de la historia de las clases sociales. Este trabajo no podrá ofrecer, ni mucho menos, un panorama de la conformación regional de las fuerzas sociales que protagonizan la historia argentina del siglo XIX. Intentaremos en cambio un análisis de las situaciones para las que disponemos de información adecuada y algunas inferencias sobre el conjunto a partir de tal análisis. Para ello, deberemos enfrentarnos con la unidad sociopolítica de mayor vigencia en el período, la provincia, cuyo espacio define gran parte del conjunto de problemas económicos, sociales y políticos de la época.

Luego de la indepedencia, el escenario en que se desenvuelven los fenómenos regionales está condicionado por una circunstancia fundamental: el derrumbe de las viejas autoridades —Virrey, Audiencia, Intendentes—, el declive progresivo hasta su extinción de la del Cabildo, y el deterioro de la Iglesia que perderá por mucho tiempo la función que tuvo en el período colonial. En este vacío de poder que caracteriza la vida social de las provincias rebeladas contra el estado español, dado el fracaso de las nuevas autoridades surgidas a partir de mayo de 1810 en la mayor parte de su cometido, el resultado será la fragmentación política expresada en la existencia hacia 1826 de catorce provincias autónomas.

Sin embargo, el proceso no condujo directamente a esa fragmentación. Hay un breve lapso en el cual las unidades políticas que suceden al dominio español son más amplias y reflejan la diferenciación política del ex virreinato. En el Interior, una medida tomada por el débil poder central, en 1814, crea cuatro intendencias —Salta comprende la provincia homónima, Jujuy y Orán; Tucumán incluye Tucumán, Catamarca y Santiago del Estero; Cuyo lo integran Mendoza, San Juan y San Luis; Córdoba, la provincia del mismo nombre y La Rioja—. Y hacia 1815 el triunfo artiguista se traduce en la constitución de la Liga de los Pueblos Libres que une a la Banda Oriental, Corrientes, Entre Ríos, Santa Fe y Córdoba.

Estas unidades políticas resisten muy poco tiempo. Las que serán definitivamente las unidades menores —provincias— que recorrerán el largo proceso hasta la unidad nacional, se van separando paulatinamente: Salta, en 1815; Tucumán en 1819; Córdoba, La Rioja, San Juan, San Luis, Santiago del Estero, Entre Ríos y Catamarca en 1820; Corrientes en 1821. (Jujuy se retrasa y solo en 1834 se separa de Salta.) Entre 1814 y 1820 Corrientes y Entre Ríos formaron parte de la Liga de los Pueblos Libres bajo el dominio artiguista; en 1820 integran la República Entrerriana que proclama Francisco Ramírez al separarse de Artigas y que incluye también a Misiones; en 1821 Corrientes se rebela contra el dominio entrerriano, a la muerte de Ramírez, y se convierte en provincia autónoma, incorporando en 1827 el territorio de las Misiones. Por su parte, Santa Fe permaneció bajo el dominio de Buenos Aires hasta 1815, en que impuso su autonomía.[2]

Esta unidad de análisis, la provincia, es en realidad una dimensión, la más sólida, de lo que podemos llamar región en la Argentina de la primera mitad del siglo XIX. Provincia-región solo en la medida en que consideremos la existencia de un espacio mayor que la engloba, el definido por la débil relación que aun en los momentos de mayor fragilidad de los lazos que las unían, continuaron manteniendo las provincias que integrarían la República Argentina. Pero la misma debilidad de ese nexo, contrapartida de la emergencia de las soberanías provinciales, es lo que otorga a la provincia un status distinto y más complejo que el regional. Provincia-región, unidad sociopolítica, primer fruto estable del derrumbe del imperio español que representa el grado máximo de cohesión social que ofreció la ex colonia al desaparecer las instituciones anteriores. Ante ella, el problema se escinde. Por un lado, se trata de explicar por qué la disolución de la antigua estructura virreinal cristaliza en unidades de esas dimensiones, de esa naturaleza. Por otro lado, el porqué de la no desaparición de todo tipo de vínculo entre ellas, de manera que a lo largo del siglo el proyecto de nación logró sobrevivir hasta llegar a tiempos más propicios.

En el primer problema, se trata de advertir, ante todo, que el hecho de que las estructuras más resistentes al proceso de disolución que siguió a la independencia, las únicas que lograron afirmar condiciones para continuar los procesos productivos y comerciales, las únicas capaces de establecer un rudimento de organización social para mantener el orden, fueron esas unidades que llamamos provincias. ¿En qué consistían? La pregunta procede, pues, en realidad, por detrás de la aparente extensión —territorial y política— a que parece aludir ese término, nos encontramos por lo común con algo más simple: una ciudad y el área rural cercana que domina. Esto es, una ciudad de cierta importancia por su pasado colonial como centro comercial o político, o ambas cosas a la vez; una ciudad de concentración, aunque sea mínima, de elementos sociales capaces de afrontar una administración; con vinculaciones con la campaña que por tradicionales a la vez que estrechas —dentro de las dificultades que las distancias imponían en la época tanto al comercio como a las relaciones políticas— permitían su control por el centro de residencia de la autoridad política. Si vemos bien las cosas, es casi como advertir que la disolución de la vieja maquinaria del estado español en las Indias se tradujo por una reversión al mínimo posible de cohesión política. Un mínimo que, según las provincias, puede aun estrecharse algo más: cuando los grupos sociales tradicionales fracasan en su intento de mantener una estructura política, es decir, cuando se les hace imposible garantizar un espacio para el juego de los intereses sociales, cuando su autoridad es impotente ante los conflictos sociales, los fundamentos de la cohesión se estrechan aun más —no en el sentido espacial sino político— y un régimen de instituciones representativas, por más menguada que fuera su real eficacia, dejará lugar al dominio de una figura individual, el caudillo, o subsistirá subordinado a él.

Una explicación tradicional de este fenómeno remitiría, a la vez, al papel clave de los núcleos urbanos surgidos en el proceso de la conquista y asentamiento españoles, a los efectos en ellos del aislamiento debido a las distancias, dentro del nivel de las comunicaciones del período colonial, y a la debilidad de los vínculos administrativos del estado español en las Indias —en buena parte función de aquellos factores—. Desde tal punto de vista, no existió en la organización política de la época colonial una cohesión suficiente para generar una subordinación efectiva de unas ciudades respecto de otras debido a que no existía contacto entre las respectivas zonas de influencia, de modo que las jerarquías establecidas por la administración colonial no tenían expresión en la realidad. El supuesto fundamental de esta concepción reposa en el concepto de localismo: no había relaciones continuas entre las ciudades separadas por las distancias, la diversidad económica y otros factores; de manera que, libradas a sus propias fuerzas y recursos, sin poder contar con auxilios exteriores, se desarrolló, coincidiendo con ese aislamiento, el espíritu localista "...hostil a todo lo ajeno, complacido en la propia suficiencia y habituado a su soledad, soportando con decoro la pobreza y alimentando con orgullo el recuerdo de una ilustre prosapia y una ascendencia hidalga".[3] Según el mismo punto de vista, el localismo municipal, nacido así del aislamiento, convertirá las ciudades en provincias y luego de la independencia logrará suprimir el engranaje de las intendencias para borrar todo rastro de subordinación de unas ciudades respecto de otras. Ese localismo limitó las tendencias a unidades regionales mayores, imponiendo la división del futuro país en ciudades-provincias. Con los mismos fundamentos se explicaría también la peculiar relación ciudad-zona rural dependiente, en la que el núcleo urbano domina la zona circundante y extiende su nombre al conjunto; conjunto que, en definitiva, constituirá la sustancia de la futura provincia. En el territorio colonial de lo que será la Argentina había trece ciudades cuyos nombres, con una sola excepción, serán los de otras tantas futuras provincias (la excepción la constituyó la provincia de Entre Ríos con su capital entonces llamada Bajada del Paraná).[4]

Pese a lo atractivo de un clásico enfoque como este de Zorraquín Becú, el desarrollo de la historia social y económica argentina ha mostrado que, a la medida de la época, fuertes y perdurables flujos comerciales las unían con mayor intensidad de lo que se creyó tradicionalmente. La observación vale también para el período posterior a la independencia, cuando los efectos de guerra y luchas civiles nos muestren, en el interminable coro de los afectados, la intensidad e importancia de aquellos vínculos. Sin embargo, el espíritu localista fue una realidad y lo será todavía a lo largo del siglo XIX; la realidad, última y primaria, de las unidades económicas, sociales y políticas ciudad-provincia, también será rasgo característico del siglo XIX, heredado de la historia colonial y del proceso de la independencia. Se requiere entonces una explicación que englobe a la vez los resultados de aquellos avances del conocimiento de lo que fue la sociedad colonial y poscolonial y la disgregación, a la vez económica y política, que mostrará el siglo XIX, al mismo tiempo y sin perjuicio de los vínculos comerciales que, con fuertes fluctuaciones, seguirán desarrollándose durante el período.

Al filo del desplome del poder español, "los pueblos reasumen la soberanía", de hecho o derecho no importa aquí, y llevan al fracaso los intentos de nueva centralización del poder, fracaso definitivamente hecho realidad al rechazarse los intentos de organización constitucional posteriores a la independencia. En un primer momento las entidades convocadas por el Reglamento de 1815 fueron las ciudades. Pese a que el Estatuto de 1815 prescribe la representación por provincias, hasta el Congreso de Tucumán que declara la independencia en 1816 —formado por representantes de ciudades—, se va concediendo a la ciudad el carácter de realidad política fundamental del posible nuevo país.[5] Ciudad —o provincia, extensión del papel de una ciudad— constituyen así los nuevos protagonistas de las primeras etapas de vida independiente. Y si con el correr del tiempo la entidad provincia se desarrolla y torna más compleja, la perduración de su cuasiautonomía a lo largo de gran parte del siglo XIX remite al mismo problema que consideramos, problema en el que incide fundamentalmente una característica de la estructura social de la ex colonia que refleja un rasgo fundamental de su conformación económica. El hecho de que, dentro de esa creciente mercantilización de la vida económica colonial, tanto la existencia de vínculos reales entre aquellas ciudades-provincias, como la no existencia de vínculos suficientes para fundar un estado luego de la independencia, se corresponden con el predominio de un tipo de capital, el capital comercial (comercial y usurario) que en el siglo XVIII había desarrollado su dominio sobre la producción y su papel primordial en la vida económica colonial.[6]

PARTICULARISMO PROVINCIAL Y DOMINIO DEL CAPITAL COMERCIAL

La imagen del aislamiento local tiene, pese a lo que hemos acotado, fuertes asideros en la realidad; por lo menos, en las apariencias de esa realidad (entendiendo lo de apariencia como algo no arbitrario ni inesencial), particularmente en la configuración del espacio colonial. Como se observará mucho más tarde respecto del conjunto de las provincias integrantes de la Confederación, los límites del territorio efectivamente ocupado distaban mucho de los hipotéticos de las jurisdicciones políticas. Es que, salvo la región cercana a Buenos Aires "hacia la época de su creación, los territorios que abarcaba el Virreinato del Río de la Plata (1776) no eran otra cosa que un extenso desierto, con islas de población diseminadas en torno de diversos centros productivos o defensivos, unidas intermitentemente por las caravanas de carretas que movilizaba el comercio o barridas por los malones indígenas que practicaban aquella otra forma del mismo basada en el robo de ganados".[7]

El fundamento de esa configuración lo constituía el dominio del sector mercantil sobre la vida económica colonial. Escalonado en esas ciudades, centros porductivos y comercializadores, el capital comercial cumple las funciones de movilizar las producciones requeridas por el tráfico interregional y colocar las mercancías que recibe de otras regiones o de la metrópoli. Si bien los metales altoperuanos siguen constituyendo el objetivo primordial del orden económico colonial, otras producciones van perfilando su futura importancia, como ocurre con los cueros del Litoral. Tanto para la movilización de esos productos como de otros necesarios a las economías locales, el sector mercantil desarrolla una función dominante, al amparo del sistema de monopolio.[8] Esa función consiste tanto en proporcionar la estructura necesaria para la circulación mercantil como el financiamiento de las producciones locales, bajo las formas típicas de la época: créditos, "habilitaciones", préstamos propiamente dichos. En el primer caso, el intercambio de productos metropolitanos por la plata altoperuana, al amparo del sistema de monopolio, constituye la principal función, como hemos dicho, del sector mercantil rioplatense. En el otro aspecto, el capital comercial cumple las funciones de promover y sustentar la expansión de la producción mercantil en las condiciones históricas de inexistencia de un capital industrial independiente. El centro de esta red de funciones lo constituye la ciudad: mercado para el intercambio de los productos metropolitanos por el metálico o por aquellos productos que poseían demanda fuera del ámbito local; mercado para las producciones rurales indispensables a la subsistencia de la población urbana; mercado de crédito para esos intercambios y —fuera en metálico o, por lo general, en mercancías— para los productores rurales o urbanos. De tal manera, las habilitaciones de los artesanos urbanos, el trabajo a domicilio para producciones rurales o urbanas, los préstamos en metálico para operaciones mercantiles de diverso tipo y otras formas del crédito, tenían en los grupos mercantiles su fuente por excelencia; eran ellos —fuese por cuenta propia o por la de sus comitentes del centro mayor, en este caso Buenos Aires para el interior o España para los porteños— quienes disponían de la liquidez o de las mercancías necesarias para tales propósitos.[9] En unos casos, grupos de mercaderes urbanos ejercían su hegemonía sobre una economía de pequeños productores (pequeña producción campesina y artesanal). Tal es el caso de los labradores que cultivan trigo en zona cercana a Buenos Aires, de los pequeños ganadero-curtidores de Tucumán y de Corrientes, de las tejedoras de lana de Santiago del Estero y Córdoba, de los productores de tabaco correntinos. Las informaciones disponibles corresponden en unos casos a años anteriores a la independencia y en otros al período posterior. Pero la existencia del fenómeno en ambas etapas, como en el caso de Corrientes, Córdoba, Santiago del Estero o Tucumán, que muestran los datos disponibles, indica que esta forma de relaciones de producción persiste por lo menos a lo largo de la primera mitad del siglo.[10] En otros casos, el dominio comercial opera a través de la propiedad de la unidad productiva, como en las manufacturas de curtido con mano de obra esclava de Corrientes entre, aproximadamente, 1815 y 1840. Asimismo, los grupos mercantiles locales controlaban el negocio de la exportación de ganado en pie a Chile y la vitivinicultura mendocina o el tráfico de mulas de Salta. Solo que aquí, donde existía una tradición de gran propiedad señorial que dominaba a la población indígena en condiciones serviles, el grupo dominante se había transformado, a través de los vínculos de parentesco, en un grupo a la vez mercantil y rural que dominaba el comercio y la producción ganadera y agrícola, fusión que con rasgos distintos, también se dará en Buenos Aires luego de la independencia y será característica de la burguesía mendocina, comprobada, por lo menos, en las primeras décadas de la segunda mitad de la centuria.[11]

Ese dominio del capital comercial sobre la producción generará, como veremos más adelante, pautas características en las sociedades provinciales, uno de cuyos rasgos más sobresalientes, y más significativos para la historia rioplatense, será el particularismo regional. Sin embargo, las transformaciones derivadas de la independencia nos proponen el problema de hasta qué punto tales rasgos de la vida económica colonial perduran en la primera mitad del siglo. Porque si bien es cierto que el particularismo provincial seguirá caracterizando la vida económica y política rioplatense, con mayor vitalidad aun que en tiempos anteriores, también es cierto que, de acuerdo con los datos disponibles y con las más recientes interpretaciones, el proceso de la independencia habría sido acompañado por una crisis de los viejos sectores mercantiles y un reemplazo de ellos en su función dirigente, en la economía y en la política, por los productores rurales, cuyo ascenso se habría expresado políticamente en la figura del caudillo.[12]

Pero antes de abordar este problema, concluyamos con el análisis que habíamos emprendido. En la medida en que el papel dominante del capital comercial pueda haberse prolongado a lo largo de la primera etapa de vida independiente, podemos preguntarnos por sus efectos sobre la conformación regional del posible nuevo país. Entre esos efectos se destacan, por su trascendencia en el proceso histórico estudiado, la preeminencia económica y social de las burguesías mercantiles características de aquellos centros urbanos frente a los productores, rurales o urbanos, y su tendencia a la autonomía política local.

Respecto del primero de ellos, conviene observar en el núcleo de esa relación mercader-productor la incidencia del intercambio no equivalente. En efecto, el dominio del capital comercial sobre la producción se funda en el intercambio no equivalente, característico de las transacciones en las que, sobre la base de no existencia de un mercado interior, unificado en los límites de un espacio dado —en nuestro caso la proyectada nación argentina o de los espacios regionales que se esbozan a fines del período—, de inexistencia, entonces, de un mercado en el que prevalecerían precios equivalentes, el comerciante funda una parte sustancial de su ganancia en el efecto de su posición monopolista, monopolista de hecho, en el mercado de este período (posición monopolista que deriva de su exclusividad en el acceso al mercado, en el conocimiento de las condiciones mercantiles de su localidad y de las localidades lejanas y de otros factores emergentes, muchos de ellos, de su posición en la estructura social). Para tomar un ejemplo, por su expresividad, de una situación que se repite con frecuencia a lo largo del Río de la Plata, veamos cómo refleja esto un viajero francés en la tercera década del siglo. Dice Alcides D'Orbigny refiriéndose a la producción de tabaco correntino:

> Logré presenciar las convenciones singulares a que da lugar la recolección del tabaco. Multitud de pequeños comerciantes recorren el campo cuando se aproxima la temporada, ofreciendo sus mercaderías a los agricultores. Como cuentan sobre el tabaco para sus compras del año, estos les efectúan adquisiciones a crédito, que luego tienen que pagar con tabaco. Los vendedores ponen su mercadería a un precio mínimo que les asegura un beneficio del ciento por ciento; así la van adelantando a los compradores, en razón del mayor o menor rendimiento de las cosechas vistas, porque con cualquier pretexto nunca omiten pedir que se les muestre el tabacal o campo de tabaco. Varias veces asistí a tales transacciones sin moneda, en las cuales todo está convenido por adelantado entre comerciante y comprador. El primero empieza por doblar el precio de su mercadería y conviene recibir, antes de que se haya establecido el precio de la cosecha del año, por ejemplo, cada mazo de venta, es decir de un calibre conocido en el país a razón de un peso, o sea de cinco francos, seguro de ganar bastante sobre el precio, pues vi comerciantes de esos que vendían tabaco a doce reales, vale decir siete francos y medio, el mazo, en el momento más favorable del mercado.[13]

Similar situación se repite en la producción industrial en la que bajo variadas formas de trabajo a domicilio, el comerciante habilitaba la producción artesanal, fenómeno mejor conocido que el referente a la producción rural. Esta forma de "habilitar" al productor, muy excepcionalmente realizada en metálico, funda el intercambio no equivalente tanto en el momento del anticipo de mercancías, acentuado por el precio abultado de las mercancías rioplatenses y europeas que entrega el comerciante, como en el momento de la recepción del producto (cuyo precio fijado en el momento anterior no proviene tampoco de una hipotética comparación del conjunto de las mercancías que circulan en el espacio considerado, según el "tiempo de trabajo socialmente necesario" que contendrían). La operación refleja la ventajosa posición del comerciante que conoce las condiciones del mercado y que al mismo tiempo posee la capacidad de habilitar al productor. Tal habilitación es una forma, en definitiva, de financiamiento de esa producción, que el productor no está en condiciones de buscar en otra fuente dada la situación de relativo aislamiento a que lo condena el sistema de comunicaciones de la época. Aun más: si quisiéramos ahondar en la significación de este tipo de relaciones de producción, las que se establecen entre el comerciante habilitador y el productor directo, relaciones de producción que corresponden a un proceso de ampliación de la producción mercantil, pero no a una producción capitalista, podríamos afirmar también que revela en todas sus condiciones —forma de la transacción, tipo de precios, posibilidades de acceso al mercado por el productor directo. . .— la no existencia de un mercado interior en el que se elaborasen los precios correlativos al supuesto intercambio equivalente, en el que las mercancías se cambiasen por su valor proporcional, estimado en el "tiempo de trabajo necesario"; concepto que remite a su vez a otro elemento del mercado interior capitalista no existente en el Río de la Plata, el mercado de trabajo.

En las condiciones de iliquidez generalizada, característica de la economía rioplatense de la época, las variadas formas del crédito mercantil sirven de vehículo al dominio del comerciante sobre el productor y formalizan el intercambio no equivalente, fundamento de la ganancia comercial característica de esa forma de capital "precapitalista". Sería por demás extenso dar cuenta aquí de esa variedad de formas, en las que se incluye el crédito en mercancías o el préstamo o interés que practicaban las más fuertes casas comerciales de la época.

Observa Sereni que la relación ciudad-campo propia del corporativismo comercial, la característica histórico-económica del tipo de intercambios comerciales que "condicionan sus límites particularistas y cosmopolitas", es ese intercambio no equivalente, "secreto de la existencia misma del capital comercial".[14] Cuando el intercambio no equivalente se generaliza como forma decisiva de los intercambios, añade, se orienta necesariamente hacia el ámbito municipal, dentro del cual el poder político puede intervenir para imponer este tipo de intercambio, y hacia los tráficos más lejanos, en los que la diversidad de precios locales es máxima y en los que por lo tanto se prevé como máxima la ganancia. Estas observaciones de Sereni, efectuadas para un tiempo y lugar distintos de los que consideramos, tienen sustancial validez para la situación de la economía y sociedad rioplatense en el período que nos ocupa. Sin embargo, como ya apuntáramos, si la expansión de la producción pecuaria para el mercado exterior, que comienza y continuará desarrollándose vinculada al papel del capital comercial, propone el problema de estimar en qué medida y en qué momentos los caracteres peculiares de esa expansión pueden ir generando otras condiciones, podemos señalar, por lo pronto, que un factor característico del período continuará siendo, pese a los efectos sociales que la ruralización de las bases del poder lleven consigo en muchos espacios provinciales, incluso en Buenos Aires, la posición privilegiada del capital comercial en el comercio de exportación e importación realizado a través del puerto.

Al respecto, es necesario aclarar una curiosa confusión que deriva de los avances de la historiografía reciente, unidos a un inconsciente efecto ideológico. Sabemos que la independencia hace entrar en crisis al sector mercantil porteño y también al del interior y que en gran parte la presencia de españoles y criollos en ese sector es sustituida por la de los comerciantes ingleses, afincados en Buenos Aires y con operaciones que se extendían al interior del Río de la Plata [15] (aunque también es cierto que algún trabajo reciente corrige con razón un juicio demasiado rotundo sobre ese fenómeno). [16] Aun así, considerando que los ingleses desplazan a los nativos de la mayoría de las posiciones en el comercio exterior rioplatense, lo cierto es que no por eso dejan de integrar el sector mercantil de esa economía que controla el comercio exterior. Si consideramos que la presencia de los mercaderes ingleses es uno de los más importantes factores de la crisis del sector mercantil rioplatense, estamos ante un equívoco: crisis, sí, de los mercaderes tradicionales hispanos o criollos, pero no tanto crisis del sector mercantil, en la medida en que ese sector se integra con esos más afortunados competidores de sus colegas hispanoparlantes. Por consiguiente, del hecho de que resulta problemático, por ejemplo, incluirlos dentro del concepto de "clase dirigente de Buenos Aires", por su condición extranjera y su relativo distanciamiento de la sociedad criolla, no se sigue que haya que olvidarlos en el análisis del sector dominante de la economía. Si consideramos las cosas, entonces, desde la perspectiva del análisis de los grupos sociales, comprobamos que el principal de ellos en aquella provincia es un conjunto de fuertes mercaderes y propietarios de tierra, criollos o ingleses.

De manera que, si nos ubicamos en el plano del funcionamiento de esa economía, encontramos todavía el predominio del capital comercial, entre otros motivos, por la persistencia de una situación en la que el crédito mercantil es resorte vital del sistema, dada la inexistencia de un sector bancario moderno, como el que surgirá en la segunda mitad del siglo.[17] Aunque, por otro lado, el peso creciente de la gran propiedad pecuaria en los patrimonios familiares genere condiciones para la transformación de esa situación, cosa que ocurrirá con el pleno acoplamiento al mercado mundial capitalista que comenzará a cumplirse con el cambio de coyuntura, externa e interna, de la segunda mitad del siglo.

Las economías provinciales

Hemos visto que los intentos de constituir unidades políticas con cierta extensión cercana a la que corresponde a la conformación política del ex virreinato fracasan rápidamente. En su lugar, surgirán en forma estable, pese a la agitada vida política de la época, las unidades menores provinciales. La naturaleza de su éxito como forma estatal elemental pero perdurable; la de las contradictorias relaciones de cada una con las demás, afirmando la autonomía pero sin llegar a disolver totalmente un vínculo que, posteriormente, servirá de base a la unidad nacional; la de su compleja realidad, que coexiste, en cierto momento, junto a otra, que llamamos región —que parecería tener una fisonomía más clara y una unidad más justificable, en términos geográficos, y que, sin embargo, subyace desdibujadamente bajo el proceso social y económico del período—, todos estos son aspectos sustanciales de un proceso que culminará, muy tardíamente, con la formación del estado nacional argentino.

Es de notar aquí un equívoco de lenguaje: solemos referirnos, por ejemplo, a las "economías regionales" cuando en realidad tratamos de economías provinciales. Este equívoco recubre, oscureciéndolo, el meollo del problema que afrontamos cuando nos proponemos estudiar la cuestión regional en la primera mitad del siglo: el hecho de que, al no existir la nación, las unidades políticas reales son las provincias, y lo regional, por lo tanto, más que ser expresión de diferenciaciones internas a una unidad casi inexistente es cauce de hipotética integración de las unidades menores, las provincias; integración fracasada en el primer momento posterior a la independencia al diluirse las provincias mayores. Es así que el ordenamiento regional colonial, una vez hecho trizas sus fundamentos por la segregación del Alto Perú y la desaparición de la unidad política colonial, va desdibujándose mientras se refuerzan los rasgos del mundo económico y social emergente de la independencia: la desaparición de un Estado, la emergencia de los estados-provincias. Es decir que asistimos a la pérdida de significación de cierto ordenamiento regional, a la emergencia, en su lugar, de las soberanías provinciales y al proceso hacia un nuevo ordenamiento regional en función del mundo exterior: el vuelco hacia el Pacífico, hacia Bolivia y Perú, hacia Uruguay y Brasil.

¿Cuáles eran las economías correspondientes a esa configuración regional-provincial? Luego de la guerra de independencia y de las luchas civiles que la acompañan o prolongan, las provincias litorales padecen los graves efectos de aquellos conflictos. Santa Fe y Entre Ríos se encuentran con su producción ganadera dramáticamente disminuida y con su comercio debilitado y sin perspectivas. Corrientes, que ha sufrido similares efectos en la ganadería —casi exclusiva producción mercantil del sur de la provincia—, intenta apoyar las distintas producciones mercantiles de su más diversificado triángulo noroeste, cercano a la capital, donde la ganadería mayor y menor alternan con el algodón, maíz, caña, tabaco, frutales, y en la que también se destacan la producción de maderas de construcción y algunas industrias urbanas, como la de cueros curtidos y la naval (de nivel artesanal). Pese a la política fuertemente proteccionista del estado correntino, las perspectivas del dominante sector comercial no son promisorias cuando llega la hora de enfrentar nuevamente la guerra civil a fines de la década de los treinta.

Mientras Santa Fe y Entre Ríos marchan a la monoproducción ganadera (la hora de las colonias agrícolas aún está lejos) y Corrientes intenta defender sin mayores logros las posibilidades de expandir su más diversificada economía, Buenos Aires vive la mejor conocida historia de la conjunción de sus sectores comercial y ganadero en una notable expansión pecuaria que sirve tanto al mercado externo (cueros, carne salada y otros productos ganaderos) como al mercado local de carne para consumo. Esa expansión, a la vez territorial y productiva, compensa en cuanto concierne al mercado externo el declive de las zonas que se habían expandido a fines del período colonial (el sur correntino, Entre Ríos, la Banda Oriental).[18]

En cuanto al interior, señala Halperín, las consecuencias del proceso de la independencia son menores de lo esperado. Mejor preservado el orden interno que en el Litoral por la inexistencia hasta 1820 de guerras civiles prolongadas y por la menor incidencia bélica de la disolución del poder nacional en ese año, pudieron comenzar a corregirse las consecuencias de las guerras de la independencia antes que en el Litoral. Si bien la guerra aisló al interior, que había funcionado como intermediario mercantil entre Buenos Aires y el Alto Perú y Chile, desde 1817 la liberación de Chile y la recuperación de la economía chilena le abre nuevamente el acceso al mercado trasandino. En el transcurso de la década de 1820 resurge el comercio de exportación hacia el oeste de los Andes (mulas para la minería, ganados vacunos para abasto y saladeros, junto a productos como el jabón cuyano y las frutas secas de toda la zona andina). La reapertura de este mercado llega oportunamente, pues, al mismo tiempo, comenzaba a debilitarse el mercado del Litoral y Buenos Aires para la vitivinicultura cuyana debido a la competencia europea. La vid entra nuevamente en crisis y retrocede ante los avances de la alfalfa para el ganado de exportación y el trigo, que tiene mercado incluso en Buenos Aires debido a la protección que esta implanta para su propia agricultura frente a la competencia exterior. Las provincias de la "ruta chilena" recuperan así una cierta prosperidad —especialmente Mendoza— sin llegar, empero, a los niveles prerrevolucionarios.

La recuperación se da, pero más limitada, también en el Norte. La estimula la independencia del Alto Perú, transformado en la República de Bolivia (1825), aunque se trate de un mercado muy disminuido y que se provee de productos internacionales a través del Pacífico. En compensación, los salteños intentan desarrollar la ganadería y la agricultura y hasta buscar la salida atlántica a través de la navegación del Bermejo y del Paraná, con escasas perspectivas.

Las provincias del interior mediterráneo —Córdoba, Santiago del Estero, Tucumán— sienten mejor los efectos de la expansión de las exportaciones. La ganadería se extiende en las tres provincias y aun en Tucumán deja de orientarse exclusivamente al mercado local. Además, la cría de ganado —vacuno y mular— para el tráfico hacia Chile se expande en estas provincias así como en los llanos de La Rioja, desde donde las arrias de mulas cruzan San Juan hacia los Andes. Por esta expansión ganadera, esta zona se vincula con la "franja de oasis" al pie de la cordillera, donde se extienden los potreros de alfalfa destinados al descanso y rehabilitación del ganado en tránsito.

De tal manera, la producción primaria del interior se recupera de los efectos de la revolución —pese a los quebrantos de su sector comercial, puesto que Buenos Aires ha perdido su mercado altoperuano y chileno para los productos ultramarinos, y con ello pierde el interior su papel de intermediario y pasa a convertirse en el principal sostén de ese sector—.

La decadencia de las artesanías fue menos rápida que la del comercio; la textil recibió algunos golpes de la apertura del comercio libre con la Europa industrial —especialmente el algodón catamarqueño, ya agonizante, que aun en la época colonial competía mal con la producción peruana y quiteña—. Pero sus productos de lana resisten todavía la competencia del extranjero, más caro y de menor calidad. Y aun compiten bien en el mercado del Litoral.

De tal manera el interior afronta los cambios posrevolucionarios con menos perjuicios que los que era dable esperar. Sin embargo, el futuro no parece propicio: "...lo que le permite sobrevivir es la adhesión sucesiva a soluciones económicas de efímera vigencia"; "...la vasta zona en la que una vez estuvo el núcleo económico del futuro país es incapaz de incorporarse de modo estable a la nueva economía marcada por la relación más íntima con las metrópolis industriales y financieras de Europa".[19]

Por su parte, durante el resto del período que se cierra hacia comienzos de la segunda mitad del siglo, la economía bonaerense mantiene los rasgos fundamentales de la estructura productiva y comercial de la década inicial de su expansión ganadera. La expansión continuará como fruto de la persistencia del proceso de ocupación de nuevas tierras, aunque su ritmo habrá de decaer a mediados de los años cuarenta como resultado, entre otros factores, del desarrollo ganadero mesopotámico y oriental, vinculado a los saladeros de Rio Grande do Sul y competidor, con precios más bajos, de la ganadería bonaerense. Sin embargo, esta ganadería continúa con buenas perspectivas el reemplazo de la explotación vacuna por la ovina, ayudada por una importante inmigración de mano de obra europea (irlandeses, vascos, gallegos) que, al mismo tiempo, proveerá buena parte de los propietarios de estancias ovinas al sur de Buenos Aires o de los aparceros en tierras más alejadas.

Las provincias del Litoral argentino muestran en este período un desarrollo no homogéneo, pese a lo que se acostumbra considerar. Por un lado, Santa Fe y Entre Ríos marchan también hacia el predominio de la producción ganadera para la exportación, pero con retardo y mayores dificultades que Buenos Aires, por los efectos de su peculiar historia posindependencia. Este proceso de desarrollo ganadero las convierte en dependientes de la más poderosa vecina, a cuya política terminarán secundando luego de un comienzo reticente durante el inicio de las negociaciones de la Liga del Litoral (1831). En ellas, el debilitamiento de su vieja capa mercantil durante el proceso posterior a la independencia acentúa la ruralización de la vida económica y social, en la que participan ahora propietarios de Buenos Aires.

La provincia de Corrientes tiene, en cambio, una historia económica y social distinta. Si la característica del proceso posrevolucionario en la mayoría de los espacios provinciales consiste en el debilitamiento del viejo grupo mercantil y el ascenso de los productores rurales que, en algunos casos, parecen tomar en sus manos el proceso de comercialización, la provincia de Corrientes muestra otras facetas. Como hemos visto, la economía de la provincia de Corrientes, devastado el sur ganadero durante las luchas civiles, siguió conservando el predominio del triángulo noroeste caracterizado por una cierta diversificación productiva. En esta provincia, también a diferencia de sus vecinas y de buena parte del resto del interior, la ciudad capital conservaba el predominio social y político sobre la campaña, característico de la etapa final de la colonia. El grupo social dominante consistía en una fusión de mercaderes y productores mercantiles diversos, con una fisonomía mucho más próxima también al pasado colonial que la de las otras provincias del Litoral marcadas por la creciente ruralización de su vida económica. Pese a estos desarrollos, hacia el final del período el sur correntino participará, junto a la ganadería de Santa Fe, Entre Ríos y a la del Uruguay, en la creciente vinculación a la economía ganadera de Rio Grande do Sul, generando en el ámbito litoral las tendencias regionales "centrífugas" que afectaron también a otras provincias.

Nos referimos a algo que, en cierta medida, consiste en un esbozo de nuevas regiones que se manifiesta en la reorientación económica que exhiben muchas de las provincias argentinas. El área central del interior (Córdoba, Santiago del Estero, Tucumán) comparte, cada una en distinta medida, la orientación hacia el litoral atlántico con la del Pacífico. El área del norte (Salta) se inclina hacia el mercado alto y bajo peruano, aunque también se vincula con Chile, mientras que el área andina —Mendoza, la provincia de San Juan, el oeste riojano y Catamarca y las zonas de San Luis, Córdoba, Santiago del Estero y los llanos riojanos, que producen ganado para Chile —se vuelca a la producción para el mercado chileno. En efecto, el renacimiento de la producción minera chilena a partir de 1831, primero con la plata y más tarde con el cobre, que estimula el desarrollo de la agricultura chilena, produce también efectos similares en el interior andino argentino. Esta cierta prosperidad de las provincias andinas, señala Halperín, se refleja en gobiernos consagrados a la reconstrucción económica con amplio apoyo de la población, pero se acompaña de tensiones sociales, que estallarán en las décadas siguientes, derivadas del despojo de tierras o aguas a poblaciones antiguas, mucho más densas que en el Litoral. Allá, el problema es poblar la tierra; aquí, el problema es vaciarla de aquella población innecesaria para la coyuntura.

Las provincias centrales del interior comparten la orientación hacia el Pacífico, con sus vínculos mayores con el mercado litoral. Córdoba y Santiago del Estero mantienen esa doble orientación hasta el final del período —para su ganadería vacuna y mular, Tucumán, con una ganadería de pequeñas explotaciones y abundantes artesanías de cuero y madera, depende más aun del consumo del Litoral—. El resurgimiento del interior, vinculado con la expansión de sus producciones primarias, amaga convertir a algunas de esas provincias en "una dependencia económica del país trasandino", pues no solo exportan a Chile la mayor parte de sus frutos: también prefieren importar de allí los productos ultramarinos que consumen, pese a la infructífera acción de Buenos Aires para impedirlo, dada su incapacidad de absorber toda la producción del interior y el rechazo allí de su papel moneda. El retorno de la prosperidad apenas insinuado "parece amenazar en el interior las bases económicas del sistema político que las victorias militares de Buenos Aires en 1840-1841 han impuesto en esas provincias".[20]

Análogos problemas, agudizados por el mayor peso de estas provincias. emergían del renacimiento económico del Litoral. A medida que avanza la década de los años 40 se atenúan allí las consecuencias de las guerras frecuentes; el esfuerzo se concentra progresivamente en las operaciones que transcurren fuera de la región. Y aun estas mismas se aminoran. Se acentúa entonces en la Mesopotamia una reconstrucción que ya venía de antes. En ella participan sobre todo las tierras ubicadas sobre el Uruguay, que se han beneficiado en períodos de conflictos con accesos a mercados no obligados a la intermediación de Buenos Aires. Las rutas de Rio Grande do Sul y de Montevideo, ya mencionadas, escapan al control porteño y el ganado en pie de Corrientes y nordeste de Entre Ríos se exporta a través del Uruguay hacia los saladeros riograndeses. Los puertos entrerrianos sobre el Uruguay envían a Montevideo cueros, tasajo y sebo. Aun durante el segundo bloqueo de Buenos Aires la hostilidad política no impide a Urquiza la relación comercial. Desde Concepción del Uruguay hasta Gualeguaychú, el sureste entrerriano conoce una súbita prosperidad. La prosperidad se difunde y favorece la vida urbana; en los puertos se afincan los comerciantes, casi todos extranjeros que se han dedicado previamente al cabotaje fluvial.

El resto del Litoral se recupera con más lentitud: la ruta fluvial del Paraná puede ser mejor controlada por Buenos Aires y no hay salidas alternativas como las que brindan las tierras contiguas al Uruguay. Más lentamente aun, se incorpora a la recuperación Santa Fe; en el sur de la provincia propietarios locales y también porteños comienzan la explotación de estancias en terrenos baldíos. La expansión del Litoral no significa riesgo para la economía porteña: antes de 1852, en los mejores años, las exportaciones de tasajo entrerriano alcanzan al 10% de las porteñas, pero es indudable que esa limitada prosperidad se debe a las zonas que pueden escapar al control de Buenos Aires.

A raíz, entonces, de los avances de la paz y la prosperidad que brinda la etapa final del período.[21] se agrava la tradicional incertidumbre sobre la posible unidad nacional por la disgregación en ciernes de su débil base económica. Tanto en el interior como en el Litoral, los avances económicos son también los de los nexos con áreas limítrofes extranjeras. El peligro es muy real y son muchos, comenta Halperín, los que piensan que para afrontarlo es necesario reemplazar el sistema que se asienta sobre la hegemonía porteña por otro que signifique una real unificación política, suprima las barreras anteriores y elimine las ventajas que Buenos Aires ha conservado celosamente.

El capital comercial en la expansión ganadera

Detrás de esta sumaria descripción del panorama económico argentino posterior a la independencia, podemos ver dibujadas las distintas líneas de tensión que deciden en la configuración regional en desenvolvimiento en el nuevo y desorganizado país. Por un lado, debemos explicarnos los elementos que aglutinan a las poblaciones dentro del cauce provincial. Desplomado el viejo organismo estatal, tenemos oportunidad de observar los factores de organización social en su debilidad, al punto de no generar más que estados-provincias, fracasados los intentos de organización nacional o los de estados regionales calcados sobre las viejas intendencias, como en su vigor, al constituir la base de los remanentes estados-provincias. ¿Cuál es el fundamento de los estados provinciales? Señalamos la incidencia del binomio ciudad-campaña que, con escasas variantes, funda la existencia de los estados provinciales. Detrás de él encontramos una estructura económica caracterizada por la coexistencia de un conjunto de poblaciones que viven en una economía de autosubsistencia con eventuales accesos al mercado, productores mercantiles de nivel artesanal, urbanos y rurales, y un sector mercantil dominante en el que junto a mercaderes que controlan comercio y producciones se irá destacando la producción pecuaria para el mercado externo de gran parte de las provincias. De allí que el papel primordial de la ciudad, a la vez mercado productor, consumidor y financiero y centro político-administrativo —función heredada del pasado colonial—, pueda verse debilitado, según los casos, por el ascenso de la campaña.

Pero, si como decíamos, el proceso pudo ser descrito en parte como de ascenso de los productores frente a los comercializadores, la expresión hay que entenderla como el paso de un dominio indiscutido del comerciante urbano sobre las producciones de nivel artesanal, sean urbanas o rurales, a una situación en la que se van desarrollando unidades productivas mercantiles de mayor envergadura, fundamentalmente pecuarias, y en la que por lo tanto el grupo social más fuerte se va transformando por la asociación de comerciantes y productores mercantiles, sea que esa vinculación cobre forma de empresas unitarias —frecuentemente familiares— o no. Sabemos que el papel del capital comercial declina cuando deja de someter al capital industrial: la preeminencia de este convierte al capital comercial en parte integrante del sistema capitalista, reducido a captar el beneficio comercial como una parte del producto excedente de la producción capitalista. ¿Es esto lo que sucede ahora? A falta de una industria capitalista dominante, ¿estamos ante un capitalismo agrario que ha subordinado al sector comercial? No parece ser eso lo sucedido en el Río de la Plata de la primera mitad del siglo XIX. La posición dominante, en los distintos espacios económicos regionales (regiones-provincias), del capital comercial es herencia del pasado colonial en el que cumplía la función de intermediario entre las colonias y las economías metropolitanas —que, en el conjunto del mundo colonial, eran el real y último factor de dominación económica—. En el interregno abierto por la indepedencia y que habrá de desembocar en una nueva forma de dominación económica externa, generalmente denominada dependencia, el papel del capital comercial se prolonga con las comentadas innovaciones que lleva consigo la paulatina pero aún débil incorporación al mercado mundial.[22]

Nos parece que en ese punto puede ser útil advertir que la consideración de la expansión de la ganadería bonaerense en la primera mitad del siglo, luego de la independencia, suele incurrir en el anacronismo de otorgarle a ese proceso histórico las características que revestirá en la segunda mitad de la centuria, cuando la propiedad de la tierra sea el rasgo fundamental de la clase dirigente. En cambio, si bien el tema requiere aun más conocimiento que el existente respecto de la estructura de las empresas productoras y comercializadoras de los productos pecuarios,[23] hay en la información disponible suficientes datos para considerar que estamos por lo menos en un momento intermedio en el que si bien se van desarrollando una cantidad de rasgos que prefiguran la estancia de la segunda mitad del siglo, sobre todo en la cría de ovinos, las unidades económicas más fuertes son una conjunción de actividades mercantiles y pecuarias en las que predomina aún el control mercantil. En efecto, era frecuente entonces una articulación de las distintas actividades requeridas por la producción de bienes pecuarios para el mercado externo, en la que la base continuaba siendo la casa comercial instalada en Buenos Aires, dentro de una conformación familiar de la empresa: por ejemplo, en los primeros tiempos, alrededor de los años 1820-1830, el viejo mercader porteño o uno de sus hijos continuaba al frente de la casa de comercio, mientras otro de los hijos o algún otro miembro de la familia organizaba y dirigía la estancia y, al mismo tiempo, fuera en sus manos o en la de otros familiares, se desarrollaban actividades de comercio y acopio en la campaña, se poseían medios de transporte propios —terrestres, fluviales o marítimos (costeros)—, se poseían barracas sobre el riachuelo y un puesto en el mercado ganadero de la ciudad, además de tiendas, sin que faltasen, en ocasiones, habilitación de actividades artesanales y comerciales a cargo de terceros.[24] Incluso los saladeros, las unidades económicas más identificables, en el caso de las de mayor envergadura, como empresas capitalistas —constituían, en el caso de los de mayor desarrollo, manufacturas con división del trabajo y mano de obra libre—, suelen estar integrados en la empresa mercantil. "En las familias que poseían saladeros o estancias ovinas, el mercader-estanciero cambió claramente hacia el tipo de gran mercader."[25]

Cabe considerar, entonces, que el grupo económico que predominaba en el negocio de la ganadería de exportación era el de mercaderes, extranjeros y nacionales, que en una buena porción del mismo puede ser llamado mercader-estanciero.[26] Junto a él existía, es claro, un amplio sector de ganaderos que, en su mayor parte, poseían el carácter de pequeños y medianos productores, subordinados, a través de los mecanismos de financiamiento, acopio y comercialización, al otro sector. Posiblemente, otro factor que ha facilitado aquel anacronismo al que aludimos antes, consista en juzgar la envergadura de la propiedad ganadera por la extensión de la tierra ocupada —en propiedad o en enfiteusis— y no por el precio de mercado de la misma que, aunque en ascenso, era aún acentuadamente bajo, al punto de hacer considerar la inversión en tierras, en los comienzos de la etapa, casi despreciable dentro de la inversión inicial.

Un aspecto que tampoco ha sido puesto en claro es el del financiamiento de aquella expansión ganadera que, si bien facilitada por la escasa incidencia del gasto en tierra, requería otros rubros de inversión —compra de ganado, por ejemplo— para los cuales la gran cantidad de pequeños y medianos ganaderos no tendrían otro recurso que la habilitación u otra forma de crédito mercantil.[27]

De tal manera, la antigua y poco fructífera discusión sobre el carácter feudal o capitalista de la estancia argentina de la primera mitad del siglo, es obviada llevando el problema de la naturaleza histórica de aquella economía al ámbito de una forma de empresa mercantil-ganadera que continuaría aún revelando una prolongación, pronta a desaparecer, del dominio del capital comercial en la economía rioplatense.

La cuestión de Buenos Aires

Sin embargo, pese al fracaso de las tempranas tentativas de organizar la nación, las tendencias a la unidad nacional no dejaron de persistir y un mínimo lazo formal —la delegación, a partir de 1826— de las relaciones con el exterior en la provincia de Buenos Aires, expresaba a la vez que subrayaba el papel particular de aquella provincia. Precisamente, si hay algo que permita el acceso al nudo de la cuestión nacional en esta etapa de la historia argentina, es la llamada "cuestión de Buenos Aires". Si por diversos motivos ocupaba un lugar tan primordial en la definición de la cuestión nacional rioplatense, uno de ellos, quizás el fundamental, era el de constituir el punto de encuentro de las dos grandes tendencias que condicionaban, contradictoriamente, las políticas provinciales. Por una parte. la lógica de la economía mercantil proveniente del período colonial tendía a ver la cuestión de Buenos Aires como la de la necesaria eliminación de los privilegios político-económicos que aquella disfrutaba. Redistribución de los ingresos aduaneros y aranceles protectores expresaban lo sustancial de esa tendencia en el plano de la política económica, mientras el federalismo parecía definir su programa de organización estatal.[28]

Desde esta perspectiva Buenos Aires era un mal inevitable que era preciso controlar ya que no podía ser suprimido, fundamentalmente respecto de un problema considerado por lo general como el meollo del asunto: el problema de la aduana. En torno a ella han sido subrayados diversos aspectos. En primer lugar, el hecho de constituir la fuente por excelencia de los recursos de la provincia de Buenos Aires y, por lo tanto, del posible estado nacional. Entre 1822 y 1829 los ingresos aduaneros representaron alrededor del 80% de las rentas de aquella provincia.

El monopolio de esos ingresos por una de las provincias ponía en sus manos una enorme e insalvable distancia en cuanto a la posibilidad de montar un aparato de estado y, en consecuencia, de costear los recursos necesarios para imponer por la fuerza sus intereses. Por otra parte, la cuestión de los aranceles resumía también la sustancia del conflicto entre las partes en pugna. La economía pecuaria bonaerense —esto también concernía a provincias que, como Santa Fe y Entre Ríos, poseían intereses similares a los de la de Buenos Aires— propugnaba por el librecambio en cuanto favorecía el intercambio con el exterior y posibilitaba reducir los costos de la explotación ganadera por sus efectos sobre el consumo de la población, efecto que, además, contribuía a reducir tensiones sociales que podían emerger de la población urbana. Por el contrario, provincias del interior o, en el Litoral, la de Corrientes, eran acérrimas proteccionistas en defensa de sus producciones agrícolas y artesanales, tanto por lo que las mercancías extranjeras pudieran afectar los mercados locales, todavía defendidos por la protección natural de las distancias expresada en altos costos de transporte, como por el efecto mucho más real para la época que la competencia del exterior ejercía en el sentido de comprimir o vedar el mercado del Litoral para sus mercancías, efecto particularmente sensible, por ejemplo, para los productos de la vitivinicultura cuyana o de las artesanías textiles de Córdoba y otras provincias.

Sin embargo, el problema de la aduana era aun más complejo. Las aspiraciones provinciales de nacionalizarla, prorrateando sus ingresos y manejando las tarifas con fines proteccionistas, encontraban obstáculos mucho más profundos que la resistencia de Buenos Aires a resignar su privilegiado monopolio aduanero. En la renuncia a resolver por la fuerza la cuestión —y hubo momentos en que las provincias coligadas pudieron haberlo intentado—, no debió contar solamente el cálculo sobre las posibilidades de convertir en definitiva una momentánea derrota porteña, sino también el de las escasas posibilidades de conciliar los intereses particularistas provinciales, cuyas producciones y comercio eran naturalmente competidores mutuos y cuya división del trabajo era muy limitada con excepción de ciertos aspectos de las relaciones de Buenos Aires con el interior.[29] El problema de la aduana no podía ni puede formularse como el del dominio físico del puerto, pues constituía un aspecto de la estructura mercantil no capitalista del Río de la Plata, puesta en contacto con el mercado mundial en desarrollo. La nacionalización de la ciudad de Buenos Aires, o de la provincia, proyecto intentado por los rivadavianos, constituía, en este aspecto, una solución simplista. La nacionalización de la Aduana de Buenos Aires no era función de una medida administrativa fruto de una ocasional transacción política. La nacionalización de la aduana solo podía resultar de la nacionalización de la economía argentina, esto es, de la formación de un mercado nacional.

Pero, por otra parte, una segunda tendencia modificaba sustancialmente la cuestión de Buenos Aires. Era la que derivaba del progresivo acceso al mercado mundial a través de la producción pecuaria para la exportación y el desarrollo de la producción ganadera momentáneamente integrada —una integración no necesariamente armónica—, con los sectores mercantiles de cada provincia. Es cierto que el período virreinal se había desarrollado también económicamente en función de una gran producción para el mercado europeo: la producción de plata altoperuana. Pero era una producción monopolizada por el estado, quien reglaba también las características mercantilistas del comercio rioplatense. En las condiciones abiertas por el librecambio posterior a la independencia, la expansión de la producción ganadera a todas las áreas en las que existían condiciones de rentabilidad llevó consigo la necesidad y posibilidad de un contacto sin restricciones con el mercado externo por parte de provincias como las del Litoral, Córdoba y aun otras del interior. Para estas provincias, Buenos Aires era una fuente de perjuicios a la vez que una pieza imprescindible en la integración a la economía mundial, de necesario control, además, para la conciliación del comercio importador con los intereses vinculados a las producciones locales. Lo mismo vale para otras provincias que, aunque no tuviesen productos a colocar en el mercado europeo, o no les fuera posible colocarlos en las condiciones creadas por las distancias y las características del transporte de la época, participaban de los beneficios de las otras en virtud de la ampliación de mercados que ellas significaban para sus producciones, como era el caso de las de Cuyo. En función entonces del desarrollo de esos vínculos económicos con el mercado exterior atlántico, se fueron dibujando rasgos de diferenciación regional, unidos a los que generaban las vinculaciones con las economías de países limítrofes. La expresión litoral se fue cargando así de un contenido económico significativo, desarrollándose en su interior la oposición Buenos Aires-resto del Litoral por los factores ya comentados, mientras que el interior dibujaba diferenciaciones en las que se unían antiguas características emergentes de las condiciones naturales o de la estructura social con las derivadas del tipo de vinculación a la economía mundial a través de la ruta del Atlántico o del Pacífico.

El particularismo provincial

Si utilizamos cierta forma de expresión de propósitos atenuantes, como la de "dibujar", es porque aun cuando este proceso va diferenciando las provincias argentinas en conjuntos de características diversas, no estamos todavía ante una real integración regional. Si asistimos ya a un proceso de cierta división del trabajo, como la señalada por Burgin, entre el Litoral y el interior, no puede decirse lo mismo dentro de cada conjunto regional, salvo en la reducida escala de ciertos intercambios tradicionales.[30] En la misma forma en que no podemos hablar de la existencia de un mercado nacional, tampoco parece posible hacerlo de mercados regionales.

Al promediar el siglo, una economía progresivamente orientada al mercado exterior bosqueja —un bosquejo cuya percepción es facilitada en nosotros por el conocimiento de la historia posterior— las regiones que caracterizarán al futuro del país. Sin embargo, dijimos, estamos lejos de poder hablar de una real integración regional. Esas presuntas regiones son más bien conjuntos escindidos por las divisiones provinciales: divisiones administrativas, rentísticas, mercantiles, militares. De la misma manera que el país en bosquejo, las futuras regiones son aún esbozos, en los que parte de la economía fuerza en una dirección y la estructura social en otra. Porque el nudo de la cuestión consiste en que son la estructura social y sus expresiones políticas las que imponen, a través del fuerte particularismo provincial, otra realidad. realidad ceñida a los límites de los estados provinciales, aunque la conformación económica que le dio origen estuviese en proceso de transformación.

Aquella vieja estructura económica en la que nuevos procesos de producción mercantil se desarrollan con distintas características según los casos, se corresponde con los rasgos de la vida política argentina de la primera mitad del siglo. El carácter arcaico del capital comercial es acompañado de pautas de vida social y política no menos arcaicas. La vida provinciana rioplatense, incluida la de la propia Buenos Aires,[31] fue modelada en esos cauces, que mostraron prolongado vigor. La ruralización de la vida social rioplatense modifica algunas de esas pautas con manifestaciones inéditas, como lo fue la presencia armada de masas rurales en las disputas en torno a la cosa pública, pero sin variar los aspectos sustanciales de esa sociedad: la preeminencia de los grupos propietarios, no comprometida por la acción de los caudillos, la hegemonía sobre los sectores populares que asegura el mismo caudillo, el fuerte particularismo provincial, que comparten los nuevos sectores movilizados en el caudillismo, la preeminencia de las solidaridades personales o familiares sobre las programáticas, entre otras.

La presencia de la gran propiedad rural no deja de trastornar expresiones políticas tradicionales de las burguesías mercantiles. En este sentido, es útil comparar la formación del estado correntino con el de las provincias vecinas del Litoral. Mientras en Corrientes el dominio del grupo mercantil, prolongado a través de las luchas abiertas por la independencia, se expresa en un relativamente organizado aparato estatal, dentro de las condiciones del período, en Santa Fe y Entre Ríos el debilitamiento del sector de mercaderes y la mayor incidencia de la propiedad rural se corresponde con el clásico poder caudillista, común a otras provincias argentinas. En Corrientes asistimos a una temprana formulación constitucional con un régimen representativo funcionante, con una organización rentística, administrativa y militar más efectiva de lo que es común advertir en el período, y con gobernadores que se suceden en el poder según las normas constitucionales, al punto de lograr encauzar legalmente las rivalidades políticas agudizadas al comienzo de los años treinta. Su máxima figura política, Pedro Ferré —ex artesano naval—, difiere sustancialmente de las características de los caudillos de la época, no en virtud de su personalidad sino por su inserción en un estado provincial mejor controlado por la élite dirigente. El peso en el estado correntino de los sectores urbanos, incluso populares, como el batallón de artesanos organizados por Ferré para los combates en los que la provincia rescató su autonomía en 1821, es notoriamente mayor.

Esta distinta conformación socioeconómica se tradujo en una distinta política frente al problema de la organización nacional, que hizo de Corrientes la piedra fundamental de las políticas antirrosistas durante el período. Comprimidas las posibilidades de expansión mercantil por los efectos de la política librecambista y de la hegemonía bonaerense sobre la navegación de los ríos y la aduana, Corrientes enfrentó la política de Rosas en el proceso de constitución de la Liga del Litoral con una irritante demanda de proteccionismo económico y de urgente unificación nacional, e intentó organizar tras su liderazgo a las provincias del Litoral y del interior. Finalmente derrotada, hubo de resignarse a suscribir el Pacto Federal que dilataba indefinidamente la organización nacional, luego de haberse retirado de las negociaciones en señal de protesta.[32]

En cambio, es posible inferir que la resignación de las tentativas de hacer funcionar regímenes representativos realmente válidos por las élites mercantiles de casi todas las provincias, ante el poder personal de los caudillos, apoyados en la movilización de las masas rurales, refleje en el nivel político esa relación nueva y contradictoria entre los grupos mercantiles y el crecimiento de la importancia de la propiedad rural, dado que lo común en la historia del capital comercial, en cuanto atañe a sus avances sobre la producción, es vincularse con productores directos, generalmente pequeña propiedad artesanal, urbana o rural. Mientras que en esta etapa del desarrollo de la economía rioplatense, en cuanto economía orientada al mercado pero aún no capitalista, la relación con la gran propiedad rural lo pone en contacto con una situación social más completa: la expresada en la relación social propietario-peón.[33] Por añadidura, ello ocurre en un momento histórico en que las masas rurales en toda Hispanoamérica habían sido recientemente sustraídas a la disciplina del trabajo en aras de las luchas por la independencia, movilización efectuada por lo general mediante programas de naturaleza igualitarista que calaron hondo en la conciencia popular e hicieron más que difícil la necesaria tarea de reinsertarlos en el mundo productivo. El fenómeno de la ruralización de las bases del poder y de la emergencia de regímenes de caudillo expresa esa nueva situación social e indica, en el plano político, uno de los efectos más difíciles de controlar que en una economía todavía tributaria del capital comercial, emerge de la vinculación, por más débil que sea en esta primera mitad del siglo, al mercado mundial capitalista en desarrollo.

Por otra parte, pese a las innovaciones de importancia que se han ido produciendo en la sociedad argentina, lo que no existe al filo de la caída de Rosas es una clase social dirigente que pueda llamarse nacional, si no en el sentido de corresponder a una nación, aún sin cuajar, al menos en el de poseer una solidaridad y fusión de intereses en el ámbito de lo que se concebía como base de la nación posible. Han surgido ya nuevas realidades, sea en el terreno de los intereses materiales, sea en el de las experiencias políticas, producto de la historia transcurrida desde la independencia, que harán recrudecer y aparentemente con mayores posibilidades de éxito, los intentos de organización nacional, aunque todavía faltan algunas décadas de intensas transformaciones y agudas luchas para que esos intentos culminen en el éxito. Lo que existe son grupos dominantes locales, burguesías mercantiles o mercantil/rurales, si se nos permite la expresión, que controlan la producción y comercio locales, en las que los lazos de parentesco predominan en la constitución de las empresas, y cuyo espíritu particularista predomina en los hechos sobre los posibles conatos nacionalistas.[34]

Los límites que la naturaleza mercantil precapitalista de las burguesías provinciales imponían a sus relaciones recíprocas explican la dificultad de su fusión en una clase nacional. Las tendencias nacionalistas existentes en todo el ámbito rioplatense, apoyadas, entre otras razones, sobre la necesidad de organizar los vínculos con el exterior, no alcanzaban a superar tampoco aquellos límites.

El proceso de expansión económica bonaerense por ejemplo, es usufructuado por una clase dirigente mercantil-estanciera cuya tendencia más notoria no es hacia la unificación nacional sino hacia la preservación del *statu quo*: un mínimo de vinculación con el resto de las provincias que a la vez que permita el mantenimiento de los lazos económicos ya referidos y una mayor fuerza en las negociaciones con el exterior, haga también posible la exclusividad del aprovechamiento de las ventajas naturales de la provincia, expresadas en el control de la nevageción de los ríos y en el del comercio exterior a través de la aduana. El particularismo de esa burguesía mercantil, fracasado en años anteriores en los intentos de unificación nacional bajo su hegemonía, al par que exitoso en impedir la unidad a costa de sus privilegios, tenderá tanto bajo el período rosista como posteriormente durante el predominio de la política mitrista, a obstruir toda política de organización nacional que implique el sacrificio de aquellos intereses particularistas. En este cometido, la alianza con parte de las provincias del Litoral será vital para el predominio de la política de no organización nacional durante el período.

Por eso, como señalamos, la más importante de esas cuestiones, que afectaba al conjunto de las provincias, la llamada "cuestión de Buenos Aires", se veía magnificada al promediar el siglo por las nuevas perspectivas del mercado mundial. La existencia de una provincia del Litoral marítimo y fluvial, con el gran puerto del comercio exterior y con las características culturales y políticas de su centro urbano, fue tradicionalmente el gran motivo de escándalo y discordia para el resto de las provincias argentinas. Sin embargo, paradójicamente, fue también el gran factor de unión, quizás el más firme elemento en que se apoyaban las tendencias nacionalistas en pleno proceso de disgregación política. Y no queremos referirnos con esto a los efectos de la política bonaerense, tendiente tanto a impedir la organización nacional, como a conservar un mínimo de unidad en cuanto ella era factor fundamental para su propio desarrollo, sino a los efectos de la existencia misma de Buenos Aires dentro del resto de las provincias; al hecho de que la satisfacción de múltiples intereses provinciales exigía la anulación de los privilegios que disfrutaba Buenos Aires y de que ello solo fuera posible en el cauce de una organización nacional que la englobara y que arbitrase los intereses encontrados. Esta composición de lugar solo pareció atenuarse en las zonas limítrofes del área andina, limítrofes de otras regiones extranjeras con salida al exterior, atenuando aparentemente el sentimiento nacional en formación —que mucho más se atenuaba en la propia Buenos Aires, parte de cuyo sector dirigente vivió siempre oscilante ante una doble tentación: la de organizar el país bajo su dominio de tal manera que no resignase las ventajas de su privilegiada situación geográfica o la de separarse de él, afectando los intereses vinculados al tráfico interprovincial pero asegurando los derivados de su posición—.

De tal manera, así como observando el proceso desde el ángulo de su cristalización política lo más llamativo del período lo constituye la emergencia del estado provincial, al mismo tiempo es posible ir advirtiendo los cambios que a largo plazo el proceso económico y social va produciendo en el sentido de promover una configuración regional más amplia. Hemos visto que, al amparo de la inexistencia de un poder central y ante las exigencias de una economía debilitada por las luchas armadas y comprimida en sus posibilidades de desarrollo por el período de dificultades que vive la economía mundial entre el fin de las guerras napoleónicas y la mitad del siglo, las provincias se vuelcan a las posibilidades que su ubicación geográfica les brinda. Es el caso de las vinculaciones con Chile de una parte de ellas, con Bolivia de otras, con el sur brasileño y el Uruguay de las del litoral. Así se van perfilando, entonces, esbozos de nuevas regiones con el consiguiente riesgo de disgregación que entrañan para el no concretado proyecto de nación argentina y que urge la puesta en práctica del llamado proceso de organización nacional subsiguiente a la caída de Rosas.

Tenemos entonces que al producirse la independencia, los intentos de conformar nuevas entidades políticas sobre la base de cierta uniformidad regional, según el patrón de las viejas intendencias, fracasan. La configuración regional que esos proyectos dibujaban tenía cierto asidero en la realidad, fundado en motivos de orden geográfico y económico, de vínculos históricos debidos a la proximidad espacial o a otras razones, como las derivadas del ordenamiento administrativo hispanocolonial. Pero esta configuración regional era por demás débil si trascendemos al punto de vista geográfico. Y las razones de esto se encuentran, como vimos, en el tipo de estructura económica y social que no generaba más vínculos económicos entre las provincias que los de la circulación mercantil del tipo ya descrito. Estas configuraciones regionales tuvieron alguna proyección en las luchas sociales y políticas del período. En unos casos —Liga del Interior, liberado por el general Paz—, se trataba de una unión transitoria derivada predominantemente de la estrategia militar y tendiente a apoyarse en la más genérica oposición interior-Buenos Aires. En otro caso —Liga del Litoral—, las mismas razones se unieron a la emergencia de reivindicaciones regionales más definidas que, sin embargo, no mostraron el vigor suficiente para asegurar su perduración.[35]

Por otra parte, al lado de la unidad provincia de sólida estructuración económica, social y política, la historia de la primera mitad del siglo apunta a la conformación de regiones económicas más amplias que engloban a conjuntos de provincias argentinas con parte de los países vecinos. Ante la inexistencia del estado nacional, esos vínculos económicos pueden amenazar con desarrollar una solidez mayor que los que unen a esas provincias con lo que sigue siendo el centro visible de la posible nación: Buenos Aires. No se ha intentado una evaluación precisa del peso de unos y otros nexos, que permita estimar hasta qué punto era real el peligro, pero basta saber que en la conciencia política de la época constituyó una preocupación que estimuló en parte en los protagonistas la tendencia a la unificación nacional. Si bien es cierto que, pese a los elementos de comunidad de lengua —con excepción del sur de Brasil—, cultura, tradiciones y otros, que también podían constituir factores de unificación para cualquiera de esas regiones intranacionales, las provincias de la Confederación Argentina tenían otro acervo común que las diferenciaba de los países limítrofes, también es cierto que las exigencias de las penosas condiciones económicas del período podían convertirse en fuertes razones para las tendencias centrífugas que amenazaban el proyecto de nación argentina. Para una perspectiva, insistimos, en la que la nación existente a fines del siglo XIX fue un fruto del proceso histórico y no la tardía formalización de una realidad ya existente al filo de la independencia, importa saber que estos distintos esbozos de solidaridades fundadas en nexos económicos, nexos políticos y tradiciones de diverso tipo —entrelazados en una compleja superposición cuya coexistencia proviene, justamente, de la debilidad aun de los vínculos que harían posible la nueva nación— constituyeron factores de peso en las tensiones políticas rioplatenses.

Los cambios internos y la percepción de una nueva coyuntura internacional posterior al promediar del siglo renovarán las nunca extinguidas tendencias hacia la unificación nacional. Sin embargo, la nueva situación política existente en Buenos Aires al caer Rosas no bastará, ni mucho menos, para asegurarla. De todas las provincias era en esta en la que a la vez que persistía el interés en unificar al país, dada la importancia que ello tenía sobre el desarrollo de la propia provincia, existió siempre la más fuerte tendencia a la segregación, en la medida, además, en que era la única que contaba con elementos materiales y políticos en grado tal de tornar realmente posible su existencia independiente. La coalición del resto de las provincias no bastaría al logro de la unificación nacional, como se comprobó en la segregación de Buenos Aires en 1852. Serían necesarias transformaciones más profundas, emergentes de los cambios económicos y sociales que se irán dando en la segunda mitad del siglo para producir la fusión de intereses de varios de los principales grupos provinciales con parte de los de la misma Buenos Aires, dejando en el camino, derrotados, los viejos intereses particularistas, tanto bonaerenses como del interior. Porque, a diferencia de lo que se suele interpretar, en el proceso de organización definitiva de la nación, que va desde la Constitución del 53 al ajuste definitivo del 80, el triunfo no es de esa "oligarquía porteña", que con expresión de escasa realidad histórica definiría un inmenso grupo social desde 1820 en adelante y con la que se quiere designar a una clase que representaría los intereses porteños y que había conseguido derrotar a los provincianos luego de una serie de vicisitudes no siempre favorables. Por el contrario, lo derrotado en el 80 son los sectores políticos, incluido el más tradicional de Buenos Aires, que expresaban aquellos particularismos provinciales gestados a fines del período colonial y fortalecidos durante las primeras etapas de vida independiente. Es decir, aquellos grupos sociales dirigentes de cada provincia, incluida la de Buenos Aires, que intentaron encajar sus intereses tradicionales en una hipotética y siempre fracasada organización nacional. Y lo que triunfa y hace realidad la organización nacional es la conjunción de parte de los viejos protagonistas, transformados en el proceso de paulatina integración del país en el mercado mundial, que conciliaron sus intereses en pos del objetivo que les permitía disfrutar de las brillantes perspectivas que al promediar el siglo ya se habían advertido en la posibilidad de tal integración. Es ese mismo proceso de conjunción que culmina en el 80, favoreciendo ciertos intereses provinciales y dejando en el camino a otros, el que marca también la cristalización de una clase social nacional, distinta de los grupos particularistas que habían caracterizado la historia anárquica argentina de la mayor parte del siglo XIX, con expresiones políticas que, como el partido mitrista de Buenos Aires, vieron desaparecer las razones de su existencia.

PRIMERA PARTE

ESTUDIOS SOBRE LA ECONOMÍA Y LA SOCIEDAD DE LA PROVINCIA DE CORRIENTES, c. 1820-1840

I. LA PROVINCIA DE CORRIENTES: CARACTERÍSTICAS NATURALES

EL TERRITORIO de la provincia de Corrientes forma parte de la llamada Mesopotamia argentina. Es una llanura situada entre los ríos Paraná y Uruguay, de muy escasa elevación sobre el nivel de las aguas, y consiste en gran parte en una planicie herbácea con lomadas que se extienden entre esteros y lagunas. Las tierras aledañas a los ríos mayores son más elevadas y en ellas se asentaron, dentro de la mitad occidental de la provincia, las ciudades principales. Ubicada entre los paralelos 27 y 30, aproximadamente, Corrientes posee clima subtropical, con precipitaciones abundantes, sobre todo en otoño e invierno (1.000 a 1.500 mm anuales). Los inviernos son benignos —como para permitir el tradicional cultivo de los cítricos—, con temperaturas mínimas no menores de 0° C, y los veranos con máximas que pueden llegar a 36° C, son lo suficientemente cálidos como para favorecer el cultivo del algodón. Más aun, "Dicen en Corrientes —comenta Mackinnon— que, debido a la gran distancia del mar en que se encuentra esta ciudad, su clima puede equipararse al del trópico en la orilla del océano y que casi todos los productos tropicales crecen muy bien allí lo mismo que los de Europa. En confirmación de lo afirmado, pude observar varias plantas de la familia de los cactos que yo había considerado hasta entonces como propias de las regiones tropicales". [1]

En el conjunto hidrográfico de la provincia se destacan, además de los ríos Paraná y Uruguay, el complejo palustre del Iberá y el río Corrientes, que cortan al sesgo el territorio desde el noreste hasta el suroeste. Separan así el triángulo noroeste, la región de los esteros y lomadas —cerrada al norte y al oeste por el Paraná—, de la zona sur, asimilable al paisaje de llanura y cuchillas característico de la vecina provincia de Entre Ríos (véase el mapa). Pero están lejos de agotar el recuento de la profusa hidrografía correntina, compuesta —resume Mantilla— por "... diez grandes ríos navegables, sesenta y cuatro tributarios principales de ellos, más de mil corrientes secundarias de agua dulce, diecinueve lagos extensos, el vasto receptáculo de agua llamado Yberá, y multitud de esteros, bañados, cañadas y lagunas". [2] Entre esos ríos, el Batel, afluente del Corrientes, que nace en los esteros del mismo nombre, y el Santa Lucía, también proveniente de esteros homónimos, sobresalían por la actividad humana que facilitaban; entre otras razones, por su utilidad como vías internas de comunicación y transporte en esa parte de la provincia. Así, si bien alternando a veces con terrenos arcillosos, cubiertos de espinillos o acacias espinosas, el pasaje de lomadas, lagunas e "islas" boscosas era frecuente y capaz de deleitar constantemente al naturalista francés Alcides D'Orbigny: en campiñas muy pintorescas, tres leguas al noreste de la ciudad de Corrientes, se veían por todas partes "...tierras arenosas y levemente onduladas, entrecortadas por lindas lagunas redondas, de agua límpida, y a los bordes de algunas se alzaban grupos de árboles verdeantes, coronando el cuadro de manera insuperable". Bastante más al noreste, después de San Cosme, atraviesa tierras parecidas a las recién evocadas: "...elevaciones arenosas, cortadas por lindas lagunas y separados grupos de árboles...". Y a lo largo de sus viajes a caballo por el interior de la provincia, tierra y agua se alternan continuamente, ya fuese en paisajes como esos, ya en otros de suelos cenagosos y menos alegre vegetación. Por su parte, el marino inglés Mackinnon, en viaje a caballo desde Goya hacia Corrientes, realiza observaciones similares: "La mayor parte de mi jornada en este día fue cumplida sobre una loma poco elevada cubierta de altas hierbas que el calor del verano había secado mucho en algunos trechos. En donde el suelo se mostraba ondulado o cerca de los ríos, veíanse siempre árboles en profusión, y en las llanuras bajas el suelo parecía fértil. Con frecuencia, entre los campos de hierbas secas, recreaban la vista las verbenas rojas y casi no había estancia que no tuviera su huerta de naranjos cubiertos entonces de frutos que maduraban".[3]

Puesto que la expansión ganadera rioplatense, entonces en una etapa muy lejana de los niveles de la segunda mitad del siglo, no había aún dado una imagen distinta y menos bucólica de la riqueza posible de esas lejanas comarcas, la previsión de estos viajeros europeos es más optimista de lo que el futuro habría de mostrar como posibilidades reales de esta provincia: poseen un suelo, comenta el mismo Mackinnon respecto de los correntinos, que producirá casi todo cuando sea cultivado. Lo mismo, con algo más de entusiasmo, asoma en ciertos párrafos de los Robertson: "miles y miles de caballos y vacas cubrían las llanuras y colmaban los bosques de la provincia de Corrientes", pero "solo a pocas millas de la capital podía uno formarse ligera idea de que el algodón, el tabaco, la caña de azúcar, el maíz, la mandioca, las bananas, las naranjas, las uvas y muchos vegetales comestibles eran los productos naturales del suelo y tenían su valor. En la parte del territorio correspondiente a Misiones la yerba es excelente y crece en abundancia, lo mismo que la cochinilla y el índigo en regiones diversas. También se produce el arroz y podría cultivarse con gran ventaja el café. La miel silvestre se encuentra en gran abundancia. La leche y la crema me parecieron siempre de lo mejor. Es esta una gran tierra de la que mana leche y miel".[4]

Claro está que los comentarios más favorables se refieren al noroeste de la provincia, su región de mayor importancia económica ya desde tiempos coloniales, ámbito de la ocupación inicial del territorio por parte de españoles y criollos. Sus lomadas fueron propicias al asentamiento humano, pero con la característica dispersión que determinaban las franjas inundadas o inundables que las separan. En ella se cultivaba el algodón, la caña de azúcar, el tabaco, el maíz, la mandioca y diversos frutales. Además de la agricultura comercial, era característica la de subsistencia, frecuentemente complementaria de una producción ganadera predominantemente mercantil. En las zonas boscosas aledañas al Paraná se obtenían maderas de construcción que formaban una parte apreciable del comercio exterior de la provincia. Región la más densamente poblada, es a ella a la que pertenecen los paisajes descritos por D'Orbigny, de quien añadiremos una nueva referencia por su calidad para evocar el ámbito natural en que desarrollaba su vida y sus actividades productivas la mayoría de la población rural correntina: "Pasamos por Guácaras y luego entramos en el lugar llamados Las Ensenadas, sin duda por la gran cantidad de lagunas que caracterizan estas tierras. En medio de un terreno arenoso, admiraba el contraste existente entre las lagunas grandes y pequeñas, llenas de agua límpida como el cristal o pobladas de juncos siempre verdes. Gran número de bosquecillos dispersos junto a las lagunas, de lindas casitas cubiertas de troncos de palmera, prestaban animación al paisaje y hacían envidiar a los buenos pastores o los agricultores hechos a la soledad, felices por las riquezas que la naturaleza les ha deparado y la belleza del paraje."[5]

Distinta era la fisonomía de la región del sur, similar a la del norte de la vecina provincia de Entre Ríos no solo por su paisaje, como dijimos, sino también por su tendencia a la monoproducción ganadera. La calidad de sus tierras —las mejores de la provincia para la cría del ganado mayor—, favorecía ese mayor predominio de la ganadería vacuna, aunque también eran aptas para el ovino y algunos cultivos, como el del trigo y los frutales. Una serie de cuchillas se articulan allí de sur a norte —prolongación de la Cuchilla Grande entrerriana— dividiendo las aguas de las cuencas del Paraná y del Uruguay. Numerosos arroyos parten de ellas y de otras cuchillas transversales de menor altura, y bañan las tierras ricas en pastos naturales.

En cuanto al noreste correntino, un espacio escasamente poblado en el que se encontraban los restos de las ex misiones jesuíticas, era tierra favorable para diversos cultivos, según Mantilla, pero no para la ganadería. Zona de difícil control para el estado correntino, disputada por el Paraguay que ejerció allí su jurisdicción de hecho hasta mediados del siglo, la actividad más destacada que conocía era el tránsito de las tropas de carretas de los comerciantes riograndenses de San Borja en su tráfico con la población paraguaya de Itapúa.

En las condiciones de la economía rioplatense de la época, la mayor generosidad de esa naturaleza correntina para la subsistencia humana condicionó favorablemente la reproducción de sus pobladores, ya fuese en una economía de subsistencia, ya participando en mayor o menor medida en las actividades mercantiles impulsadas, sobre todo, por el comercio exterior de la provincia.

II. LA POBLACIÓN DE LA PROVINCIA DE CORRIENTES ENTRE 1814 Y 1852

UNO DE LOS ÍNDICES del notable desarrollo institucional de Corrientes lo constituye la realización de recuentos anuales de sus habitantes. En unos casos, meros padrones en los que es evidente la finalidad militar de la iniciativa; en otros, verdaderos censos cuyas no pocas deficiencias no amenguan el valor de lo que acabamos de señalar ni la posibilidad de basar en ellos una aproximación al desarrollo demográfico de la provincia. Los más útiles a este propósito son los de 1820, 1833 y 1841.[1] Si prescindimos de las cifras de 1841, en las que inciden la mortalidad y emigración debidas a los conflictos bélicos del período, la tasa de crecimiento anual es sensiblemente alta para una sociedad preindustrial (3,3% para 1814-1820, y 3,2% para 1820-1833).[2] Por otra parte, es útil comparar la evolución de la ciudad capital con la de la campaña y, dentro de esta, la de las tres zonas definidas por los ríos Santa Lucía y Corrientes (al norte del primero de ellos, entre ambos, y al sur del segundo). Advertiremos así dos características decisivas que condicionan el desarrollo de la estructura social correntina en las condiciones derivadas del proceso de transformaciones del conjunto de la economía rioplatense. Por un lado, el claro predominio inicial del triángulo noroeste, con centro económico y político en la capital. Por otro, la paulatina expansión del sur ganadero, que contrasta con el relativo estancamiento demográfico de la capital y que supera al de las otras zonas rurales (véase cuadro 3). Se trata de un sensible crecimiento demográfico correspondiente con la recuperación de la economía ganadera de la provincia, que había sido devastada por las incidencias bélicas posteriores a la independencia. Similar conclusión surge del examen comparativo del desarrollo de la población urbana y rural. Esta última pasa de constituir, según las cifras del cuadro 2, el 84,2% de la población total de Corrientes en 1814, el 85,5% en 1820, 90% en 1833 y 90,3% en 1841.

Si bien el crecimiento es sensible, como señalamos, no conviene olvidar que esto ocurre en el contexto de una débil densidad de población. Esta densidad —de cálculo impreciso por las omisiones censales— se acerca apenas a la unidad por kilómetro cuadrado en 1841 (véase cuadro 2). Se trata de una densidad baja, característica del poblamiento rioplatense de la época y acentuada en estos cálculos por la existencia de extensas zonas deshabitadas, como la de los esteros del Iberá.[3] Aun considerando la zona más poblada de la provincia, al norte del río Santa Lucía, la densidad apenas alcanzaría a dos habitantes por km^2 en 1841. Sin embargo, comparando la población total de Corrientes con la de otras provincias (véase cuadro 4), puede considerarse que era elevada para el promedio de la época, sobre todo en una región cuyo mayor grupo indígena, el misionero, había sufrido un acelerado proceso de dispersión por todo el litoral ganadero luego de la expulsión de los jesuitas, y cuyos restos, además, no son incluidos en los censos.

La provincia tenía un solo centro poblado que merecía, para la época, el calificativo de ciudad. Era la capital, Corrientes, cuya población —que registra el cuadro 2— no daba indicios de aumento. Su fisonomía urbana parece no haber sido muy atractiva, pese a las mejoras que el gobernador Ferré encomendara al ingeniero francés Parchappe en 1827 —encargado también de la urbanización de otros poblados de la provincia—. Así, en 1846, Mackinnon la encuentra de aspecto mezquino y ruinoso. Como las calles son de arena y carecen de pavimento —observa—, se acrecienta el aspecto general de abandono. Los Robertson, hacia 1815, habían también juzgado las calles de arena y fango como miserables, y las viviendas de la gente pobre, de muy ruin apariencia. Solo algunas casas grandes y cómodas de los magnates de la ciudad, en una o dos de las calles principales, y algunas buenas iglesias se exceptuaban del mal efecto que les causara la edificación. Pese a todo, juzgaban que la profusión de jardines con árboles, arbustos y flores, que parecían disputar terreno a las mismas viviendas, daba a la ciudad una apariencia pintoresca que se sobreponía a la pobreza de estas.[4] Si la ciudad capital merecía descripciones poco favorables, de observadores no mal predispuestos a juzgarla, los otros centros poblados estaban lejos de mejorar el cuadro. D'Orbigny, tan sensible a las atracciones del paisaje rural correntino, describe a San Roque, sobre el río Santa Lucía, como algo nada agradable, mero grupo de casas cubiertas de paja o troncos de palmera, con una iglesia muy simple —apenas una casa grande dotada de un campanario de tirantes—, y el conjunto sin árboles o con unos pocos frutales.

San Roque tenía 735 habitantes en 1833, pocos años después de la visita del naturalista francés. Según el censo de ese año, Goya, la segunda población de la provincia, llegaba a 1.910 habitantes si se incluían sus alrededores. Trece años más tarde, le parecerá a Mackinnon un pobre conjunto de chozas con alguna que otra casa aceptable. En todas partes, una de las observaciones principales del oficial naval británico —además de las clásicas referencias a la traza en damero de las ciudades hispanoamericanas, prescrita por las leyes de Indias—, era la disposición cóncava de las calles que, por la ausencia de desagües, solía dar lugar a charcas de aguas podridas.[5] La tercera "ciudad" por su población, en 1833, era Curuzú Cuatiá, con 1.661 habitantes. Al no distinguirse en el censo de otras localidades, como Saladas o Caacatí, la población urbana de la rural, no es posible estimar la cantidad de habitantes que poseían.[6]

La distribución de los habitantes en grupos étnicos es uno de los resultados menos confiables del análisis de estos censos, tanto por el fenómeno, general en Iberoamérica, de acentuarse artificialmente el natural "blanqueo" de la población —resultado de la tendencia de los censados a negar su condición mestiza o a declarar una calidad étnica más cercana a la del blanco que la que en realidad poseían—, como por las deficiencias de los censos, incluida la omisión del dato en los padrones de varias regiones. La proporción de blancos —70,8% en 1814, 87,2% en 1833— es presumiblemente bastante mayor que la real en esta provincia en la que la presencia indígena guaraní, como en la vecina república del Paraguay, era tan intensa que la lengua indígena predominaba en el uso popular y aun entre el grupo dominante en parte de su vida familiar. Si el porcentaje de "naturales", esto es, indios supuestamente puros, pudiese ofrecer menos reparos (17,2% en 1814 y 9,1% en 1833), dada la presunción del mestizaje, la casi inexistencia de mestizos en los datos censales (0,2 % en 1814, 1% en 1820 y 0 en 1833) denuncia la escasa o nula calidad de estos datos.[7] La estimación de la esclavitud es más confiable, puesto que no es de presumir que se la ocultara. Las cifras de 1.161 esclavos en 1814, 1.026 en 1820 y 700 en 1833, reflejan su declive por efecto conjugado de la libertad de vientres decretada en 1813, las ocasionales manumisiones y compras de libertad, y el creciente precio de los esclavos desde la impugnación inglesa a la trata. Añadamos que, según los dudosos datos censales, castas y negros habrían reunido el 11,1% y 0,5% en 1814, y el 3,5% y 0,1% en 1833, grupos a los cuales pertenecían aquellos esclavos.

Respecto de la población proveniente de otras provincias argentinas, se destacan los originarios de las limítrofes (Entre Ríos, 116, y Santa Fe, 77) en el único censo que registra el dato, el de 1833. Más abundantes son los bonaerenses, con 124 censados, mientras que del resto de los provincianos, solo los cordobeses, con 15, superan las 10 unidades. El total de residentes oriundos de otras provincias es de 350, apenas el 0,63% de los 55.566 habitantes de 1833. Considerando la distribución de esos grupos por regiones, la mayor proporción de entrerrianos correspondía al sur, donde fueron censados 78 de ellos. El dato responde a la proximidad de esa región con la de origen y a la índole predominantemente ganadera de las actividades productivas a ambos lados del Guayquiraró y del Mocoretá —límites de ambas provincias—.

En la población extranjera de origen americano, 417 paraguayos, 2 orientales y 3 brasileños fueron los únicos censados en 1814. Los mismos grupos sumaban 406, 16 y 49, en 1820, con la única novedad de 1 chileno, y 673, 36 y 14 en 1833, año en que también se registraron las exiguas cantidades de 8 chilenos, 1 peruano y 3 norteamericanos. Entre los de origen europeo, 87 españoles, 30 portugueses, 4 ingleses y 2 franceses habitaban Corrientes en 1814. En 1820, sumaban 102, 49 y 3, respectivamente, más 3 italianos y 1 alemán. Y en 1833, 92 españoles, 141 portgueses, 18 ingleses, 41 franceses, 39 italianos, 3 alemanes y 2 austríacos integraban la población residente de origen europeo. En estas cifras, la costumbre de la época de designar a la población del Brasil como portuguesa torna dudosa la distinción que surge del censo entre portugueses y brasileños. Por lo demás, junto a la natural predominancia de los oriundos de países limítrofes, cuenta el aumento de los ingleses —que solían ocuparse en el comercio exterior de la provincia—, de los franceses en 1833, con similares ocupaciones, pero acuciados por huir del reclutamiento en las milicias de Buenos Aires, y de los italianos, que ya tenían una presencia destacada en la navegación de cabotaje y fluvial rioplatense.[8]

III. COMERCIO, MERCADO Y TRANSPORTES

El comercio interior

Agricultura y ganadería en pequeña escala, caza y pesca, en una región natural como la correspondiente a Corrientes, facilitaban la subsistencia de gran parte de la población, reduciendo la necesidad de transacciones mercantiles. El cultivo doméstico de maíz, batata, mandioca, zapallos, cítricos, y otros vegetales, junto con la leche de algunos vacunos, la pesca en el amplio sistema hidrográfico provincial y la abundante caza de diversas especies de aves y mamíferos, contribuía a resolver, en distinto grado, el problema de la alimentación en buena parte de la población rural. Los ovinos, abundantes en la provincia, proporcionaban la lana que, como el algodón, se utilizaba ampliamente en la producción doméstica textil. A estos recursos se sumaba la fácil provisión de cuero ya comentada.

La facilidad de la reproducción de ganado mayor y menor en la provincia era notable, a punto tal que, por ejemplo, a fines del período colonial, el bajo precio de los equinos había impulsado a los hacendados, según informaba un corresponsal correntino del Consulado de Buenos Aires, a sacrificarlos sin utilización lucrativa: "el ganado caballar es tanta su abundancia que los criadores aburridos con él [...] han hecho y están haciendo mortandades". Otro testimonio, de 1822, permite también inferir la relativa facilidad de la posesión de ganado, en este caso, vacuno: "Estas campañas —escribía el alcalde provincial— principalmente la de entre el Batel y Río Corrientes, se hallan llenas de tristes albergues y miserables tugurios cuyos moradores no alcanzo a concebir cómo pueden mantenerse, si no es del robo, y del pillaje. Muchos no tienen una lechera y la mayor parte no alcanzan a poseer diez y seis".[2]

Como el alimento, también la vestimenta era por lo común de producción doméstica: todos los tejidos, incluso ponchos, se hacen en las campañas, escribe D'Orbigny, en telares de una sencillez difícil de creer. Cada familia posee el suyo, en el que tejen mujeres e hijas.[3]

Las actividades mercantiles tenían, por lo tanto, permanentes límites que provenían de esa amplia vigencia de la producción doméstica. En la medida en que ellas fuesen necesarias, el trueque persistía como el recurso más generalizado, tal como admirara en la misma capital provincial a uno de los Robertson, hacia 1815: "no dejó de sorprenderme el oír los curiosos pregones de una cantidad de rapazuelos congregados en mi puerta... Sal por velas, gritaba uno. Tabaco por pan, chillaba otro. Yerba por huevos, vociferaba un tercero. Tomates por azúcar, aullaba el cuarto. De tal suerte, una docena de rapaces —varones y mujeres— ofrecían: papas en cambio de almidón, leña en cambio de harina, cigarros por jabón, verduras por azul de lavar, manteca por pimienta, chorizos por aceite, leche por vinagre, y en este *quid pro quo,* cantidad de provisiones caseras culinarias en que pueden competir correntinos y correntinas para satisfacción de sus necesidades por medio del trueque".[4] Sin embargo, ciertas necesidades monetarias eran insalvables. Exigencias de la vida social, como los servicios religiosos o el juego, y algunas compras que no pudiesen efectuarse por trueque, demandaban el uso monetario en cierta escala.[5] Así, las cuentas de peones de un establecimiento rural, registran, junto a mercaderías de diversa naturaleza, la entrega de cortas cantidades de reales.[6] El mismo testimonio de los Robertson agrega a continuación del párrafo recién citado: "Debo decir que a tales gritos se añadían otros, proferidos por un mayor número de muchachos que anunciaban también variedad de artículos pero todos por 'plata' ". La circulación monetaria era lógicamente mayor en la ciudad capital, pero la escasez de moneda de plata afectaba igualmente las transacciones. Esto obligó al gobierno, en 1826, a la emisión de papel moneda, por la corta suma de 3.000 pesos fuertes. En sus considerandos, el decreto relativo a la emisión refiere que no solo se dificultaban los pagos de impuestos, sino las transacciones que debían realizar "todas las clases de familias" para subvenir a sus necesidades elementales; perjuicios que consistían sobre todo en las pérdidas sufridas al cambiar las onzas de oro por moneda de plata, cuya escasez las sobrevaluaba respecto del oro.[7] En este medio de crónica escasez monetaria —no resuelta, por supuesto, con la modesta emisión de 1826—, el trueque no era solo un recurso de los consumidores, pues también lo empleaban comerciantes y productores para negocios de mayor monto.[8]

Como especialización, el comercio estaba manejado por dos clases de mercaderes: la de los comerciantes legalmente autorizados de la capital, villas y pueblos del interior de la provincia, que solían auxiliarse con el empleo de corredores a los que proveían de mercaderías para intercambiar por los productos de especial demanda, tales como tabaco o cueros, y la de los propietarios rurales que comerciaban no solo sus productos sino también los de su región y reunían, entonces, las dos condiciones de productores y comerciantes.

Por prescripción constitucional estaban excluidos del comercio en el interior de la provincia los extranjeros que no fuesen *domiciliados,* esto es, los que ingresaran 4.000 pesos como mínimo, o tuviesen un oficio o profesión útil y supiesen leer y escribir. Se les prohibía expresamente recorrer el interior y se les fijaba como único lugar de residencia la ciudad de Goya, autorización ampliada, en 1830, a los puertos de Bella Vista y Esquina. Se exceptuaban también los dueños de establecimientos agrarios que, según las reformas constitucionales de 1824, superasen un valor mínimo de 2.000 pesos fuertes.[9]

El comercio por medio de corredores, reglamentado por el estado provincial, poseía características comunes a las de toda Hispanoamérica colonial y poscolonial. Para el caso correntino, fueron descritas por los Robertson y por D'Orbigny. La forma de comerciar en Corrientes —dicen los súbditos británicos— es la de *habilitar* a los productores rurales con dinero o mercancías, que son entregadas a cuenta de futuros acopios de frutos del país. Los riesgos de una operación —que denominan "habilitaciones o créditos"— fundada en un convenio verbal obligaban, añaden, a fijar precios muy por encima de los reales a las mercancías entregadas al productor rural y valuar muy bajo las suyas. Este debía entregar luego al comerciante, al precio previamente convenido, los frutos acopiados, operaciones mercantiles que comprobaremos al describir las actividades de algunos establecimientos rurales. Por su parte, D'Orbigny describe similares procedimientos en la producción de tabaco. "Multitud de pequeños comerciantes recorren el campo, cuando se aproxima la temporada, ofreciendo sus mercaderías a los agricultores." Estos las compran a crédito, debiendo pagarlas más adelante con el tabaco. Los comerciantes venden sus mercaderías asegurándose "un beneficio mínimo del ciento por ciento" y las adelantan a los compradores según el mayor rendimiento que estimen de la futura cosecha. "Varias veces —recuerda— asistí a tales transacciones sin moneda." El comerciante "empieza por doblar el precio de su mercadería y conviene recibir, antes de que se haya establecido el precio de la cosecha del año, por ejemplo, cada mazo de venta —es decir de un calibre conocido en el país— a razón de un peso, o sea cinco francos, seguro de ganar bastante sobre el precio, pues vi comerciantes de esos que vendían tabaco a doce *reales,* vale decir, siete francos con cincuenta, el mazo, en el momento más favorable del mercado". El tabaco se lleva luego a Corrientes en carretas y allá se vende a comerciantes mayoristas que lo expiden a Buenos Aires.[10]

Las habilitaciones a los productores y el empleo de corredores no eran exclusivos de la producción tabacalera y pecuaria. Se utilizaban para la captación de todos los *frutos del país* de importancia mercantil.[11] El gobierno provincial reglamentó la profesión de corredor, entre otros motivos por algo que ya había preocupado en tiempos coloniales: la necesidad de reprimir actividades mercantiles clandestinas calificadas de vagancia. Por decreto de octubre de 1829, cuyos considerandos refieren los perjuicios causados a los productores rurales por sujetos de dudosas condiciones que actuaban como corredores, declara el cese de todos los existentes hasta el momento y dispone que de allí en adelante los comerciantes que quisieren emplear corredores debían presentarlos a los jueces de policía y otorgarles una fianza. El funcionario, a su vez, proveería de un distintivo especial a dichos sujetos para ser utilizado durante sus operaciones. En los artículos finales del decreto se describen las actividades consideradas ilícitas en relación a la compraventa de cueros y crin, y las penas correspondientes. Pocos años después, la persistencia de los mismos problemas es alegada en los considerandos de otro decreto que prohibía el corretaje en la campaña y centralizaba en las villas las operaciones mercantiles: el único mercado de cada departamento será "su plaza respectiva".[12] No sabemos si el decreto fue cumplido, pero la práctica de las habilitaciones continuó y datos dispersos, que comentaremos al tratar de la producción rural, indican que los corredores siguieron en actividad.

Aunque nos lleve a un momento bastante anterior al que consideramos, es interesante comprobar que el mismo problema y similares medidas oficiales tuvieron lugar treinta años antes, en el período colonial. Sobre el caso, nos informan dos peticiones elevadas al Virrey Melo y al Consulado de Buenos Aires en 1797. Ellas describen una situación en todo semejante a la denunciada por los decretos de 1829 y 1833, pero son más ricas en sus detalles sobre las relaciones entre los comerciantes habilitadores y los productores. Contienen, además, referencias sobre intereses que habrían jugado tras las medidas del Virrey Melo en perjuicio de los corredores. También en aquella oportunidad se intentó obligar a los comerciantes a retirarse a las villas, entonces solo las de San Roque y Saladas, prohibiéndoles comerciar por la campaña. El argumento más fuerte utilizado para justificar la medida era, asimismo, que esas actividades mercantiles estimulaban en los pobladores rurales la matanza ilícita de animales ajenos para extraer los cueros que se cambiaban por los "efectos de Castilla" de los comerciantes. Pero en estos dos documentos que comentamos, se encuentra algo más: la acusación de que tal argumento comportaba "una calumnia que nos imputan los que al pretexto de ella solicitan estancar en sus manos el comercio del país". Esta acusación informa sobre un conflicto de intereses en torno al dominio del comercio interno de la provincia, conflicto en que los comerciantes más fuertes —aludidos como "Señores de la ciudad"— intentaban anular la competencia de sus más activos rivales y quedarse con su lucrativo negocio, según el contenido de estos documentos. No obstante, lo más interesante para nuestro tema es la descripción del sistema de habilitación y de sus justificaciones: "En efecto, la población con quien tratamos, corta en su número, pero extendida por dilatadas campañas; los frutos del país todos voluminosos y de difícil conducción; y en fin la pobreza de sus moradores, su poca industria y aplicación, todo esto junto nos pone en la precisión de internarnos con no poco trabajo por todos los parajes habitados para lograr el cambio a que está reducido nuestro tráfico. Pero por este medio el mísero hacendado consigue expender sus frutos, que de otro modo los perdería inútilmente, y surtirse de lo que no podría alcanzar sino se le llevase hasta las puertas de su habitación. Al mismo tiempo el mercader, a esfuerzos de su actividad y diligencia, con un principal las más veces escaso y limitado, se proporciona el acopio de esos mismos frutos que jamás lograría sino se tomase el trabajo de irlos a buscar de una hacienda en otra". Los afectados por las restricciones dispuestas por el Virrey estaban "fomentando a los hacendados", alegan, con sus entregas de mercancías.[13]

Retornando al momento que estudiamos, observemos, en cuanto respecta al comercio urbano, que además del ocasional en la ya descrita forma del trueque y de los vendedores ambulantes, existían negocios minoristas y mayoristas, de las tres variedades entonces habituales: pulperías —de "menudeo" exclusivamente—, tiendas y almacenes. La reglamentación del impuesto de patentes las describe con mayor precisión, al clasificarlas a los efectos de aplicarles la escala del impuesto. Las tiendas eran de tres clases: las que reunían en sí solas "la venta de efectos secos, caldos por mayor y menor, con comestibles u otros artículos"; las que solo vendían "efectos secos, caldos por mayor, armas, etc."; y las que solo vendían efectos secos. Los almacenes, de una sola categoría impositiva, vendían caldos u otros efectos, por mayor y menor o solo por mayor.[14] Los registros del impuesto de patentes y los papeles de escribanías permiten comprobar que gran parte de los comercios minoristas y mayoristas de las ciudades estaban en manos de los comerciantes que ejercían también el comercio exterior de la provincia, pues, en realidad, las tiendas y almacenes solían no ser otra cosa que locales —muchas veces transitorios—, en los que el comerciante introductor daba salida a sus mercancías.

El comercio exterior

La ubicación geográfica de la provincia había favorecido el desarrollo de sus actividades mercantiles. Situada su capital sobre el Paraná, prácticamente frente a la confluencia con el río Paraguay, unió a las posibilidades que podía ofrecerle su zona de control político las ventajas de su vecindad con el Paraguay y las buenas cualidades de su puerto para el calado de las embarcaciones de la época. Asimismo, la red fluvial del interior de la provincia, especialmente los ríos Corrientes —con sus afluentes Batel y Batelito— y Santa Lucía, contribuyó a facilitar la salida de los "frutos del país" hacia sus puertos exportadores. La ley de aduanas de enero de 1825 habilitó los puertos de Goya y Esquina, además del de Corrientes, para el comercio exterior. El de Goya, próximo a la desembocadura del Santa Lucía y el de Esquina, junto a la del río Corrientes. Unos meses después, en mayo del mismo año, se añadió el puerto de la recientemente fundada población de Bella Vista, al norte de Goya.[15] El comercio por el río Uruguay, con los vecinos estados del Brasil y el Uruguay, fue de casi imposible regulación dada la falta de control político de la provincia sobre su despoblada franja oriental, en la que solo existían los restos de algunos ex pueblos guaraníes que habían sido parte de las misiones jesuíticas. Recién en 1830 se efectuó un intento de controlar el tráfico por aquella zona mediante el establecimiento de dos rutas obligatorias: una, por el paso de Itaquí y el camino a Curuzú Cuatiá; la otra, por el paso de Los Higos y su respectivo camino a la misma ciudad del sur correntino, en la que se había establecido una receptoría de rentas en 1821. Y en diciembre de 1830 se habilitaba el paso de Santa Ana, sobre el Uruguay, para el comercio con las misiones orientales.[16]

Luego de los efectos destructivos de las luchas civiles, el comercio exterior de la provincia se habría de recuperar, aunque no en la medida que deseaban los correntinos. Para una evaluación de ese comercio en el período que nos ocupa, solo tenemos cifras a partir de 1825 (véase cuadro 5).

En una primera lectura, lo más llamativo de este cuadro es el permanente déficit de la balanza comercial que constituyó una de las raíces de los conflictos de Corrientes con Buenos Aires y de su política global del período. La expansión del comercio libre había penetrado también su economía al punto de que las importaciones componían ya parte del consumo popular. Los registros comerciales no permiten distinguir el origen, fuese rioplatense o ultramarino, de las mercancías importadas como para lograr una estimación discriminada de esas importaciones. Textiles ingleses y franceses, y ferretería inglesa, sobre todo, así como artículos suntuarios de diverso origen, figuraban junto a productos sudamericanos y de otras provincias rioplatenses —como el tabaco brasileño, los ponchos cordobeses y el aguardiente cuyano— en el consumo de los habitantes de Corrientes. Las mercaderías importadas, comentaba D'Orbigny, "consisten principalmente en paños ingleses y franceses, sobre todo de estos últimos porque son muy baratos; en franelas de todos colores, que sirven para hacer o forrar los ponchos o para fabricar chiripás; en indianas, y particularmente en vestidos de muselina, en bordados verdes o rojos, de producción inglesa; en sombreros de lana, etcétera". [17]

El consumo de las importaciones textiles era abundante hasta en las capas populares. Así lo muestran las listas de mercaderías enviadas desde los puertos a lugares del interior y aun las mismas cuentas de peones que comentamos en otro lugar: lienzo, bramantes, hilo, "sarasa", hachas, bayetas, pañuelos casimir, pañuelos de seda, chales casimir, figuran —las cuatro mencionadas en primer término con frecuencia— en las cuentas de los peones del establecimiento de Spalding, junto a tabaco, sal y otros productos de posible origen correntino y rioplatense. Importaciones ultramarinas, por ejemplo, enviadas de Buenos Aires a Goya en 1833, incluían tijeras, cuchillos, estribos de metal, agua de Colonia, peines de marfil, papel, té, peinetas, jabón americano, aceite, arroz, vinagre, vino Carlón, Málaga, fideos, muselinas, crisoles, limas y alambres para plateros. [18]

Sin llegar, entonces, a la situación subrayada por Parish para Buenos Aires donde, según el diplomático inglés, salvo las botas de potro y las boleadoras el resto de lo que utilizaba el gaucho en su vida cotidiana era de origen europeo, el consumo de productos importados estaba bastante extendido en la provincia de Corrientes. Contribuía a ello no solo la falta o la insuficiencia de la producción local, sino también el menor precio de algunas importaciones textiles con respecto a las producidas en la provincia. Como recuerda Mackinnon: "debe decirse que los vestidos, casi todos de fabricación regional, aunque comparativamente toscos, estaban hechos a mano muy acabadamente y, por lo tanto, eran mucho más caros que las ropas femeninas europeas de la misma calidad". [19] En ese consumo de importaciones existen, evidentemente, productos que podemos considerar de lujo, lujo modesto y esporádico, pero al que no eran reacios los paisanos del

Río de la Plata cuando disponían de algún recurso. Aunque también en esto privaba la ventaja de la baratura de algunos productos importados: "De los géneros que Ud. me ofrece —le escribe al importador un comerciante del interior— si hay pañuelos de lanilla de bonitos colores y buen gusto podrá mandarme una ½ docena y otra ½ docena de los de punto blancos, 2 docenas de muselina de 4/4 con cenefa color y sin ella, una docena de espumilla si son medianos y baratos, o de seda medianos de buen gusto baratos; si hay algunas 3 o 4 medias piezas de linón estampado de colores que si es posible no sea el fondo blanco y que su precio no sea caro; algunas docenas de cuchillos de cabo blanco medianos como de 2 $ docena y ordinarios de 10 a 12 rs., 4 docenas de vainas de cuchillos diferentes tamaños; dos cajitas de zarcillos de diferente gusto que los que me mandó; y una de sortijas, y alguna otra chuchería si tiene siendo barato para estos destinos". La insistencia en la baratura concuerda con el rechazo de otros artículos: "debo decirle que los 4 velos de punto son enteramente inútiles para estos destinos, si a Ud. no le sirve de inconveniente se los devolveré muy bien acondicionados. Los pañuelos de espumilla ha hecho bien de no mandarlos pues son muy caros". [20]

Las exportaciones

Los rubros principales de las exportaciones, en el conjunto del período, fueron los productos ganaderos —en los que predominaban los cueros sin curtir—, las maderas, el tabaco, y productos industriales como suelas —cueros vacunos curtidos—, maderas trabajadas y cigarros. Poseían también cierta importancia las exportaciones de pieles de nutria, de troncos de palmera y cañas de bambú, y de cítricos.

Los cuadros 6 y 7 ofrecen una aproximación al volumen de lo exportado por el puerto de la ciudad de Corrientes, que constituía alrededor de un 60% del total del valor de las exportaciones de la provincia. [21] Estos cuadros adolecen de varias limitaciones. En ellos no figuran productos importantes en el comercio exterior de la provincia, como embarcaciones y carretas, debido a que su exportación no estaba gravada y por lo tanto no dejó rastros en las fuentes utilizadas. Por idéntico motivo, tampoco fue posible verificar la presunta perduración de exportaciones textiles u otras que tuvieron importancia durante el período colonial y que sabemos muy disminuidas en el que nos ocupa. Y, lo que es más sensible, la fuente utilizada no hace posible evaluar el valor de esas exportaciones. [22]

Poseemos, en cambio, una medición parcial del valor de lo exportado por la provincia entre los años 1822 y 1833 —véase cuadro 20—,[23] que permite observaciones importantes. Se trata de la parte destinada al puerto de Buenos Aires, amplia porción del comercio exterior correntino que significaba alrededor de un 50% entre 1828 y 1833. En ella podemos distinguir un lapso en el que la participación de los productos no ganaderos y, dentro de estos, los industrializados, fue sensiblemente mayor. Se trata de los primeros años del período, los que van de 1822 a 1827, cuando el aún no revertido deterioro de la producción ganadera acentúa el peso de los productos no pecuarios y con ello el reflejo de la relativa diversificación de la economía correntina; reflejo que tampoco deja de percibirse, si bien muy atenuado, en los años siguientes (véase cuadro 21 y gráfico 3). En su conjunto, estas cifras traducen tanto la importancia de la producción ganadera como la de la agricultura del tabaco, y confirman la existencia de un proceso, que conocemos por otros testimonios, que llevaba a la recuperación del stock ganadero, y también muestran, en su parte final, el deterioro del mercado externo para los productos tabacaleros.

De manera que esas cifras reflejan un rasgo destacado de la economía correntina: la importancia de su producción industrial. Si sumamos suelas, tabaco y cigarros, y yerba mate, encontraremos que representan alrededor de un 48% en el lapso 1822-1827 —porcentaje que desciende a un 23% en 1828-1833 debido a la comentada recuperación de la producción pecuaria—. A este comentario debemos unir, para una mejor aproximación a la magnitud relativa de la producción industrial de la provincia, lo apuntado antes respecto de la imposibilidad de evaluar el peso de productos de tanta importancia como maderas trabajadas, embarcaciones y carretas.

Por otra parte, debemos tener en cuenta que no solo no nos ha sido posible establecer la composición del valor del resto de esas exportaciones —la que iba a otros destinos, alrededor de la mitad del total de la provincia entre 1828 y 1833—, sino también las variaciones de la importancia relativa de esos destinos, especialmente de los puertos de Santa Fe y Montevideo, otrora tan importantes en el comercio exterior de Corrientes. Respecto de este último, cuya competencia con Buenos Aires creció agresivamente luego de la segregación de la Banda Oriental, observaba un diplomático extranjero, al comentar el crecimiento de las importaciones de Santa Fe, Entre Ríos y Corrientes a través de Montevideo, que pese a sus compromisos de comerciar solamente por Buenos Aires: "es posible que, ahora, ellas las saquen (las importaciones) directa y preferentemente de Montevideo, que se apodera de más en más del comercio general de estos parages".[24]

Por último, si bien no nos pareció aconsejable, como explicamos en nota anterior, estimar el valor de las exportaciones de cueros utilizando las series de precios en Buenos Aires, el uso de estas series, conjugadas con otras de precios europeos, resulta útil en cambio como indicador de la tendencia general de los precios de las exportaciones pecuarias, factor sustancial de la evolución de los ingresos correntinos por esas exportaciones. Así, el gráfico 1, tomado de la serie de precios pecuarios en pesos oro de Broide, muestra la fuerte caída iniciada en 1835 y acentuada en 1837.[25]

Contamos también con información relativa a los precios del cuero rioplatense en el exterior, en Londres y en Hamburgo[26] —de estos últimos hemos calculado números índices: véase cuadro 8 y gráfico 2—. Ellos muestran una tendencia declinante desde mediados de los años 1821-1830, cosa que constituye un trasfondo probablemente tanto o más decisivo para los problemas de la economía correntina que los efectos de la política bonaerense.[27]

La balanza comercial de Corrientes entre los años 1825 y 1838 sintetiza el conjunto de esos problemas, que condicionaron la política económica correntina antes y después del tratado de 1831. En primer lugar, si los datos de Mantilla para alrededor de 1815 fuesen representativos del comercio exterior regular, las importaciones y exportaciones de la provincia habrían descendido de 750.000 y 500.000 pesos plata, respectivamente, "antes de trastornar la provincia el caudillo oriental", a lo que muestra nuestro cuadro 5.[28] En segundo lugar, la magnitud del déficit daba a los correntinos una medida de su pérdida de riquezas, identificada por ellos con la penuria de metálico que acompañaba al déficit de la balanza.

Pero, al mismo tiempo, los años posteriores a 1830 muestran que esa política económica había tenido efectos bastante destacados. Entre 1831 y 1838 las importaciones anuales aumentaron, en promedio, apenas un 3,15% con respecto al lapso 1825-1830, mientras que el promedio anual de las exportaciones subió un 34%. El déficit de la balanza cayó, entonces, un 54,6% con respecto al primero de esos lapsos. Es claro que, pese a todo, el déficit era todavía un problema no despreciable, sobre todo si se tiene en cuenta que el conjunto del comercio exterior, estimado por la suma de sus exportaciones e importaciones, subió apenas un 15,3% entre los dos lapsos (véase cuadro 9).

Ello es así aun considerando que el déficit debe haber sido sensiblemente menor de lo que indica la estadística oficial. Por una parte, porque fue práctica habitual en el siglo pasado aforar en menos los productos de exportación para aminorar la incidencia del impuesto. Por otra parte, por efecto de la ya señalada omisión en esa estadística de productos de importancia como carretas y, en particular, navíos. Y, sobre todo, por la existencia de importantes fuentes de ingresos sin registro estadístico, como el negocio del flete, importante actividad en la que participaban numerosos comerciantes de la provincia, así como la reparación y calafateo de embarcaciones, también destacado rubro de la industria correntina. Si los ingresos monetarios derivados de todas esas actividades fuesen computados, es probable que el déficit de la balanza se atenuara sensiblemente, pero no hasta el punto de dejar de constituir un problema sustancial de la política económica de la provincia, a juzgar por la preocupación de sus líderes.

No estará de más agregar aquí, como dato comparativo interesante, que un cuadro del comercio exterior de Mendoza publicado en Buenos Aires en 1835 muestra una situación inversa a la de Corrientes en los tres años —1828, 1833 y 1834— que contiene esa información. Importaciones y exportaciones, que fueron en el primero de esos años de 590.389 y 227.740 pesos plata, respectivamente, habían descendido a 245.895 y 36.500 en 1833, y a 244.490 y 50.438 pesos plata, respectivamente, en 1834. El déficit fue de 362.649, 209.395 y 194.052 en cada uno de esos años, déficit elevado, pese a la reducción conseguida, especialmente, merced a la disminución de las importaciones desde Chile.[29]

Si en Corrientes el déficit de la balanza había disminuido notablemente, esto no satisfacía las expectativas que los hombres de negocios correntinos y sus líderes políticos cultivaban respecto de las posibilidades de la economía provincial. Por otra parte, a la lista de agravios de Buenos Aires podían añadir las pérdidas sufridas en la venta de sus productos de exportación, derivadas de la falta de contacto directo con el mercado exterior. Por una factura de venta de cueros del estado correntino en Buenos Aires, en 1837, se comprueba una pérdida (por diferencias de precios, impuestos bonaerenses y comisión de venta) de 2.13 pesos papel por pesada de cuero vacuno de buena calidad (0,26 pesos plata según la cotización del peso papel en julio y agosto de 1837, meses de esta operación de venta). Un 6% de pérdida por pesada.[30]

Respecto de los mercados de las exportaciones, las guías de aduana proveen una información muy parcial. Mencionan solo las ciudades de Buenos Aires, Santa Fe y Paraná, además de algunas localidades menores del Litoral fluvial, o el incierto destino de las "provincias de abajo". Esta expresión, provincias de abajo, se alterna con los nombres de aquellas ciudades para designar, aparentemente, envíos a más de una de ellas. Y engloba, junto con las exportaciones a Santa Fe, las destinadas a otras ciudades del interior a las que llegaban los productos correntinos a través de este último puerto. Salvo alguna excepcional mención de Córdoba, no hay referencias al interior.

Entre 1826 y 1828 abundan los registros de embarques para el Paraguay, pero en su casi totalidad sin detallar mercancías, dato que significa que se trata de reembarques de importaciones enviadas desde Buenos Aires —tal como también existen reembarques de partidas de tabaco y yerba mate del Paraguay con destino a las "provincias de abajo"—. Pero ese limitado comercio con el Paraguay desaparece a partir del agravamiento de los conflictos fronterizos con aquel país durante el año 1832 (véase el apéndice a este capítulo).

Otros problemas sin resolución conciernen a la magnitud del comercio con la Banda Oriental y Rio Grande do Sul, y paralelamente, la del contrabando. Las exportaciones a Montevideo son de muy rara aparición, antes de 1838, en las Tomas de Razón de Guías. Los conflictos bélicos que afectaron al puerto de Montevideo —sea los provenientes de la dominación portuguesa, sea los desatados por la intervención de Buenos Aires en la pugna Oribe-Rivera—, y, por otra parte, el control de Buenos Aires sobre el comercio exterior, interfirieron la antigua y ventajosa relación de Corrientes con el puerto de Montevideo. Solo a partir de 1838, y por breves lapsos, el bloqueo francés al puerto de Buenos Aires estimula fuertemente aquel comercio directo. La habilitación ya señalada de los pasos de Los Higos y Santa Ana tiene por objeto evidente controlar ese tráfico, del que dan cuenta con abundancia las guías de aduana.[31]

En cuanto al comercio con el sur del Brasil, las referencias de que disponemos son también escasas y poco precisas. Sabemos que ganado equino, vacuno y mular de Corrientes tenía mercado en territorio portugués —luego brasileño—. Los caballos de toda la región del Plata fueron continuamente solicitados por las fuerzas contendientes en la guerra desatada por la secesión de Río Grande del Imperio (1835-1845). En cuanto al vacuno, los saladeros de esa región del Brasil se proveyeron abundantemente de ganado uruguayo, entrerriano y correntino. Respecto de las mulas, ellas constituían un rubro de antigua exportación, ya en el período colonial, desde Paraguay, Corrientes y otras regiones rioplatenses, para ser utilizadas en la minería del centro del Brasil y en la agricultura de la región paulista. La feria de Sorocaba, en San Pablo, fue aprovisionada por el comercio riograndense con mulas de las vecinas colonias españolas, además de las de producción local, durante más de 100 años, hasta las vísperas de la guerra de los Farrapos. Sin embargo, las exportaciones correntinas del período que nos ocupa tienen escasas menciones de este producto, mientras que Paraguay parece haber provisto todavía cantidades importantes, antes de la guerra de los Farrapos, a través de la ruta Itapúa-São Borja.[32] En cuanto a productos riograndenses de venta en Corrientes, el tabaco y la yerba mate, el gobierno correntino los gravó con aranceles altos. A estos dos productos, que competían con los producidos en la provincia, hay que añadir los esclavos africanos que, aunque en declinación, continuaban llegando a Corrientes desde Rio Grande. Por lo demás, las exportaciones riograndenses, casi exclusivamente ganaderas, tenían por destino los puertos de Montevideo y Buenos Aires, cuando les eran accesibles, además de otros de ultramar.[33]

Respecto del contrabando, las referencias de ambas partes son frecuentes. El río Uruguay fue de muy difícil control para los dos estados, cuyas capitales y mayor densidad de población estaban precisamente en las zonas más distantes del mismo. La costa correntina del río Uruguay solo poseía algunos restos de las misiones jesuíticas, prácticamente abandonados a su suerte. En cuanto a la población brasileña del otro lado del río, un recuento de 1846 estimaba 2.429 habitantes libres en el distrito de São Borja y 1.739 en el de Itaquí.[34] El período de la guerra *farroupilha* fue especialmente propicio para el tráfico ilícito. No había quien pudiese evitar entonces el contrabando de los insurrectos, y también de los legalistas, con las poblaciones de habla española. Caballadas de este origen para las tropas contendientes, yerba mate brasileña para los vecinos interesados en el comercio ilegal, eran algunos de los productos más frecuentes en él; además de las armas que la guerra requería incesantemente.[35] El gobierno de Corrientes no tenía prácticamente recursos ni población en que asentar un orden administrativo para el control de esa zona y su base de operaciones más cercana fue Curuzú Cuatiá. En cuanto a las tentativas del lado brasileño, especialmente a través de la creación de oficinas recaudadoras en São Borja y, más tarde, en Itaquí (1831 y 1838), tampoco parecen haber tenido mejor suceso. Un informe de 1838 señalaba que existían sobre el río Uruguay tres puntos para el contrabando; entre ellos, el paso de Itaquí que servía a los efectos provenientes de Corrientes, Entre Ríos y Salto. También señalaba como sitio a controlar el paso de São Borja, lugar por donde era ya conocido el tráfico legal e ilegal de esclavos.[36] El problema del control del comercio por el río Uruguay no pudo ser resuelto por parte de las autoridades brasileñas, pues todavía en 1850 se efectuaban precisas referencias a la imposibilidad de impedir, con auxilio de embarcaciones armadas, el tráfico ilegal por ese río a la altura de la provincia de Corrientes.[37]

Los transportes

El transporte por el interior correntino utilizaba las tradicionales carretas construidas en las carpinterías de la provincia, producción favorecida por la riqueza en maderas de las tierras ribereñas del Paraná. También una buena parte del comercio exterior se efectuaba en naves correntinas, construidas en sus astilleros con la misma ventaja en insumos que en el caso de las carretas. El transporte por medio de embarcaciones participaba también del comercio interior a través de los puertos y vías fluviales afluentes del Paraná. En verdad, toda la vida de Corrientes estaba profundamente conformada por los ríos. Estos la limitaban casi totalmente con las provincias y países vecinos. Al mismo tiempo, el Paraná era la ventajosa ruta fluvial que la unía a las "provincias de abajo" y a la ciudad de Buenos Aires, y que, a través del puerto de Santa Fe, la acercaba al resto del interior argentino. El río Paraguay cumplía el mismo papel con respecto al país del mismo nombre cuando las relaciones con él no estaban rotas. A su vez, los ríos interiores —sobre todo el Santa Lucía y el Corrientes, con el Batel— acercaban población y producciones de algunas de las zonas rurales más ricas a los puertos del Paraná. Los medios de transportes de la provincia resultaron entonces una complementación de carretas y embarcaciones fluviales. Las tropas de carretas —o las carretillas, según el volumen de la carga—, eran imprescindibles para movilizar la producción desde su lugar de origen hasta los mercados o hasta los puntos de embarque en las vías fluviales interiores, o para distribuir, en sentido inverso, las mercancías de consumo en el interior. Pero la parte más sensible, en los costos, de la ruta del comercio exterior correntino la constituía la comprendida entre sus puertos y los de Buenos Aires y provincias vecinas al Paraná, parte en la que el transporte fluvial significaba ahorro en fletes y tiempo. Esto último podría sorprender si se atiende a la lentitud de la navegación fluvial, lentitud atribuida a la carencia de cartas de navegación, al escaso conocimiento de las características del curso del Paraná, a los consiguientes riesgos representados por bancos de arena y otros obstáculos (en el caso de los bancos e islotes, de frecuente cambio de ubicación por obra de la corriente del río), a la consiguiente supresión de navegación nocturna, a la deficiencia de gran parte de las embarcaciones para afrontar los cambios de viento o períodos de calma —obligando entonces a recurrir a la sirga— y a otros inconvenientes. Azara afirmaba que durante su permanencia de 14 años en el Paraguay —a fines del siglo XVIII— no hubo un solo barco que pudiese realizar más de un viaje anual desde allí hasta Las Conchas (uno de los puertos de Buenos Aires, al norte de la ciudad), y algunos tardaban más tiempo.[38] La principal causa de esta tardanza eran los inconvenientes derivados de la falta de cubierta de las embarcaciones menores. En el caso de navíos provistos de cubierta, el viaje solía insumir 40 días para llegar a Las Conchas y 90 para regresar, río arriba. (A esto había que agregar un mes para la carga de las mercaderías en el punto de partida y otros 15 días en la descarga en Las Conchas.)[39] La situación había mejorado algo en Corrientes en los años que nos ocupan por los navíos de mayor tamaño que se difundieron luego del comienzo del siglo. Así, el comerciante Juan Antonio Ayres dice haber tardado 25 días entre Buenos Aires y Corrientes en 1825.[40] Pero la navegación fluvial seguía padeciendo muchas de las dificultades enumeradas, que solo serían suprimidas con la navegación a vapor aparecida en el Paraná hacia mediados del siglo. Sin embargo, pese a todo ello, el transporte fluvial resultaba mucho más rápido y barato que el terrestre de las tropas de carretas y arrias de mulas utilizadas en el tráfico entre Buenos Aires y el interior. Esto constituía una de las ventajas mercantiles de Corrientes, que había añadido a su ubicación geográfica el desarrollo de una industria de construcción naval con las características que analizamos más adelante. Los fletes de la época son elocuentes sobre tales ventajas. El costo promedio de una tonelada entre Buenos Aires y Corrientes era de 0,060 pesos plata por legua. Entre Buenos Aires y Córdoba, en cambio, el flete terrestre de una tonelada por legua era de 0,259 pesos plata; entre Buenos Aires y Salta, 0,374 pesos plata —la distancia era de 250 leguas entre Buenos Aires y Corrientes, 192 entre aquella ciudad y Córdoba y 459 entre ella y Salta—.[41] Respecto del flete a Corrientes, la información de uno de los comerciantes ya citados confirma el dato: en 1829 una arroba de tabaco costaba un real y medio para ser transportada de una a otra ciudad. Esto significa un promedio de 0,065 pesos plata por tonelada. La misma fuente indica igual flete para la arroba de crin o de cigarros y dos reales por cuero. Asimismo, las cuentas de Spalding registran dos reales y medio por arroba de tabaco entre Santa Lucía y Santa Fe, así como un real y medio entre Santa Fe y San Nicolás, fletes coherentes con los otros. Por último, Justo Maeso, en sus notas al libro de Parish, consigna los siguientes fletes, algo diferentes de los anteriores, respecto de Salta y Córdoba: 0,313 la tonelada entre Buenos Aires y Salta, 0,113 entre la primera y Córdoba y 0,065 entre Buenos Aires y Corrientes.[42]

Los datos que proporciona el pago del impuesto de patentes de navegación arrojan alguna luz sobre el tipo de embarcaciones utilizadas en el transporte fluvial; no así sobre la cantidad de naves existentes, porque la patente se pagaba por cada viaje y hay muchas de ellas que efectuaban más de un viaje por año. Si tomamos un año representativo del conjunto, por ejemplo 1831, resulta que se pagaron 13 patentes por embarcaciones de 86 toneladas o más; 7 por las de 66 a 85 toneladas; 13 por las de 46 a 65; 10 por las de 26 a 45; 31 por las de 13 a 25; 20 por las de 6 a 12 y 66 patentes por las de 1 a 5 toneladas. Entre estas últimas predominan abrumadoramente las chalanas (62 patentes); en cambio, los lanchones (10) son la mayoría en la segunda categoría, y las balandras (21) destacan en la tercera categoría de patentes. Las zumacas, balandras y goletas abundan en las cuatro últimas. De ellas, zumacas y goletas (6 patentes cada clase) cubren, con la excepción de un bergantín. toda la categoría mayor de embarcaciones de más de 85 toneladas. Bergantines (2 entre los de 66 a 85 toneladas), lugres, queches, chalupas, místicos, jangadas, garandumbas, botes, lanchas, canoas, polacras, figuran con algunos pagos en el conjunto.[43]

Un problema de importancia es el de estimar si se produjo algún cambio significativo en el volumen de la carga transportada a lo largo del período y, por otra parte, en las características técnicas de la navegación. Sabemos, por las fuentes notariales y los registros de guías de navegación, que el tipo de "empresa" naviera no mostraba variaciones. Sus características eran la propiedad individual de algunos comerciantes fuertes sobre embarcaciones en las que transportaban sus mercancías y la de otros negociantes, o la asociación en *compañía* de dos o más comerciantes para explotar el flete, como veremos en el parágrafo sobre el mercado de capitales. En cambio, sí parecen haberse producido novedades en cuanto al tamaño —y consiguientemente al tipo— de las embarcaciones de tráfico fluvial llegadas a Corrientes.

Lo primero que debemos observar al respecto es que la estadística de la entrada y salidas de embarcaciones incluida en la planilla de ingresos y gastos anuales de la provincia —estadística que muestra una declinación en el número de navíos de 1833 en adelante (véase el cuadro 10a)— no refleja el real movimiento de carga cuyo promedio global entre 1832 y 1838 es marcadamente superior al de los años 1827 a 1831, según se desprende del cuadro del comercio exterior de la provincia. La razón de esta aparente incongruencia la podemos comprender analizando los datos del impuesto de patente, impuesto que la legislación graduaba en función del tonelaje y que permite inferir, a partir del monto de la patente, el tonelaje de las embarcaciones. De acuerdo con estos datos —por la fuente utilizada corresponden solo al puerto de la capital de la provincia—, se produjo una duplicación del tonelaje promedio por viaje entre los dos lapsos mencionados (véase cuadro 10b); esto es, un aumento de la participación de embarcaciones mayores en el transporte de las mercancías salidas de la provincia, lo que explicaría la disminución del número total de navíos.[44] Esta importante variación en la capacidad de carga de las embarcaciones fluviales es correlativa del ya señalado incremento del comercio exterior de la provincia, pero refleja también ciertas novedades en la navegación rioplatense. Se trata de la creciente participación italiana —marinos genoveses— en la navegación de cabotaje del Río de la Plata, participación que los convierte, en los años 1840-1850, en el principal grupo nacional en esta actividad, seguidos por marinos españoles y criollos.[45]

LAS LIMITACIONES DEL MERCADO: MERCADO DE TIERRAS, MERCADO DE MANO DE OBRA Y MERCADO DE CAPITALES

Las informaciones de diversas fuentes respecto del carácter lucrativo de la producción agropecuaria, así como los cálculos respecto del valor de las propiedades y de sus ganancias, no indican que existiese en Corrientes un mercado de tierras generalizado. Las noticias dispersas que se encuentran sobre el particular más bien muestran que la tierra entraba en circulación dentro de condiciones limitadas. En primer lugar, como es lógico, estaban las tierras con cierto mínimo de extensión, una adecuada ubicación respecto de las posibilidades de transporte de los productos, y ciertas características de aptitud para la explotación agropecuaria —terrenos no anegadizos, buenos pastos, zonas no expuestas a riesgos de bandidos o de incursiones indígenas, entre otras—. Pero, junto a los testimonios de ventas de campos para explotación agropecuaria, agrícola, o mixta, consta la habitual ocupación de tierras sin operación mercantil ni título legítimo. La abundancia de tierras públicas, por una parte, y la de tierras de propiedad privada con explotación extensiva, unida a las situaciones tradicionales semejantes al colonato, por otra, facilitaba el asentamiento de la población sin título alguno.

Así, la facilidad con que se reproducían la producción doméstica para autoconsumo y la pequeña producción mercantil conspiraba contra el desarrollo del mercado de tierras, como también del mercado de mano de obra. Ambos mercados eran hipotéticamente libres. La tierra no estaba vinculada a privilegio alguno, y la mano de obra —a excepción del corto número de esclavos cuya participación en actividades productivas iba en acelerado declive— carecía de lazos de sujeción personal. En lo que respecta a la tierra, el estado correntino iniciaría y llevaría adelante con tenacidad una política de poblamiento y de regularización de la tenencia por medio de una abundante legislación cuyas características hemos ya detallado, que respondía por una parte a cánones doctrinarios de los economistas italianos y españoles del siglo anterior y cuya justificación remitía a la libertad e igualdad de derechos que establecía el reglamento constitucional de la provincia. En cambio, respecto de la población trabajadora —o potencialmente tal—, desarrollaba una firme política de restricción de su libertad de movimientos y de su posibilidad de subsistencia al margen de las formas legalizadas por el estado provincial. La tendencia fue a constreñir a la población al trabajo productivo, y facilitar un acceso a la tierra legalmente ordenado, en la esperanza de acrecentar así los excedentes comerciables.

Ante esa política, la respuesta de buena parte de la población que debía haber estado interesada en regularizar su situación o en aprovechar las facilidades concedidas para convertirse en propietaria, muestra que, o bien juzgaba innecesarios tales procedimientos dada la facilidad con que se podían ocupar gratis terrenos públicos o privados, o bien carecía del mínimo de recursos necesarios para llevarlos a cabo. Dadas las reiteraciones de los ofrecimientos gubernamentales, incluido el de gratuidad en ciertos casos, y las sucesivas ampliaciones de los plazos establecidos, es posible partir del citado juicio vertido en uno de esos documentos públicos —en el que se califica esa actitud como "apática e indiferente" hacia la oportunidad de asegurarse la propiedad de la tierra poseída—, y reinterpretarlo en el sentido de la primera de las dos hipótesis recién anotadas; esto es, de la falta de interés en el esfuerzo necesario para garantizar la propiedad de un bien relativamente abundante y cuyo usufructo era prácticamente gratuito.

Las limitaciones de los mercados de tierra y mano de obra se correspondían con las del mercado de dinero. Las dificultades de la economía y del fisco provincial vinculadas a la creciente escasez de metálico contribuían a ello, pues, como en todo el Río de la Plata, los tiempos posteriores a la independencia habían conocido un continuo flujo del metálico hacia el exterior. Al agravamiento de la escasez de plata a comienzos del período, y la consiguiente depreciación de las mercancías, debe haber concurrido también un refuerzo de la tendencia a la tesaurización derivada de la inseguridad vivida por la población correntina luego de la Independencia. D'Orbigny advertía que en Corrientes el dinero "se echa a tierra" —hábito que, unido al déficit de la balanza, le hacían parecer razonables las medidas oficiales de prohibir la exportación del metálico—.[46]

El crédito y sus formas tradicionales

No es entonces de extrañar la extendida vigencia del crédito, tanto en el comercio como en la producción, que prolongaba un rasgo conocido ya antes de la Independencia. Como ya tuvimos oportunidad de comprobar, el crédito, al igual que el trueque, era una modalidad de amplio predominio en la vida económica correntina. Una fuente importante de crédito eran las casas comerciales de Buenos Aires que enviaban mercancías y recibían letras de cambio, giradas contra otros comerciantes de Buenos Aires de quienes los correntinos eran acreedores por el envío de productos locales.

En el ámbito del comercio exterior de la provincia era común la letra de cambio, cuya utilidad se acrecentaba por la posibilidad de sucesivos endosos. Las letras pagaderas en Buenos Aires permitían facilitar las transacciones entre ambas plazas, tanto a los mercaderes como al mismo estado correntino que en su ya comentado decreto de diciembre de 1826 se reservaba el privilegio de disponer de las libranzas efectuadas por aquellos mercaderes que debían dejar documentados los saldos negativos de sus balanzas individuales.[47]

Por otra parte, ya lo señalamos, no existían en la provincia instituciones modernas de crédito y banca, ni hay noticia de que hubiese casas mercantiles que tuviesen cierta especialización en algunos servicios de tipo bancario, si bien es cierto que cualquier mercader con suficiente capital podía operar en el terreno del crédito. Así, préstamos en metálico se podían obtener, con garantía hipotecaria sobre establecimientos rurales, al 6% de interés, y con plazos que variaban de meses a años —algunos hasta cinco años, cosa posible por la hipoteca del inmueble—. Pero, por la abundancia de registros en los inventarios de bienes de los testamentos, se infiere que eran más frecuentes los préstamos en metálico de cortas cantidades.[48]

Asimismo, una de las formas más difundidas para lograr capital, ya fuese para el comercio o para la producción, comportaba también una variante tradicional del crédito. Nos referimos a la conocida con el nombre de habilitación, que ya describimos más arriba. El crédito podía ser en dinero o en mercancías, caso este último más común por la comentada escasez de moneda metálica. En caso de ser efectuado en dinero, consistía en lo que la jurisprudencia designaba con el nombre de mutuo, una de las formas de los contratos reales. En caso de realizarse mediante la entrega de mercancías, poseía la naturaleza jurídica de una venta al fiado; esto es, una variante de la compraventa, una de las formas de los contratos consensuales.[49] Las habilitaciones se encuentran con frecuencia en las relaciones de comerciantes mayoristas con sus colegas minoristas de las localidades del interior de la provincia o con corredores que cumplían análogas funciones. Pues, más allá de su estricta forma jurídica, cumplían la más compleja función, en las condiciones de esa economía precapitalista, de poner en marcha un mecanismo de succión de las producciones locales: el comerciante lugareño habilitado por su colega de la capital o de algún otro puerto exportador de la provincia saldaba sus obligaciones así contraídas mediante el envío de frutos del país, de los que era acopiador natural por mérito de sus conexiones mercantiles y de su disponibilidad de mercancías. En este punto la inicial habilitación comercial daba lugar a otro tipo de habilitación: la del productor por el comerciante. Este entregaba mercancías —habilitaba—, al productor a condición de una futura entrega suya de sus productos en forma de pago. Sustancialmente, las habilitaciones a los productores configuran un fenómeno similar al conocido con el nombre de trabajo a domicilio y utilizado en Europa desde la baja Edad Media por los mercaderes para ampliar la producción industrial.[50]

Otro procedimiento habitual para obtener o completar un capital, fuese para operaciones comerciales o productivas, era la constitución de *compañías,* la antigua y difundida forma de sociedad mercantil que en Europa surgió a fines de la Edad Media en sustitución de la *commenda.* Compañías de hecho o legalizadas ante escribano, familiares o no, se utilizaban para múltiples fines. Los protocolos de escribanos registran la constitución, o disolución, de diversas compañías, tanto para explotación de una tienda, como para la de una estancia, o la de una embarcación fluvial, entre otras actividades. Los *compañeros* podían aportar dinero o, más frecuentemente, mercancías, en calidad de capital. Asimismo, caso también usual, uno aportaba mercancías e instalaciones, y otro su trabajo personal. Los contratos respectivos suelen incluir estipulaciones sobre otras obligaciones de cada miembro de la compañía y sobre reparto de utilidades. En caso de omisiones, la legislación española aún vigente contemplaba normas precisas.[51] Mediante este tipo de asociación mercantil se evitaban desembolsos monetarios, aprovechándose la disponibilidad de bienes por parte de unos —que dado el carácter frecuentemente alteatorio de las comunicaciones transoceánicas podía verse abarrotado de mercancías en los momentos menos esperados— y la experiencia mercantil por parte de otros.

APÉNDICE 1

El conflicto con Paraguay

Dos motivos sobresalían entre los que dieron lugar a este conflicto. Uno, más conocido, era el temor a la competencia que Corrientes podría establecer sobre la producción de yerba mate del Paraguay, con sus yerbales misioneros, y que movía al gobierno de aquel país a tomar ciertas providencias, entre ellas, las incursiones armadas por tierras correntinas para arrasar esos yerbales.[1]

Pero una causa de mayor peso fue el riesgo que corría Paraguay de perder el control de la ruta Itapúa-San Borja —a través de territorio correntino—, que le proveía de importaciones imprescindibles y daba salida a sus productos. Esta ruta comercial unió el mercado paraguayo con el comercio de Buenos Aires, pese a las apariencias de ruptura de toda relación mercantil paraguaya con el Río de la Plata, pues no solo resulta errada la versión de la clausura comercial paraguaya frente al mundo exterior en tiempos del Dr. Francia, sino que tampoco es cierta la falta de relaciones comerciales con Buenos Aires. Versión esta de la que el mismo Francia se burlaba con su disimulada tolerancia de ese tráfico. Lo cierto es que existía entonces un comercio del Paraguay con Buenos Aires, disfrazado bajo la apariencia de transacciones brasileño-paraguayas que se efectuaban a través de la ruta Itapúa-San Borja-Buenos Aires. Esta supuesta inexistencia del tráfico Itapúa-Buenos Aires era facilitada por el ardid de los comerciantes riograndenses intermediarios, quienes desembarcaban las mercancías porteñas en San Borja, las pasaban a la otra orilla y, con carretas de su propiedad, las transportaban a Itapúa como si fuesen mercancías de origen brasileño, a través del territorio del noreste correntino. Procedimiento similar empleaban para retornar mercancías paraguayas, con destino a Montevideo o Buenos Aires, vía San Borja.[2]

El conflicto estalló en 1832 y dio lugar a algunos enfrentamientos armados y a una situación al borde de la guerra. Se agravó en 1833, cuando Corrientes fijó condiciones excesivamente duras a comerciantes riograndenses que solicitaron autorización de la provincia para trasladar sus intereses de Itapúa a San Borja. Aunque en realidad esas condiciones no iban mucho más allá de la aplicación de los reglamentos aduaneros correntinos, el decreto que las establecía incluía expresiones sobre la soberanía correntina en el territorio en conflicto que deben haber afectado más al gobierno paraguayo que a los comerciantes de San Borja, pues calificaba las operaciones comerciales de esos mercaderes como "del todo irregulares y opuestas al derecho de gentes", por su tránsito no autorizado por tierras correntinas. De manera que, al año siguiente, las relaciones de Corrientes con Paraguay llegaban a su peor momento, situación a la que no dejaban de contribuir las medidas adoptadas por Corrientes para la explotación de la yerba mate en territorio misionero y para prohibir la importación del producto (octubre de 1832 y febrero de 1833, respectivamente).[3]

Corrientes logró contener los avances armados paraguayos sobre la banda sur del Paraná, pero no impedir que continuara el control paraguayo sobre esa banda, más allá del Iberá. Al parecer, las dos partes se conformaron, momentáneamente, con un compromiso de hecho. Corrientes, debido a su limitada capacidad militar, debió tolerar la continuación de un comercio que violaba sus pretensiones territoriales. Y Paraguay se conformó con esa continuidad del tráfico, renunciando a la ocupación militar del territorio misionero correntino.[4]

Ese fracaso de las pretensiones correntinas frente al Paraguay fue consecuencia, entre otras razones, de la negativa de Buenos Aires a apoyarla con refuerzos bélicos, como lo reclamaba Corrientes invocando el Tratado de 1831, y se convirtió en el más candente factor del resentimiento correntino contra Rosas que estallaría poco tiempo después. De Corrientes —juzgaba el Encargado de Negocios británico Gore a raíz del incidente— se puede prever de ahora en adelante "la oposición más fuerte a la facción de Rosas y, quizá, su caída final".[5] Sucedía que, desde el año 1827, en que el gobernador Ferré organizó una incursión armada al territorio de las misiones y apeló en un manifiesto a la solidaridad del resto de las provincias argentinas, las pretensiones correntinas sobre el territorio misionero se habían acentuado. Pero chocaban no solo con los intereses paraguayos, sino también con el apoyo de Buenos Aires, Santa Fe y Entre Ríos a la existencia de una supuesta provincia de Misiones, reconocida en el Tratado del Cuadrilátero, en 1822, y formada por los pueblos que habían pertenecido a los jesuitas; pueblos que, al hallarse en plena desorganización y deterioro, hacían más sospechosa ante los correntinos la actitud de las otras provincias. Recuérdese que Corrientes se abstuvo de participar en la Convención Nacional de Santa Fe, en 1828, por la admisión en ella de un representante misionero.[6]

Pero, si a las otras provincias litorales les convenía tener en esa artificial provincia de Misiones un aliado menos independiente que los correntinos, los intereses paraguayos eran todavía de mayor urgencia: asegurar, como ya lo señalamos, una ruta al exterior sin control porteño —como el ejercido sobre la navegación del Paraná— y, también, impedir un posible desarrollo de la producción de yerba mate correntina que pudiese competir con la paraguaya.

Por el territorio de las ex misiones occidentales los comerciantes de San Borja continuaron, entonces, su tráfico con Itapúa, bastante eficaz, al punto de proveer al Paraguay de aquellos bienes que necesitaba y no producía —tanto armas como textiles, alimentos o metalurgia—. A cambio de ellos, con excepción de las armas que debían pagarse en metálico, Paraguay daba salida a productos ganaderos y agrícolas —cueros, tabaco, miel—, y especialmente a su apreciada yerba mate. Para este comercio funcionaba, además de Itapúa, el puerto de Pilar sobre el río Paraguay. Por este último, el Dr. Francia buscó un acceso más directo a ultramar. No obstante, en la medida en que los conflictos político-militares que afectaban al Litoral argentino hicieron mucho más azarosa e irregular esa ruta, la de Itapúa funcionaba como complemento o sustituto de ella. Y en 1834, probablemente como consecuencia del enfrentamiento con Corrientes, los comerciantes brasileños de Río Grande fueron autorizados a operar en Pilar además de Itapúa.[7] En cuanto a la ruta hacia esta última población, el control de Candelaria, situada en la margen sur del Paraná, era vital y los paraguayos tuvieron repetidos enfrentamientos con los correntinos en esa zona, fuese bajo la forma del bandidaje, fuese como choque militar entre ambos estados. Paraguay terminó proveyendo escolta armada a las tropas de carretas que transitaban en uno y otro sentido esa ruta. Y, luego de los conflictos de 1834 y del fracaso correntino en enfrentar con las armas las pretensiones paraguayas, el comercio de Itapúa con San Borja cobró status virtualmente oficial para el gobierno del Dr. Francia.[8]

APÉNDICE 2

Los marinos sardos en la navegación rioplatense [1]

Es de lamentar que la presencia italiana en las actividades económicas rioplatenses posteriores a 1820, uno de los aspectos característicos de la vida cotidiana de las provincias litorales, fuese tan descuidada por la historiografía argentina, más atraída por el impacto de la masiva inmigración de la segunda mitad del siglo. En la bibliografía italiana sobre el tema, la historia de la emigración sarda al Río de la Plata ha merecido más interés, tanto para los años anteriores como posteriores al establecimiento de relaciones diplomáticas. Dichas relaciones se iniciaron en 1838, luego que el reconocimiento de la independencia argentina por parte del Reino de Cerdeña permitió finalizar con éxito las gestiones llevadas adelante por el barón Picolet d'Hermilion, designado cónsul general sardo en Buenos Aires en 1835. Trabajos como los de Niccolo Cuneo y de Ignazio Weiss relataron aspectos sociales, económicos, políticos o diplomáticos de esa historia. Más recientemente, Eugenia Scarzanella ha resumido esa información en la parte inicial de su libro *Italiani d'Argentina.* [2] Cuneo, quien con mayor extensión se ha ocupado de este período, aprovechó el rico contenido para nuestro tema del Archivio di Stato di Torino, que conserva los papeles de la monarquía sarda. Entre los historiadores argentinos, Tulio Halperín Donghi utilizó también esos materiales en un trabajo destinado a analizar el plano político y diplomático de las relaciones entre el Río de la Plata y la Europa de la Restauración. [3]

¿Qué nos dicen los documentos de la cancillería de Carlo Alberto sobre los italianos del Río de la Plata? Lo primero que sorprende es la estimación de la importancia numérica de la colonia italiana: "siendo los súbditos del monarca sardo los que en mayor número habitan este país, comparativamente con los de otras naciones europeas", [4] informa en 1837 el cónsul sardo Picolet d'Hermilion al ministro de Relaciones Exteriores Conde Solaro della Margarite sobre los residentes en la Confederación Argentina. En 1835 y 1836 había elevado algunos cálculos: los súbditos sardos residentes en Montevideo eran más de 2.000. La población genovesa residente en Buenos Aires alcanzaba a más de 5.000 individuos, en su mayoría marinos desertores u hombres alejados de los dominios del rey de Cerdeña por sus opiniones políticas. En el conjunto del Río de la Plata, los súbditos sardos eran calculados en más de 8.000. De ellos, más de 3.000 estaban dedicados al comercio de cabotaje en el Río de la Plata en más de 600 embarcaciones pequeñas de las cuales eran propietarios, aunque parte de ellas tenían pabellón argentino, no sardo. Quince años más tarde, la población italiana en la Confederación Argentina será calculada por otro funcionario diplomático sardo en unas 25.000 a 26.000 personas. [5]

Las informaciones consulares necesitan ser confrontadas con las de fuentes menos subjetivas pues, como veremos, en algunas ocasiones el consulado sardo en el Río de la Plata tendía a exagerar sus cálculos. En este caso, en cuanto concierne a evaluar si la colonia italiana hacia 1835 era la más numerosa de las de origen europeo en el territorio argentino es una afirmación que no podemos verificar, pues faltan las estadísticas necesarias. Pero lo cierto es que era numerosa y que las demás informaciones consulares sardas sobre la participación italiana en la vida económica de las provincias litorales concuerda con lo contenido en otras fuentes. [6] Lo más notable y conocido de ella es el alto porcentaje de súbditos sardos, en su mayoría genoveses, que participaban en el transporte naval y en el comercio a él ligado. A estar de los informes consulares, los genoveses habrían tenido el virtual monopolio de la navegación de cabotaje. Su presencia en el cabotaje fluvial, del Río de la Plata y de sus afluentes, y también en el "gran cabotaje" al Brasil, había ido *in crescendo* a partir de 1821, cuando comenzaron a arribar parte de los ligures y otros italianos del norte que emigraban luego del fracaso de los movimientos contra el dominio sardo —aunque la deserción de los marineros, fenómeno superpuesto al de la emigración política, era también fuente abundante de la colonia sarda en el Río de la Plata—. Sin embargo, el mayor crecimiento sería posterior a 1830, cuando las provincias rioplatenses tendieron a tolerar esa participación extranjera en la navegación y en la construcción de navíos como forma de responder a una urgencia derivada del creciente comercio en el Litoral y de la falta de suficientes nativos interesados en estas actividades. [7]

La afluencia de italianos provenientes de tierras del Reino de Cerdeña se manifestó en la cantidad de patrones de embarcaciones de cabotaje, de marineros de las mismas y de comerciantes de diversa importancia, muchos establecidos en Buenos Aires y Montevideo, algunos en sus campañas y otros en las provincias del Litoral fluvial. Un informe de un funcionario consular sardo de 1850, que ya hemos citado, estimaba que un 70% del cabotaje menor del Río de la Plata y sus afluentes se realizaba en naves construidas, ya en la Liguria, ya en el Río de la Plata, pero por artesanos ligures, y siempre con tripulación ligur. Los armadores sudamericanos eran frecuentemente ficticios, encubriendo al real armador ligur. De 600 embarcaciones ligeras continuamente en actividad, con un porte que iba de 4 a 60 o 70 toneladas, por lo menos 420 eran sardas —barco y tripulación—, no teniendo de argentino más que el nombre. En cuanto a la retribución de los tripulantes, era notablemente alta —jamás menor de 12 pesos fuertes por mes, además de manutención, y frecuentemente entre 14 y 20 pesos fuertes—, cosa que explicaba, según el informante, la frecuente e inevitable deserción que constituía el flagelo de las naves genovesas, para cuya represión eran vanas las diligencias tendientes a conseguir el apoyo de la autoridad local.

Además de la navegación, el informe consideraba que los súbditos sardos monopolizaban la importante industria de la construcción naval. De manera que

> quien se trasladase al suburbio de Buenos Aires denominado la Boca vería, profundamente satisfecho en su sentimiento patrio, una pequeña ciudad de 2.000 a 2.500 almas, habitada exclusivamente por ligures, en calidad de carpinteros de ribera, calafates, herreros, leñeros, veleros, cordeleros, marineros, y fabricantes de bizcocho y galleta, hosteleros, cafeteros, salchicheros, carniceros, merceros, sastres, zapateros, casi enteramente hombres adultos, y se creería como por encantamiento, al escuchar el dialecto genovés que allí predomina, haber sido transportado al litoral de la industriosa Liguria. [8]

Se puede también calcular sin exageración, agregaba, que las nueve décimas partes de las llamadas quintas (en Turín "vigne") estaban cultivadas por colonos sardos. De manera que "...en el mercado de verduras de Buenos Aires, el que sepa hablar o italiano o uno de los dialectos usados en los estados de tierra firme de S. M. Sarda, puede eximirse de saber el español". [9]

Respecto de la cantidad de la población de origen sardo, las opiniones de los que se ocupaban de estadística no eran coincidentes, observaba el informe, agregando que se podía estimar esa población en 25.000 o 26.000 personas, las ¾ partes de ellas adultas y ocupadas en oficios útiles y lucrativos, cuyo producto en gran parte se enviaba a la Madre Patria. Por último, calculaba el valor de la propiedad en unos 70 millones de francos, con una media de 2.500 liras, en cálculo moderado. [10]

Respecto del Uruguay, leemos en otro informe que la navegación del Río de la Plata para el "gran cabotaje" hacia el Brasil se hacía casi exclusivamente en barcos extranjeros. De 101 naves mercantes uruguayas —que sumaban 5.250 toneladas—, 71 estaban capitaneadas por marinos sardos y su tripulación era en su mayor parte del mismo origen. Su propiedad era por lo común del mismo capitán, de manera que podía afirmarse que la navegación del río Uruguay, del Negro, y también del Paraná, estaba en manos de sardos, muchos de los cuales contaban ya con una discreta fortuna. Había, además, infinidad de sardos en el interior con pequeños establecimientos de comercio. Pero la mayoría, no menos de 2.000, estaban en Montevideo. [11]

Los cálculos de la Memoria son, en realidad, algo exagerados, como lo eran los de otros documentos ya citados, redactados posiblemente con la intención de urgir al ministro a reconocer la independencia, condición para que fuese autorizado el establecimiento del consulado sardo, y, luego, a mejorar el apoyo al mismo. Un recuento de los patrones de embarcaciones de cabotaje entradas al puerto de Paraná entre los años 1843 y 1853 muestra un panorama un tanto diferente, sin dejar por esto de confirmar la importante participación italiana en el transporte fluvial de la época. De unos 300 patrones de barcos, la tercera parte de ellos eran italianos, concretamente genoveses o sardos, que conformaban el grupo nacional más numeroso. Le seguían los españoles —en su mayoría vascos o catalanes— y los criollos. En muy pequeñas cantidades aparecían también brasileños, dálmatos y griegos. [12]

La participación italiana era también importante en el tráfico ultramarino. Según las cifras de los años 1835 y 1836, sobre un total de 3.664.457 pesos plata de importaciones en el Uruguay, las naves sardas transportaron el 16,7%. Su proporción era mayor respecto de importaciones del Brasil y de España (32,2 y 30,7%). En cuanto a las mercancías italianas, de los 611.184 pesos plata que importaba el total de lo importado en navíos sardos, el 28% procedía del puerto de Génova. Podemos preguntarnos en qué consistían las mercancías transportadas por los genoveses al Río de la Plata. Según el detalle contenido en el informe consular, las cinco principales eran vino, papel, fideos —*vermicelli*—, zapatos —en su mayoría zapatos de mujer—, y drogas. Les seguían pañuelos de punto, aceite, mosaicos de mármol, seda, mercería y fruta seca, entre los principales. En cuanto a las exportaciones desde Montevideo, sobre un total de 3.443.958 pesos plata, los navíos sardos transportaron el 13,8%. Pero respecto de algunos destinos particulares —los indicados en el caso de las importaciones—, su porcentaje era el 31,8% de las exportadas al Brasil, el 53,8% de las enviadas a España y el 5,4% de las que se remitían a La Habana; en su inmensa mayoría se trataba de productos ganaderos.

En cuanto a las embarcaciones, de los 358 navíos entrados en el año al puerto de Montevideo, 57 eran sardos —con un total de 10.650 toneladas—, 62 brasileños —8.179 toneladas—, 58 ingleses —11.121 toneladas—, 50 norteamericanos —11.141 toneladas—, 40 franceses —9.213 toneladas—, 17 españoles —2.490 toneladas—, y 13 portuguesas —1.937 toneladas—.

Un comentario especial merece la intermediación de la marina sarda en el tráfico del Río de la Plata con España. Debido al estado de guerra derivado de la Independencia, el comercio con la antigua metrópoli habría cesado. Sin embargo, logró continuar mediante la intervención de mercaderes y naves de países neutrales. Según el mismo informe de 1836, las cargas introducidas por los navíos sardos provenían de Génova y otras partes del Mediterráneo, pero especialmente de España. Los productos españoles se cargaban desde hacía muchos años en navíos sardos exclusivamente, se lee en el documento, por cuenta de súbditos españoles, y su producto, convertido en frutos del país, se enviaba a diversos puertos de España en los mismos navíos. El funcionario sardo lamentaba que dadas las recientes disposiciones del gobierno uruguayo para admitir navíos españoles en sus puertos, la navegación sarda se habría de resentir mucho. En igual tono, el cónsul Picolet d'Hermilion informaba al año siguiente la presencia de 14 navíos sardos en el puerto de Montevideo, en su mayoría en carga para Cádiz y Málaga, y reflexionaba sobre los perjuicios que derivarían para el comercio sardo de la ruptura entre el rey de Cerdeña y el de España que anunciaban los periódicos. [13]

Es de notar que similar comentario sobre la intervención de la marina mercante sarda en el comercio de España con sus ex colonias es efectuado en la correspondencia diplomática francesa respecto de la Confederación Argentina. El cónsul francés en Buenos Aires escribe en 1834 que los sardos podían reivindicar una buena parte de las importaciones. pero especialmente como transportadores de productos de España. pues los suyos propios no entraban sino en muy poca cantidad en la suma de las importaciones. [14]

Sin embargo, también en este punto las fuentes diplomáticas necesitan cierta corrección, pero ahora utilizando sus mismas cifras, comentadas más arriba; pues, teniendo en cuenta, por el contexto de los documentos que utilizamos, que el año 1836 no parece haber sido excepcional en este aspecto, y a menos que las mercancías embarcadas en Génova fuesen reexportaciones de productos españoles, la participación sarda en el tráfico rioplatense con España alcanzaba al 30,7% en las importaciones y al 53,8% en las exportaciones. Una proporción, de todas maneras, muy alta.

De esta manera, los italianos, en gran parte ligures, y también nativos de otras regiones de la península, se insertaron en la economía y en la sociedad argentina al promediar la primera mitad del siglo. Más allá de su residencia en Buenos Aires, en gran parte concentrados ya en la Boca del Riachuelo, algunos se desgranan por el interior, sobre todo en las provincias del Litoral fluvial. Así, podemos observar, en zonas alejadas de Buenos Aires, el aumento de residentes italianos dedicados al comercio y a actividades vinculadas con la navegación. En Entre Ríos, Santa Fe y Corrientes dejan huella de su paso en los registros de anclaje de los puertos, así como en los negocios mercantiles.[15] En Corrientes, donde se registran apellidos italianos de familias más antiguas en la región —como Achinelli, Periche, Isasi—, los censos indican una modesta pero creciente población italiana. Mientras en 1814 no aparece registrado ningún individuo de esta nacionalidad y en 1820 solo 3, en 1833 hay ya 39, en el último año, 1833, los españoles son 92, los portugueses 141 y los franceses 41; la proporción de extranjeros, incluidos americanos, en el total de la población era del 1,9%.[16] Por otra parte, entre 1837 y 1842 —límites de la fuente que utilizamos y no del fenómeno considerado— Antonio Cueto vende una goleta; Bernardo Stagno compra la parte de sus socios Juan Riso y Nicolás Costa en una goleta; Santiago Quirolo manifiesta, en su última voluntad, ser copropietario de una balandra en Compañía con Domingo Ravena y Bernardo Brugo; Juan Riso compra una zumaca; y Luis Anselmo hace testamento en el que manifiesta haber nacido en Italia, tener una goleta en Buenos Aires en el puerto de las Conchas, una tienda, una casa, y declara deber a comerciantes de Montevideo y Buenos Aires 3.000 pesos fuertes.[17]

IV. LA PRODUCCIÓN AGROPECUARIA *

Principales productos

Entre las actividades económicas con propósito mercantil sobresalía la ganadería, pero su desarrollo había sufrido de tal manera los disturbios posteriores a la Indepedencia que la existencia ganadera se había reducido fuertemente.[1] Para estimar su magnitud solo poseemos cifras a partir de 1829, como se puede observar en el cuadro 11. Se trata de recuentos de ganado realizados por el gobierno provincial, circunstancia que puede hacer presumir un subregistro derivado de la natural tendencia de los propietarios a eludir riesgos impositivos.[2]

El principal producto ganadero de la época, como en todo el Río de la Plata, era el cuero. El establecimiento de saladeros que permitiesen aprovechar la carne es tardío, pues recién en 1833 se registra la solicitud de instalación del primero de ellos y solo durante los años 1835, 1836 y 1837 se exporta tasajo, en escaso monto.[3] Por lo tanto, con excepción de la utilizada en el consumo interno —incluyendo la que, con igual propósito, podría haberse salado en la corta escala de cada unidad productiva—, el resto de la carne no tenía utilidad comercial. Y la falta de sal, que Corrientes importaba de otras regiones, no contribuía a facilitar su salazón. Por otra parte, si el comercio de carne era tan limitado, incidía también la intervención del Cabildo, antes de su disolución a fines de 1824, y del estado provincial después, que trataban de regular su comercio interior en defensa del consumidor, continuando una antigua tradición de los organismos municipales. Compulsión a los ganaderos para proveer la carne necesaria al mercado de la ciudad de Corrientes, fijación del precio a que debía venderse, decisión sobre quiénes estaban autorizados al abasto, fueron objeto de actividad legislativa.[4]

El cuero, principalmente el vacuno y en alguna medida el de potro, además de su exportación a las "provincias de abajo" (denominación aplicada a las situadas más al sur en el Litoral) —véase cuadro 6—, se vendía a las curtiembres instaladas en la capital,

* Parte de este capítulo fue publicado en *Nova Americana*, Turín, núm. 2, 1979, con el título de "Coacción extraeconómica y relaciones de producción en el Río de la Plata durante la primera mitad del siglo XIX: el caso de la provincia de Corrientes".

de las que más adelante nos ocuparemos. Junto a estos dos principales destinos mercantiles debemos tener en cuenta, naturalmente, el universal uso de cuero en la vida cotidiana del Río de la Plata, del que observa D'Orbigny respecto de Corrientes: "La población consume gran número de cueros para uso particular: para hacer sacos, cestos y baúles, para cubrir sus carretas, y sustituyendo a nuestras carretillas, para transportar a distancias cortas toda clase de bultos; los emplean a modo de tela para sus catres; para hacer sus colchones, sus jergones, en la campaña, acostándose sobre unos cueros en un rincón del rancho; en fin, los cortan en lonjas y correas de todo tamaño, para hacer riendas, lazos y boleadoras y los aplican a todos los usos que damos a la cuerda, al hilo, el piolín, etc. Casi podría decirse que no hay trabajo mecánico en el cual no intervenga para algo, pues son muy hábiles para sacarles partido. Los cortan con maravillosa destreza; saben descarnarlos, depilarlos, suavizarlos, dividirlos en tiras finas y delgadas, trenzarlos de mil modos, todo esto sin otro instrumento que su cuchillo".[5]

Además del cuero, se explotaban también la crin equina, los huesos y aspas vacunas, la grasa y el sebo, productos que hacen regulares apariciones en los registros de exportación, junto a otros de menor cuantía.

En cuanto a la agricultura, era observación generalizada en la época las posibilidades que poseían algunos cultivos correntinos. "En estas latitudes los productos naturales —anota Woodbine Parish— son semejantes a los del Brasil, pudiendo obtenerse allí en abundancia el algodón, el tabaco, el arroz, el azúcar, el añil o azul, y muchos otros artículos de primera importancia en los mercados de Europa, además de un gran número de cueros vacunos que anualmente se remiten a Buenos Aires para ser embarcados allí para Europa." Y, con exceso de optimismo, añade: "Como el del Paraguay, el tabaco de Corrientes es suave y bueno, y capaz de gran mejora bajo un mejor sistema de cultivo, no habiendo dudas de que se podrían conseguir cantidades muy considerables de calidad superior, propias para la manufactura de cigarro, a precios mucho más bajos que los que se pagan por los de La Habana". En cuanto al algodón, también "es de buena calidad, pero necesita mayor limpieza de la que le dan hoy los naturales para que sea adecuado a nuestros mercados".[6] En cambio, la producción de café, que fue intentada hacia el año de 1830, terminó en el fracaso. Dicho fracaso se atribuyó a una errónea elección de los terrenos para colocar las 4.000 o más plantas proporcionadas por una "sociedad de amigos del país" de Buenos Aires, integrada por Juan Pedro Aguirre, José María Rosas y Manuel José de Haedo —la misma que adquirió la estancia Rincón de Luna de propiedad del gobierno provincial, en 1825, para la cría de ovejas merinas—.[7] Además de esos productos, el maíz, el maní, la yerba mate, los frutales figuran irregularmente en las exportaciones, con excepción de los cítricos cuya salida es continua y alcanza altas cantidades en algunos años.

Dejando para más adelante el análisis de la importancia mercantil de estos productos ganaderos y agrícolas, detengámonos en algunas características regionales de la explotación agropecuaria. De manera muy general podemos señalar en primer término la ya apuntada diferencia entre la región noroeste y la del sur de la provincia. En esta última, en proceso de expansión y ocupación del territorio, la ganadería era la actividad principal, casi exclusiva. En cambio, en la más antigua región del noroeste, especialmente la comprendida entre los ríos Paraná y Santa Lucía, la actividad pecuaria se integraba en una economía más diversificada, con cultivos industriales y alimenticios. Así, según observaba D'Orbigny, la población de la provincia era "eminentemente agrícola y puede dividirse en dos series: los agricultores especializados y los hacendados. Los habitantes de las riberas del río Santa Lucía o de los alrededores de Caacaty, Itaty y Corrientes reúnen, por lo general, las dos condiciones, porque la naturaleza del terreno se lo permite, pero los del sur de la provincia no son más que hacendados y se ocupan solamente de criar ganados".[8]

En el partido de Lomas, zona rural aledaña a la capital, eran características las quintas, muchas de ellas propiedades de los habitantes de la ciudad, en las que se combinaba alguna agricultura y frutales.[9] "Lindas casitas aisladas guarnecían por todas partes a una humilde familia de agricultores cuyos campos de algodón, caña de azúcar, mandioca y maíz, junto con unos animales, alimentan, visten y hasta permiten comerciar un poco. Esta parte de la provincia —agrega D'Orbigny— es la primera en que la agricultura haya hecho ciertos progresos, aprovechando las tierras arenosas y fértiles de las lomas."[10]

De igual manera, en los alrededores de los principales poblados, la agricultura, de subsistencia o comercial, ocupaba buena parte de la población. Hacia 1815, algodón, tabaco, caña de azúcar, maíz, mandioca, arroz, bananas, naranjas, uvas y otros vegetales comestibles son señalados por los Robertson en distintos lugares de la provincia.[11] La percepción de los Robertson es la de una producción agrícola minoritaria, en enclaves rurales adjuntos a los centros poblados, en medio de una predominante ganadería. Esa modesta agricultura, que ya había observado Azara a comienzos del siglo,[12] cobra mayor relevancia en la minuciosa y deleitada observación de D'Orbigny, si bien reitera la general presencia de la ganadería en las zonas agrícolas. "Arboledas de hermoso verde —refiere de la región de las Lomas— rodean parcialmente las fincas de cultivo, en tanto que por las afueras de las llanuras próximas ya no presentan división alguna. Ahí se ve pastar juntos, animales de distintos propietarios." [13] Pero su información revela también una general presencia de la pequeña propiedad agrícola. "Galopé mucho tiempo —dice refiriéndose al sur de la región—. [. . .] Chacritas cultivadas se mostraban a intérvalos, pero tan alejadas entre sí que parecían perdidas en medio del desierto." [14] En algunos casos, como los de Caa-Caty o las proximidades de Saladas, comprueba el desmonte de palmeras para una reciente explotación agrícola de esas zonas: "Atravesé más bosques de [palmera] yatay, por terrenos arenosos en los cuales, desde hacía poco tiempo, numerosos agricultores habían venido a establecerse para desmontar esas tierras vírgenes. Por todas partes no se veía sino palmeras derribadas y casas recién construidas o aún en construcción. Todo anunciaba que en pocos años aquellos parajes, otrora incultos y agrestes, estarían cubiertos de tabaco y caña de azúcar, y llegarían a ser el lugar más productivo de la provincia". [15]

Además de las pequeñas propiedades, la agricultura ocupaba parte de las actividades de fincas rurales mayores, de las que tenemos también una descripción. Se trata de la "*chácara* de la laguna brava", perteneciente a un propietario francés, a tres leguas al noreste de la ciudad de Corrientes y en una zona de pequeñas explotaciones agrícolas. Sus actividades productivas testimonian la escasa división social del trabajo característica de una economía como la correntina. La chacra poseía una agradable vivienda rural, techada con tejas vegetales consistentes en trozos del tronco de una variedad de palmera, cortados longitudinalmente por la mitad y ahuecados. En uno de los cuerpos de la casa estaba la habitación del dueño y, en el otro, la cocina, que servía de vivienda a los peones en tiempo lluvioso (pues, de lo contrario, dormían al aire libre). También estaban allí algunas instalaciones productivas: calderas y alambiques para destilar aguardiente y depósito para los productos del año. La chacra poseía corrales para caballos y vacunos, un recinto de menores dimensiones para las ovejas y molino de azúcar (máquina muy simple, puntualiza D'Orbigny, que consta de dos cilindros libres y otro para moverlos, por medio de engranajes de madera, en el que se introduce una larga percha en cuyo extremo la unción de dos bueyes hace girar el conjunto). La chacra cultivaba la caña de azúcar, maíz, algodón, mandioca, batatas, porotos y tabaco. Si bien cierto esmero de organización puede atribuirse a la calificación técnica del extranjero que la poseía, el esquema no es distinto, en la reunión de ganadería, agricultura diversificada y cierta producción industrial, de otras unidades productivas. Ya Azara había observado en las inmediaciones del río Santa Lucía, una chacra grande con caña de azúcar, maíz, sandías y otros cultivos y, además, trapiche y curtido de cueros; y en las cercanías de la ciudad de Corrientes, señalaba también la existencia de chacras con trapiches para extraer la miel de caña, actividad, por otra parte, que no era privativa de las explotaciones grandes, pues D'Orbigny comprueba en todas las viviendas rurales de la zona de Yataity-Guazú la existencia de alambiques de barro cocido, con un caño de fusil a manera de tubo refrigerador, que servía a cada finca para destilar su provisión de aguardiente.[16]

ALGUNAS CARACTERÍSTICAS DE LA PROPIEDAD AGROPECUARIA

Los datos censales no permiten distinguir con claridad las unidades predominantemente agrícolas de las que, como la chacra de la laguna Brava, combinaban agricultura y ganadería. El censo de 1814, que proporciona datos sobre los caudales de cada propietario, solo permite distinguir entre la pequeña propiedad agrícola —labradores— y la ganadera —hacendados—, aunque es posible que propietarios como el de la referida chacra figuren en el segundo rubro en virtud de la mayor importancia comercial de la ganadería. Según ese censo, los 1.219 labradores de la provincia constituirían, inmediatamente después de los comerciantes, el grupo de mayor caudal de conjunto, pero ocupaban el último lugar en la distribución *per capita.* Estos datos, por sus deficiencias, conforman una lejana aproximación a la magnitud de la pequeña propiedad agraria de la provincia.[17]

En cuanto a la ganadería, los datos provenientes de testigos de la época y de documentación diversa indican que los establecimientos, aunque muy toscos, solían ser muy lucrativos. Como en la mayor parte del Río de la Plata, la facilidad de la reproducción del ganado y las escasas tareas requeridas en su cuidado y en la extracción de los productos mercantiles (cueros, astas, crin, y en algunos casos sebo) no generaban instalaciones complejas ni costosas, ni demandaban mano de obra abundante. Una estancia se componía de un terreno sin cercar, cuya calidad ascendía si accidentes naturales, como los cursos de agua —en el caso que formasen "rinconadas"— facilitaban la reunión del ganado; una vivienda del propietario, que en caso de mal tiempo compartían también los peones solteros —pues los casados, observa D'Orbigny, tenían su rancho—, y los indispensables corrales; más alguna protección mayor para los ovinos, si el establecimiento los criaba, cosa muy frecuente. Los peones no recibían salario metálico salvo de parte de hacendados extranjeros que, como veremos, combinaban el pago en especie con el de metálico. Sin embargo, las estancias, afirma D'Orbigny, "constituyen la especulación más fácil y sobre todo más segura. Como los pastos cubren el país, los animales se multiplican con extraordinaria facilidad y suelen dar hasta un rendimiento del cincuenta por ciento anual. Esta clase de empresa requiere tan poco capital que viene a ser, por decirlo así, el único negocio de Corrientes". [18] Afirmación exagerada, la última, que él mismo desmiente en otros lugares. Veinte años después, Mackinnon coincide también en que el medio más seguro, y que requería menos gastos, para levantar rápidamente grandes fortunas, era el de *poblar* una estancia. Así, en las cercanías de Goya y en un momento en que los precios eran bajos por efecto de los conflictos bélicos, una propiedad de 9 millas cuadradas (unas 2.330 hectáreas) costaba 250 libras esterlinas (unos 1.250 pesos fuertes); 1.000 cabezas de ganado vacuno, 500 libras esterlinas (unos 2.500 pesos fuertes), y 500 de ganado equino, 125 libras (unos 625 pesos fuertes). En total, 875 libras esterlinas (unos 4.375 pesos fuertes). Como las haciendas se reproducían en fuerte proporción, y una cuarte parte de las crías debían ser sacrificadas para facilitar la reproducción del conjunto, el sebo, cuero y carne así extraídos representarían una buena ganancia. Sin precisarlas, Mackinnon comenta que es difícil anticipar qué fortuna podría adquirir un hombre moderado y constante con un capital de 5.000 libras esterlinas; en todo caso, añade, "una perspectiva espléndida para un capitalista", siempre que las condiciones políticas del país mejorasen. [19] Pero la característica predominante en la ganadería correntina no era la de grandes explotaciones, ni con propietarios capitalistas como las imaginadas por Mackinnon. Según los citados datos de los censos ganaderos, los propietarios de grandes cantidades de ganado eran muy escasos y estaban muy lejos de los de Buenos Aires en número de animales. En 1832, por ejemplo, el promedio de ganado mayor por establecimiento, que es de 413 en toda la provincia, alcanzaba a solo 90 cabezas en el Departamento de Ensenadas, cercano a la capital; a 550 en el de San Roque; a 421 en el de Saladas; a 487 en el de Goya y a 608 en el de Curuzú Cuatiá. Además, la cantidad de estancias que pasan de las 1.000 cabezas de ganado vacuno era muy reducida; por ejemplo, ninguna en Ensenada, 7 en San Roque, 4 en Saladas, 8 en Goya y 14 en Curuzú Cuatiá (en este último caso, el 17% del total del Departamento). En toda la provincia son solo 55 (el 8%) y las mayores cantidades por establecimiento son las de un caso con 7.200 vacunos en Curuzú Cuatiá, otro con 7.000 en Esquina y otro con 6.700 en Goya. La gran estancia ganadera no es rasgo típico de Corrientes. Esto es coherente con la observación de los Robertson según la cual los hacendados ocupaban el cuarto lugar, luego de comerciantes, eclesiásticos y burócratas, en la distribución *per capita* de la riqueza.[20]

En cuanto al acceso al mercado, al igual que en la producción agrícola, se efectuaba a través de comerciantes que eran a la vez acopiadores, establecidos o ambulantes. Esta forma de vender hacía depender a los productores de los comerciantes, tanto respecto del precio de esos productos, como del de las mercancías que recibían en calidad de pago o anticipo (véase más arriba el parágrafo dedicado al comercio). La succión del capital comercial está presente en todos los niveles, hasta en el salario en especie de los peones, como veremos enseguida. Solo escapaban a esta situación de usufructo de las actividades productivas por parte del capital comercial aquellos productores que por su disponibilidad de recursos y experiencia mercantil podían establecer contacto directo con el mercado. En tal caso, el productor era sobre todo un mercader para el que la actividad de hacendado o agricultor constituía un complemento de su más decisiva función comercial.

La información más detallada que poseemos al respecto data de los años 1838 y 1839, y es la contenida en la contabilidad de León Spalding, propietario de dos establecimientos rurales y de una tienda. Se trata de las cuentas de dos propiedades cercanas al río Santa Lucía, no distantes de San Roque, y de una tienda en sociedad con un comerciante, en la población de Bella Vista. Ellas indican un grado de desarrollo de actividades mercantiles mayor que el mostrado por otros casos similares en los que el productor rural realiza una función intermediaria entre los comerciantes que los habilitan con mercancías y los consumidores residentes en su propiedad y zonas vecinas —a la vez que pagan esas mercancías tanto con productos suyos como acopiados—. Entre estos casos están los descritos por los Robertson: he visto con frecuencia, recuerda uno de ellos, a propietarios rurales "salir con seis u ocho mulas cargadas con nuestras mercancías en dirección a sus estancias donde vendían al menudeo a peones y vecinos, prendas de vestir, para volver después al frente de sus carretas cargadas con cueros, a pagarnos con esos productos las mercancías compradas".[21]

Según los asientos de esa contabilidad, Spalding realizaba actividades ganaderas y aparentemente también agrícolas —aunque no siempre surge con claridad de sus cuentas, en el segundo caso, si lo vendido es cosecha suya o fue acopiado—. En cambio, la condición de acopiador es clara para parte de esas ventas, tanto de productos ganaderos como agrícolas (maíz, batatas, miel de caña, tabaco), mercancías que se transportaban por el río Santa Lucía hasta Goya, y en ocasiones hasta Buenos Aires, en un lanchón de su propiedad. Consta asimismo que en julio de 1833 se asoció en *compañía* con un comerciante de Bella Vista que le proveía de mercancías para vender a sus trabajadores y a pobladores del lugar. Amplió luego sus actividades mediante la compra de otra tienda, esta vez en Goya, en 1838, perteneciente a una firma con la que tenía trato comercial anterior. La compañía con el comerciante de Bella Vista estaba convenida "al partir por mitad de utilidades" al concluirse el negocio, cuyo objeto era la venta de un conjunto limitado de mercancías, inventariadas por un valor total de 1.252 pesos fuertes, sin perjuicio de su renovación, legal o de hecho, como en este caso, en que se vuelven a registrar otros envíos de mercancías posteriores a la primitiva fecha de extinción de la compañía. Spalding paga a su socio ya sea mediante remesas de metálico, ya de productos como ganado en pie, tabaco o crin.

El complejo de actividades mercantiles de Spalding incluía otras operaciones, menudas o grandes, características de la actividad del capital comercial en economías como la correntina. Por ejemplo, entrega de mercaderías a un hermano, aparentemente estanciero, y recibo de ganado como parte de pago (aunque también podría describirse la transacción como adelanto, en mercancías, de parte del precio del ganado). Adelanto, también, de mercancías o de pequeñas cantidades de metálico, tanto a peones como a *pobladores* del establecimiento, y contabilización, como parte del pago de la deuda, de cortas cantidades de maíz, batata u otros productos, posteriormente incluidos en alguna operación de venta de acopios.

Pero una de las operaciones más notables de esta contabilidad es un pequeño y transitorio contrato con un vendedor "al partir por mitad de utilidades". Este recibe de Spalding 89 pesos en miel y huevos, para vender —aparentemente correteando por la zona rural cercana, dado que en los gastos figura el alquiler de bueyes y carro—, y entrega como devolución del capital más utilidades la suma de 253 pesos. Dicha cantidad, restados 28 pesos de gastos, significó una utilidad a repartir de 136 pesos fuertes. Para Spalding se trató de una inversión de 89 pesos y una utilidad de 68; esto es, una ganancia del 76,4%. Pero como esta operación deriva de otra efectuada un mes antes, su utilidad para el establecimiento de Spalding es en realidad mucho más notable: unos 30 días antes, al partir también de utilidades, Spalding había entregado a otra persona 41 cabezas de ganado vacuno para ser vendidas a 2 pesos cada una, y con la condición de invertirse de inmediato el importe de esa venta en la compra de tabaco y de miel, al precio fijado anticipadamente en el contrato, de 3 y 5 pesos por arroba, respectivamente. Como esta transacción es inmediata anterior a la de miel y huevos, y fue asentada en el folio inmediato posterior, es claro que la miel comprada con la suma obtenida por la venta del ganado fue la que se vendió luego a través del corredor. Esto permite una mayor aproximación a la utilidad real obtenida por Spalding, dado que ha comprado la miel a 5 pesos la arroba, la entregó al socio-corredor a 7 pesos la arroba —precio que determina su integración del "capital" asentado en su libro—, quien la vendió luego con una nueva utilidad que hace ascender el precio final de la miel —sumando los 7 pesos por arroba a lo que resulta de lo ganado por Spalding— a 12,34 pesos por arroba. La diferencia entre el precio pagado inicialmente —5 pesos por arroba— y el de la venta final —12,34 pesos— significa un 147% de utilidad, esto es, un margen de ganancia enorme que, en economía precapitalistas, es propio de la posición monopolista del mercado y de su consiguiente dominio sobre la producción, que caracteriza al capital comercial. Como veremos más adelante, esos márgenes de ganancia fueron conocidos por los Robertson en sus operaciones en Corrientes hacia 1815 y los observaría D'Orbigny una década más tarde. Ellos denotan los rasgos arcaicos de la economía rural correntina que comprobaremos también al examinar, en las páginas que siguen, las relaciones de producción que le correspondían.

Las relaciones de producción en el campo, trabajo libre y coacción extraeconómica

Dispersas referencias parecen indicar la existencia de trabajo libre en la región desde, por lo menos, fines del siglo XVIII. Sabemos que en los últimos años de esa centuria dos capataces de estancias pertenecientes a la comunidad de Itatí se niegan a trabajar si no se les paga en plata. El dato revela dos cosas: que eran trabajadores libres, pues podían negarse al trabajo, y que el pago del salario —o parte del mismo— era en metálico. Poseemos también referencias sobre peones a salario fuera de la producción rural, como en astilleros, en la navegación fluvial, en el transporte terrestre, aspecto del problema que abordaremos más adelante, al tratar de las industrias.[22] En cuanto a la información censal posterior, parecería también reflejar la existencia del trabajo libre en la producción rural; sin embargo, es imposible discernir la existencia o no de formas encubiertas de coacción extraeconómica que podrían desvirtuar la apariencia de trabajo libre, por ejemplo, para esos 204 peones y 11 jornaleros registrados en el censo de 1814. Para 1820 los datos censales muestran un panorama similar al de 1814, en el que el trabajo libre parecería estar limitado al ámbito rural, además de los no abundantes trabajadores que pudiesen registrarse en el transporte, fluvial o terrestre, y en alguna otra actividad de menor peso. Lamentablemente, el censo es inutilizable para las ocupaciones rurales en la importante región del norte del río Santa Lucía, cercana a la capital. Pese a esto, para las otras dos regiones se pueden computar 224 peones, además de 32 capataces y 3 mayordomos, aunque igualmente falta saber si se trata de una fuerza de trabajo asalariada en sentido estricto.

Para la época de su visita, referencias de D'Orbigny parecen sugerir también la existencia de trabajo libre en la campaña. En una chacra —la ya mencionada de propiedad de un compatriota suyo—, los "obreros", "llamados peones", ganan cinco a seis pesos mensuales y reciben alimentación pero no albergue y deben munirse de cabalgadura. En otro momento señala que solo los extranjeros pagan salario y que los peones son retribuidos con alimentación y vestimenta solamente: "La mayor parte de los obreros empleados en las estancias del país no cobran salarios; reciben alimentación y vestimenta. Solo los extranjeros les pagan, a razón de seis pesos —treinta francos— por mes. [. . .] Se paga algo mejor al *capataz*, que los dirige y vigila, y está sometido a las órdenes del *mayordomo*, el cual organiza en grande todas las operaciones que componen esta clase de empresas".[23] Es claro que estas referencias valen para unas pocas estancias mayores, pues, por lo común, estaban dirigidas personalmente por sus propietarios. Para el resto de las producciones de la provincia, el panorama descrito por D'Orbigny excluye la mano de obra libre (*libre*, ya sea en el sentido de falta de coacción extraeconómica, ya en el de propiedad sobre los medios de producción); más adelante volveremos sobre ellas.

De todas maneras, lo que aparece claro en un testimonio de la calidad del ofrecido por el naturalista francés es que si no había un mercado libre de trabajo no era por la valla que podrían significar inexistentes relaciones de servidumbre. Cuando observa que "podrían, sin embargo, establecerse, con pocos gastos, fábricas", porque "la mano de obra es barata", se refiere a una situación en la que la ausencia de industrias modernas tiene otras razones, a su juicio, que la falta de libertad para contratarse por parte de esa mano de obra barata, cuyo status, según sus descripciones, parece ser el del trabajo libre. Releamos el párrafo antes citado sobre los peones de estancia y agreguemos lo que sigue: "todas las tardes, apenas terminado su trabajo, se van a sus casas o a las de sus amigos o vecinos, sea a pulsar la guitarra, sea a bailar el *cielito,* sea, en fin, a jugar, que es su pasión favorita. Por lo general, en las chacras se hallan bajo la vigilancia del propietario o de un regente llamado *capataz,* que también trabaja mientras dirige las tareas de los otros y tiene asimismo a su cargo el cuidado de los caballos y bueyes". Estas líneas se refieren a la chacra de un extranjero. Algo similar observa sobre una de las principales estancias correntinas —antes propiedad del gobierno y desde hacía poco en manos particulares— de la que refiere lo siguiente, luego de sus ya citadas observaciones sobre el salario: "Es verdad que estos obreros trabajan poco; fuera del tiempo de la hierra no tienen otras obligaciones que llevar los caballos al corral, recorrer el campo a caballo y a veces juntar los rebaños. El juego es su principal ocupación". [24]

Hemos llamado la atención, intencionadamente, hacia algo que reflejan las observaciones del viajero francés: la no existencia de formas de servidumbre que restringiesen la movilidad de la mano de obra. Sin embargo, debemos ahora señalar que sus referencias podrían no delatar las formas encubiertas de coacción extraeconómica, cuya existencia revelan otras fuentes.

Efectivamente. Del material documental disponible podemos discernir dos formas de coacción extraeconómica, de naturaleza distinta pero que se complementan necesariamente para el reclutamiento y la retención de la mano de obra. Ellas nos hablan de un proceso histórico en el que los grupos sociales dominantes, como en otros lugares de Hispanoamérica. deben bregar denodadamente para volver a la disciplina del trabajo a la población trabajadora "anarquizada" por efectos de las guerras de independencia y de las luchas civiles. Así, entre 1825 y 1826 el estado correntino reglamenta las relaciones laborales y establece la obligación de contratos de trabajo con mención de tiempo y sueldo y otros detalles, entre ellos, el de tornar obligatorio el *conchabo* y calificar con la figura delictiva de *vagancia* la ausencia de un comprobante del mismo. [25]

Véase este expresivo testimonio de aplicación de tales disposiciones:

> El Indio Francisco Aquino que se alla Preso por este Jusgado en la prevención, hasido remitido por el Jues del Empedrado por que en su transito por aquel punto se robo unos caballos y una ternera los que recla-

> mados por su dueño le fueron entregados por el Jues. Este allandose de peon de Don Juan Jose Rolon se retiro con su familia clandestinamente de su serbicio sinduda por no poderse acostumbrar al trabajo como lo ha confesado el mismo, por lo que este jusgado no ha podido menos que clasificarlo por bago y malentretenido poniendolo a la disposicion de V.S. a los fines prevenidos por la Ley.
> Dios guarde a V.S. muchos años. Corrientes a 14 de abril de 1926.[26]

Dos tipos de pautas culturales en conflicto, en versión basada en uno de los dos. La incompatibilidad del indio con el mundo del trabajo de raíz europea, el recurso a los bienes naturales sin noción de propiedad europea; las categorías sociales del funcionario —robo, vagancia— para traducir las pautas del indio; la puesta en funciones de resortes del poder, de una de las partes para eliminar el desajuste: estos y otros rasgos brotan de una clase de documento que la historia rioplatense de la época repite en abundancia. Nos limitaremos ahora a señalar que en él se refleja una de las formas de coacción extraeconómica a la que antes aludíamos. La otra, que se conjuga con esta, trataremos de mostrarla a continuación a través del análisis de algunos documentos que nos informarán, además, de otros aspectos del trabajo rural.

El trabajo rural a través de algunos registros contables

Se trata de cuatro documentos contables, correspondientes a los años 1814, 1826-1829, 1828 y 1838-1840, de los cuales solo el último es una verdadera contabilidad. Lo primero que debemos subrayar respecto de este tipo de fuentes es su carácter excepcional. La inmensa mayoría de las explotaciones rurales ignoraban los procedimientos contables. Si las cuatro que hemos encontrado en el archivo correntino existen, es porque corresponden a propiedades del estado o de extranjeros. En tal sentido, las conclusiones que puedan obtenerse a partir de ellas deberán tener en cuenta, además de lo restringido de su número, las características excepcionales que podían tener las propiedades del estado o las particulares de extranjeros. Ya hemos visto que D'Orbigny observa que solo estos últimos acostumbraban pagar salarios —se entiende salario metálico— a sus peones.

El primero de estos documentos[27] pertenece a un establecimiento ganadero de un propietario extranjero y consiste en un libro de cuentas con datos sobre inversiones, contratación de peones y otros gastos. Lamentablemente, su deterioro es tal que solo algunas anotaciones resultan legibles —todas ellas correspondientes al año de 1814—. Solo podemos comprobar, como dato de utilidad, la contratación de peones, su salario —3 pesos por mes— y entregas, en metal y en especie, a cuenta del mismo. Otras de las anotaciones señalan el pago de salarios a peones que construyen rancho y corral al comienzo del establecimiento.

Esta fuente permite inferir, entonces, contrato de trabajadores libres y la práctica del endeudamiento, cuya magnitud es imposible discernir dado el estado de este documento.

La segunda de estas fuentes corresponde a una propiedad estatal. Se trata de una "Copia del Libro del Peguaho 1826, 27 y 28". [28] Por el inventario y las cuentas de ventas se infiere su carácter predominantemente agrícola, con plantaciones de algodón, caña de azúcar y frutales. Las escasas ventas anotadas son únicamente de miel de caña y algodón. Las anotaciones consignan prolijamente el pago de salarios a peones por días de trabajo. En unos casos, sin especificar actividad; en otros, se indica dos tipos de trabajo: arado y cañaveral. En cada uno de los meses que cubren estas cuentas, se anota distintamente el salario en metálico y el gasto de manutención en reses, yerba mate y tabaco. De tal manera, podemos analizar la composición en especie y en metálico del salario de estos peones rurales en este establecimiento del estado.

El documento comienza en el mes de diciembre de 1826 y concluye en setiembre de 1829, incluido. Según las anotaciones del período de mayor regularidad, que va desde abril de 1826 hasta el fin del documento, sobre 21 pesos mensuales de gastos de peones, 13 corresponden a salarios y 8 a manutención, es decir, el pago metálico —presunto, pues habría que computar luego los retiros de mercancías que el establecimiento vende a los peones, de las que en este caso no hay anotaciones— llegaba al 61% del salario.

Las cuentas "del Peguaho" permiten observar la presencia del trabajo permanente y del estacional en una unidad productiva de carácter agrícola: en los meses de setiembre de 1827 y 1828, aparece un único registro anual de 13 peones, en ambos casos, para las tareas de cosecha. Los importes anotados son 20 pesos y 19 pesos y 4 reales respectivamente. El salario es 12 reales por peón por los días, no especificados, de su contratación.

La tercera de estas fuentes es un "Quaderno de cuentas y correspondencia, con el Capataz Mayor de la Estancia del Estado en Vella Vista", llevado por la Contaduría Provincial y Aduana de Corrientes, e iniciado en setiembre de 1828. [29] El primer asiento es el de la designación del capataz con un sueldo anual de 200 pesos.

El segundo es una relación de las mercancías que se le envían "para pago de peones" y para "servicio de la estancia". En el primer rubro consta lo siguiente: lienzo de algodón americano, ponchos, bayeta, cuchillos y tabaco. Cada producto lleva cantidad y precio y la nota de remisión aclara: "...sobre los precios que van señalados para su venta, tal vez pueda Ud. cargar a un mayor precio en algunos que Ud. considere pueda hacerse". Hay otras anotaciones posteriores de envío de las mismas mercancías y estas otras: pañuelos, jergas, lienzo ancho, bramante. No existen en este legajo cuentas de peones.

Las contabilidades que hemos utilizado hasta ahora son apenas resúmenes de ciertas cuentas de establecimientos rurales y solo permiten algunas pocas conclusiones para aclarar el panorama del trabajo en ellas. En el primer caso, sabemos del salario —3 pesos— pero no claramente de la forma de pago, aunque constan retiros de mercancías y, por lo tanto, puede inferirse un salario a la vez en metálico y en especie. En la segunda, está claramente discriminada la parte en metálico y en especie del salario. Sabemos que el salario era de 4 pesos en los peones adultos, más la manutención. Como esta, anotada globalmente una vez por mes, representa el 39% del salario total, resultaría que el salario de cada peón estaba compuesto de 4 pesos en metálico y 2 pesos y medio real en manutención (sin calcular la vivienda). En total, 6 pesos y medio real. Pero en esta tercera contabilidad no se especifica la forma de pago de la parte metálica.

La última de estas fuentes, mucho más rica, proviene de un propietario inglés, León Spalding, del que ya nos hemos ocupado. De ella examinaremos ahora las cuentas de peones y capataces.[30] Son 14 y están todas encabezadas con una fórmula de escasas variantes: "Desde esta fecha se ha conchabado José Ma. Barrios de peón, gana 4 pesos por mes, tiene sacado por cuenta de su salario lo siguiente...". Siguen luego los asientos de los retiros de mercancías y, a veces, de metálico. Las cuentas suelen interrumpirse con anotaciones del siguiente tenor: "Pagó y salió", "Salió debiendo x reales". Asimismo, suelen reanudarse con esta expresión: "Siguió otra vez en su trabajo" o "Siguió su trabajo del mismo modo". Contrariamente a lo que suele juzgarse del endeudamiento, las deudas contraídas por los nueve peones cuyas cuentas pueden evaluarse (hay tres casos en que la anotación está trunca y los otros dos son capataces) no podrían haberse constituido en motivo de retención en el trabajo. En cuatro de los nueve casos, el cierre de la contabilidad indica saldos a favor de los peones, por modestas cantidades (3 pesos y 4 reales y medio, 1 real, 5 reales y medio, 3 reales y medio). En los otros cinco casos, las deudas son también modestas: 4 pesos y 6 reales y medio, 3 pesos y 7 reales, 6 reales, 9 pesos y medio real, 5 pesos y 2 reales. En los nueve casos, la contratación no es permanente y los lapsos son muy variables, desde unos pocos días hasta algunos meses y, en un caso, un año y días.

Teniendo en cuenta que el salario mensual era 4 pesos más manutención, las sumas adeudadas no llegan, salvo un caso, a dos meses de la parte metálica del salario. Es presumible, tomando como guía las cifras de la contabilidad del establecimiento estatal del Peguaho, que el salario total, computando metálico y especies, fuera aquí de unos 6 pesos (cifra coincidente, también, con la indicación de D'Orbigny para 10 años antes).

En el caso de los dos capataces que figuran en esta contabilidad, el resultado es similar. Uno de ellos, luego de casi 21 meses de trabajo, tiene saldo acreedor por 4 pesos y 3 reales y medio. El otro, luego de casi 14 meses de trabajo, termina debiendo 5 pesos. En el primer caso, el salario era 8 pesos por mes y, en el segundo, 5.

Los gastos efectuados por los peones a cuenta de su salario combinan retiros en metálico y mercancías tales como lienzo, bramante, botellas de caña (aguardiente de caña de azúcar), sal, tabaco, jabón, pañuelos tipo rebozo, bayeta, y poco más. La ausencia de carne, yerba mate y azúcar, indica que estas mercancías debieron formar parte del salario en especie, contabilizado en otro lugar que no hemos hallado. Los gastos de los capataces, mayores en proporción a su salario, son similares en la clase de mercancías retiradas, salvo algunas como estribos de metal blanco, botellas de vino, hacha, sombrero.

Tanto en los peones como en los capataces, son frecuentes los retiros de metálico. En el caso de los peones estos retiros —desde algunos reales a uno o dos pesos plata— suman en conjunto 32 pesos, contra 77 pesos y 5 reales en mercancías varias. En los capataces, 58 pesos y 7 reales y medio contra 110 pesos y 4 reales ¾. Es decir que, en el caso de los peones, solo el 29,2% de la parte teóricamente metálica de su salario lo es efectivamente. Si consideramos que el salario nominal mensual, en metálico y en especie, alcanzaría a 6 pesos, entonces solo el 19,5% del salario, en estos nueve casos analizados, se percibe efectivamente en metálico. Esta disminución de la parte monetaria del salario se une al perjuicio que emana de los precios de monopolio de las mercancías compradas en el establecimiento. Consideremos que si el funcionario estatal que remite mercaderías al capataz de la estancia de Bella Vista aconsejaba recargar los precios anotados en su remisión, un propietario particular lo haría con toda seguridad.

Parece claro, entonces, que el endeudamiento del peón no era en este caso un medio de retención de la mano de obra. En primer lugar, porque difiere de las formas más conocidas, como las que a partir de fines del siglo XVI surgen en la Nueva España, en las cuales no existe una entrega inicial grande que es el medio claramente dirigido a obtener la situación de deuda y permitir el juego de la figura legal delictiva en caso de abandono del trabajo.[31] Por otra parte, los retiros en metálico y en especie no alcanzan, según vimos, una magnitud como para ser imposible redimirlos en corto plazo.[32]

Formas diversas de coacción

Sin embargo, si la situación descrita fuese generalizable, como es probable inferir por la falta de testimonios opuestos, sería inexacto concluir de esto que la mano de obra de la agricultura y ganadería de la región que estudiamos estuviese exenta de coacción extraeconómica para su reclutamiento o retención. Lo que ocurre es que son otras las formas en que se produce el fenómeno.

A una de esas formas, la acción del estado, ya nos hemos referido antes. La otra, estrechamente conectada con aquella, consiste en ciertos vínculos entre peones y propietarios que configuran ya lo que un observador de fines del siglo llamará la "institución del poblador".[33] Se trata de una relación consuetudinaria por la cual el propietario autoriza a alguien a *poblarse* en su establecimiento: levantar un rancho, sembrar un poco de tierra para su subsistencia y criar algunos animales con similar propósito. A cambio de esta concesión se obliga a participar, por lo menos, en las grandes faenas periódicas —yerra, castración—, sin excluir su posible enganche en tareas más prolongadas. De esta manera, el trabajador rural lograba la protección necesaria para evitar la acción penal por vagancia y el propietario se aseguraba una reserva regular de mano de obra tanto para las tareas permanentes como para las transitorias. El poder represivo del estado y el papel protector del propietario se combinaban para compeler al trabajo a la población rural y mantenerla en él. Se trata de una forma de coacción extraeconómica que los propietarios de la tierra y sus representantes políticos debieron ir tejiendo en el agitado panorama social rioplatense para superar la crisis productiva de mediados de la década de 1810. Ella no era nueva en el Río de la Plata. Años antes de la independencia se había intensificado en la campaña bonaerense unida a intentos de expropiación de los pequeños productores de manera de forzar aun más su compulsión al trabajo en relación de dependencia.[34]

No podemos precisar su antigüedad en la región que estudiamos. Sabemos, en cambio, que persiste por lo menos hasta fines del siglo XIX, por testimonio de un observador de la época y posiblemente hasta tiempos muy recientes, si no actuales, por referencias personales recogidas por el autor. Cuidando de no incurrir en anacronismo, tomemos la descripción aludida de fines del siglo XIX como punto de partida para acercarnos a algo que existe ya en los tiempos que estudiamos, aunque no en forma idéntica. Esta referencia, distante en el tiempo, puede servirnos para comprender mejor ciertos rasgos presentes en los documentos que poseemos, aunque debamos tomar recaudos para no forzar la semejanza. Se trata de una observación de J. J. Bialet Massé en su visita a la provincia de Corrientes, sobre la perduración de una "institución" —que él considera de naturaleza feudal—: la "institución del poblador". El *poblador* en las estancias de Corrientes es, según Bialet Massé, un trabajador al que se le permite de manera precaria hacer su rancho en el ámbito de la estancia, "principalmente junto a las tranqueras", y "usar un pedazo minúsculo de tierra", por todo lo cual "...contrae la obligación de dar tantos días de trabajo gratis en el año, no puede tomar trabajo fuera del establecimiento sin anuencia del patrón y se le dan entonces hasta seis pesos por mes y la ración, que consiste en un pedazo de carne, se comprende que no de la mejor, a veces un puñado de maíz, y son buenos los patrones que les dan un buen locro y churrasco para comida, con una galleta y unos mates" [35]

No hay que suponer que la relación descrita por Bialet Massé fuese invariable. Por lo menos, no a través del tiempo: por referencias personales, sabemos que en estancias de la vecina provincia de Entre Ríos persistía dicha "institución" hasta hace, por lo menos, tres décadas, pero que no incluía salario ni en metálico ni en especie. El *poblador* levantaba su rancho, podía criar algunos animales y sembrar un poco de tierra para su manutención y retribuía al propietario participando en las grandes tareas estacionales (yerra, castración) y en las ocasionales para las que fuese requerido. Resulta claro que por tal tipo de relación, el propietario se aseguraba la mano de obra necesaria para los breves lapsos de brusca ampliación de su personal. Visto desde esta perspectiva, se trata de un clásico recurso —lo veremos también en la producción de tabaco correntina— para asegurar mano de obra en producciones que reclaman esporádicamente contingentes supletorios de mano de obra por un tiempo cuya brevedad no justifica su contratación permanente. La descripción de Bialet Massé, al incluir una retribución permanente, agrega un rasgo que no encontramos en nuestro caso. Pero dejemos la discusión del texto, que no podemos hacer aquí, y volvamos a la situación en las estancias correntinas en la primera mitad del siglo.

Las anotaciones de la contabilidad de Spalding sugieren por el lenguaje empleado, así como por detalles de la relación del peón con el propietario, la existencia de esta forma del *poblador*. Más aun, surge de las cuentas de peones que dicha forma parecería englobar a la totalidad del personal, pues son frecuentes en ellas los cortes temporales: "Desde esta fecha salió y debe tanto" (o "salió y pagó"). Y en seguida, días o semanas después: "Con esta fecha volvió a entrar...". Los documentos sugieren entonces que los trabajadores no tenían un enganche permanente, pero que tampoco desaparecían de la unidad productiva, dado que la deuda seguía anotada sin acción del propietario para cobrarla. E incluso, en algún caso, se anotaban nuevos retiros del peón que había "salido", sin duda en espera de un seguro reingreso posterior. Parece entonces que dichos peones "poblaban" la propiedad sin una relación laboral continua. Además, ganado y sembradío para autoconsumo eran cosa generalizada y debían coadyuvar a la manutención del trabajador. Hay huellas de esto en la contabilidad. En la cuenta de uno de los peones figuran estos dos asientos:

"Se le dio seis pesos plata por 2 fanegas de maíz blanco". Y más adelante:

"recibí las dos fanegas de maíz..... 6 pesos"

Se infiere que el peón retira metálico a cuenta de una futura cosecha de maíz que entrega más adelante.

Entre las cuentas de deudores varios que siguen a las de peones, se advierte una relación similar. La cuenta consiste en una serie de asientos por retiro de mercancías y algunas anotaciones como estas:

"Recibí a cuenta [de la deuda] 1 cuero de 8 reales y 2 pesos por 4 días de trabajo."

Un mes más tarde: "se le rebaja 4 pesos y 1 real por 11 días de trabajo".

A continuación: "sigue trabajando a 3 reales diarios".

El salario elevado y lo irregular del trabajo parecen indicar alguna labor calificada. La deuda, luego de cerca de 10 meses de trabajo posteriores a la última anotación citada, con un salario de 3 reales diarios, era exigua: 3 reales.

El verbo *poblar* tiene aún un matiz especial en el uso rural rioplatense. Poblar un campo, denota su puesta en producción. En las cuentas de Spalding, un derivado del verbo es utilizado en estas cuentas: al referirse a sus dos establecimientos, expresa: "en mi población en las Naranjitas", "en mi población, en el Quebrahacho". Que el vocablo es sinónimo de establecimiento y no de pueblo o poblado lo revelan otras anotaciones en las que expresa: "en mi Establecimiento en los Naranjitos" y "en mi Establecimiento en el Quebrahacho". Asimismo, en las cuentas de uno de los capataces anota: "sigue de capataz en mi Población".

Población, sinónimo, entonces, de establecimiento rural [36] designa el conjunto de instalaciones productivas, viviendas y pobladores de ellas, pero con el matiz de constituir una unidad de producción en actividad. De acuerdo con esto, los peones registrados en la contabilidad de Spalding revestirían ese carácter. El permiso de "poblar" en el establecimiento, permiso que el propietario concede al "poblador", anuda un firme lazo, dentro de las relaciones paternalistas comunes a la vida rural, entre trabajador y propietario. Es probable, además, que en la mayoría de las explotaciones rurales en manos de criollos, la relación fuese menos nítidamente contabilizada en salario y, por lo tanto, más laxa y personalista.

Esta forma de retener mano de obra no era excepcional en Corrientes. El relato de D'Orbigny nos la presenta, si no en las estancias, sí en la producción tabacalera. Allí los peones no reciben paga sino solo alimentación y ropa. Si el peón es casado, la alimentación alcanza a toda la familia. Además los peones reciben tierra para plantar tabaco propio que luego venden por cuenta propia; "...en definitiva, comenta el viajero, no pueden quejarse mayormente de su suerte". Duermen al aire libre en el verano o en la cocina cuando llueve. Si son casados tienen un *ranchito* que es a la vez dormitorio y cocina. [37] Habida cuenta de cierta deformación que puede surgir en alguien oriundo de los centros más civilizados de entonces, proclive a subrayar la apariencia idílica de la vida en naturaleza, la descripción sugiere también concesiones de uso de tierra y de venta particular del producto en función de arraigar la mano de obra.

Tampoco era excepcional en el resto de Iberoamérica; con distintos nombres y con variaciones secundarias en cuanto a las formas de retribución del trabajo y de compensación por la ocupación del suelo, o a los vínculos sociales consuetudinarios, se la encuentra con frecuencia en lugares diversos. La ocupación de parte de una propiedad por trabajadores rurales, con anuencia del propietario, a los efectos de erigir una vivienda y desarrollar, en dimensión familiar, producciones agrícolas y/o ganaderas, ya fuera para sola subsistencia o también con fines parcialmente mercantiles, es cosa verificada desde el Río de la Plata o Chile hasta Colombia o México. En unos casos puede existir el pago de un canon por parte del ocupante; en otros, pagos por parte del propietario en concepto de salario; y en otros, sin ninguna obligación económica explícita, las formas de retribución se dan como un intercambio de cesión de parcelas por trabajos estacionales. En el resto del Río de la Plata, los *agregados* son una especie de equivalente, más conocido, del caso que nos ocupa.[38]

Lo que hemos descrito revela no solo una forma de coacción extraeconómica, sino también la existencia de formas parciales de propiedad del productor directo sobre los medios de producción (uso de la tierra para productos de autosubsistencia, más la disponibilidad del producto para comerciar), formas que configuran, entonces, la no existencia aún de trabajo libre, en el amplio sentido de este último concepto.[39]

Difícil sería, empero, inferir de estos rasgos que estamos en presencia de una forma de servidumbre feudal. Aun el calificativo empleado por Bialet Massé para fines del siglo es más bien un epíteto con intención de denuncia que una definición. Sabemos, además, que formas de coacción extraeconómica no son ajenas a ciertos estadios del desarrollo capitalista[40] y, por lo tanto, la definición del tipo histórico de producción existente en la ganadería correntina no puede fundarse en los rasgos coactivos que hemos descrito.

Mientras que en el esquema clásico del mercado de mano de obra capitalista la proletarización del productor directo es condición para lograr la mano de obra, aquí las concesiones del propietario en dirección contraria buscan —y logran— el mismo efecto de proveer la mano de obra necesaria.

¿Cuál es la razón de esta aparente paradoja? Son las condiciones generales del espacio considerado. La facilidad del acceso a la tierra por su abundancia y bajo precio, y la fácil accesibilidad de los demás medios de producción necesarios para completar una producción de autosubsistencia, son rasgos asiduamente descritos por los observadores de la época. En tales condiciones, la población trabajadora fluye más fácilmente hacia la pequeña producción que hacia un posible mercado libre de mano de obra.

Pero entonces, ¿por qué no la aparición de formas de vinculación de la mano de obra, si no en condiciones de esclavitud por lo menos de servidumbre? Esta pregunta nos remite nuevamente a las condiciones en que la guerra contra la metrópoli dejó a la población trabajadora de todo el mundo hispanoamericano. La necesidad de reclutar soldados impulsó más allá de lo previsible la agitación de programas igualitarios —liberación de esclavos, abolición de formas serviles entre los indígenas— y la fuerza con que las masas rurales solieron apropiarse de tales programas creó uno de los problemas sociales y políticos más agudos que tuvieron que enfrentar luego las clases dirigentes cuando necesitaron reconstruir la economía de cada región.[41] En el caso de Corrientes, el dominio artiguista había llevado el programa igualitario a insólitos grados de concreción. Los ya citados Robertson describen asombrados la falta de toda "disciplina social" en las campañas correntinas hacia 1815, cuando era imposible llevar los peones al trabajo y cuando estos consumían despreocupadamente, según su versión, la existencia ganadera de los propietarios. No sería necesario recordar los ejemplos de igualitarismo de un lugarteniente de Artigas, el famoso indio Andresito, que obligó a carpir la plaza principal de Corrientes a sus más acaudalados vecinos, ante la vigilancia de sus desharrapados soldados; y que obligó, asimismo, a bailar con ellos a las hijas de las familias más distinguidas, todo esto en respuesta a ciertos desaires aristocratizantes.[42]

El estado correntino no fue una excepción en el propósito de restaurar la disciplina del trabajo, sobre todo en las amplias y difíciles campañas, asunto del que nos ocuparemos más adelante. A tal fin se enderezaron los decretos reglamentarios del trabajo, por resultas de los cuales no podía existir poblador de la provincia sin comprobante de trabajo; así como eran destinados al servicio de las armas, amén de otras penalidades, los que infringían tales medidas, considerados *vagos y malentretenidos*. Pero esta tarea disciplinaria no podía abolir el credo republicano que había emergido de la Independencia y se había arraigado firmemente como fuente de legitimidad de los detentadores del poder político. El resultado fue, así, un sistema en que se combinaban diversas presiones, políticas y sociales, para compeler al trabajador formalmente libre.

De esta manera, la presión del estado y las formas de *población* que hemos reseñado jugaban a la manera de pinzas para obligar al trabajador a ingresar en la producción y retenerlo en ella. El permiso a poblar ofrecía al trabajador rural las condiciones legales para evitar la condición de vago, aun cuando su poblamiento no significase una contratación permanente. La libertad para sembrar y criar animales con destino a su subsistencia y hasta a pequeños y ocasionales accesos al mercado, tendía a arraigar esa mano de obra, tendencia que el estado reforzaba con la prohibición de sustraer mano de obra legalmente conchabada con un propietario, por parte de otro;[43] o con la represión de actividades mercantiles en pequeña escala realizadas por presuntos comerciantes que pasaban a considerarse vagos: manera de reprimir formas de subsistencia independiente, comunes en la vida rural: venta de cueros propios o robados, de pieles de nutrias y otros animales, y otros productos semejantes; o, por último, con un conjunto de medidas de política económica destinadas también a afianzar el orden social, cuyo análisis efectuamos en la Segunda Parte de este trabajo.[44]

El panorama de la producción rural no es, entonces, propicio para avalar la hipótesis del desarrollo de un mercado de trabajo libre en la economía correntina en la primera mitad del siglo XIX. Lo que parece sugerir dicha información no es tanto un avance hacia el trabajo libre, sino más bien un proceso inverso en virtud del cual la inicial movilidad de la mano de obra que puede vislumbrarse a comienzos de siglo y que se acentúa por efectos de las luchas por la independencia, va restringiéndose para dar paso a formas de coacción extraeconómica.

También podía haber contribuido a esto la disminución de la esclavitud posterior a la Independencia, pues, aunque la esclavitud subsistía en las tareas rurales correntinas, su incidencia en este período fue mínima. Los testamentos contienen inventarios en los que suelen aparecer algunos esclavos junto a instrumentos de producción. Sin embargo, su número es escaso, cosa que coincide con los testimonios de viajeros. Si algún papel significativo tenían todavía en la producción, ello sucedía en algunas industrias, que luego describiremos, o en la reducida esfera de la producción doméstica y su venta —ocupaciones que solían ser compartidas con la del servicio doméstico—. Refuerza esto el hecho de que algo más del 50% de los esclavos, en 1820, residían en la ciudad de Corrientes. Por otra parte, su número en toda la provincia iba en descenso pues la libertad de vientres, establecida en 1813, había puesto un corte decisivo al futuro de la esclavitud. Habría en la provincia, en 1814, unos 1.160 esclavos (cifra que ha requerido una interpolación para cubrir la falta de datos de la ciudad capital), 1.026 en 1820 y 700 en 1833, según los ya citados datos de los censos. Si comparamos, para 1833, la cantidad de esclavos en el interior de la provincia —es decir, excluyendo los datos de la ciudad de Corrientes— con el número de explotaciones rurales que surge del censo ganadero —sin tener en cuenta, entonces, parte de las explotaciones rurales, las puramente agrícolas—, resulta que existían 482 esclavos frente a 723 explotaciones ganaderas; deberíamos considerar, además, que buena parte de esos 482 esclavos residían en villas como Goya o Saladas, disminuyendo así la presunción de que pudiesen integrar la mano de obra rural y tornando más exigua aun la relación mano de obra esclava-producción rural.

Si bien iba declinando, la esclavitud no desaparecería, empero, hasta mucho más tarde. Más aun, seguíase introduciendo esclavos desde Río Grande y las transacciones continuaban.[45] En un conjunto de recibos por el pago de la alcabala, de 1828, 1829 y 1831 —siete ventas en cada año—, se comprueba un promedio de 197, 203 y 212 pesos plata por esclavo, respectivamente. Si se tiene en cuenta que un terreno para estancia, en el Departamento de Saladas, de 4.000 varas de frente y una legua de fondo, costaba en el mismo año 450 pesos plata, se infiere que el costo de los esclavos no aconsejaba su utilización como mano de obra rural.[46] Es cierto que en los casos recién citados el precio podría haber sido alto por tratarse de esclavos ejercitados ya en las tareas domésticas, pues las habilidades de cada uno eran prolijamente evaluadas para fijar su precio.[47] Pero por más bajo que este fuese —no bajaban, por lo general, de los 150 pesos y, por lo común, rondaban los 200—, resultaban igualmente onerosos para las tareas ganaderas y agrícolas, rasgo que se acentuaría con el correr del tiempo. De manera que el trabajo esclavo queda cada vez más circunscrito al área doméstica o a la de tareas especializadas, como comprobaremos al tratar de las industrias.[48]

V. LAS INDUSTRIAS

PARA INFORMARNOS sobre las industrias correntinas de la época contamos con muy pocas fuentes; entre ellas, los censos y las descripciones de viajeros. A fin de complementarlas hemos debido recurrir a los registros de impuestos, en algunos pocos casos en que ese tipo de fuente existe y se adecua a la información buscada.

Los censos correntinos —algunos relativamente bien elaborados para su época, como los de 1820 y 1833; la mayoría, meros padrones— padecen imperfecciones que impiden, para ciertos propósitos, una información seriada. El primero de ellos, el de 1814, carece de los padrones correspondientes a tres de los cuatro cuarteles de la ciudad de Corrientes y a algunos partidos de la provincia. Y en el de 1820 faltan los datos de ocupaciones de la región situada al norte del río Santa Lucía. Por otra parte, tanto en el censo de 1814 como en el de 1820 no se registran las ocupaciones de la población femenina.[1] Esta omisión, que impide estimar la presencia de las mujeres en las actividades productivas, no es la principal limitación de los censos para el estudio de las industrias de la provincia. En realidad, lo que resta validez a un cuadro de la estructura ocupacional de la población correntina construido con los datos censales es la naturaleza tradicional, precapitalista, de la economía de esta provincia, en la que una buena parte de la producción industrial, para autoconsumo y también para mercado, provenía del ámbito de la economía doméstica, o de la pequeña producción mercantil rural, y ocupaba predominantemente mano de obra femenina, rasgos no reflejados por esos censos.[2]

Debemos tener en cuenta que una alta proporción de la población correntina, cuya magnitud es imposible precisar con los datos disponibles, satisfacía gran parte de sus necesidades mediante una tradicional industria doméstica, casi totalmente a cargo de las mujeres. Dadas las pautas sociales predominantes en la provincia, los hombres rehuían el trabajo productivo en el ámbito doméstico y solo participaban en ciertas actividades en cuanto excedían ese ámbito: ganadería de estancias, trabajos agrícolas de estancias, granjas y otras unidades productivas (tabaco, madera de construcción, yerbales), caza, artesanías urbanas. Pero en aquel trabajo doméstico se producía no solo una buena proporción del consumo de los propios productores, sobre todo en el campo, sino también mercancías que, en la ciudad, se vendían por medio de criados o familiares. Según D'Orbigny, el ejercicio de una industria constituía un deshonor para los hombres, razón por la que solo se encuentran artesanos y operarios, observa, entre los indios, los mestizos o las mujeres. Las mujeres destilaban aguardiente en alambiques domésticos, hacían cigarros para consumo interno y para exportación, tejían todo lo necesario para la vestimenta, hacían velas, jabón, pan, confituras, pasteles, etc. Parte de estos productos, como panes, pasteles, cigarros, ponchos y otros, podían tener por destino el mercado, al mismo tiempo que el consumo doméstico. En el caso de la industria doméstica rural, constituía su base una también doméstica producción agraria que podía incluir, por ejemplo, la cría de ovinos o el cultivo de la caña de azúcar —cuyo principal objeto no era la producción de azúcar sino la de miel de caña y la destilación de aguardiente—. En Itatí se encontraba en manos de las mujeres indias la alfarería destinada al consumo local y al de la ciudad de Corrientes.[3]

Producción doméstica industrial para consumo propio y pequeña producción mercantil solían estar superpuestas, entonces, en unidades familiares en las que predominaba el primer objetivo. El destino mercantil de la pequeña producción industrial lo encontramos, como exclusivo o predominante, entre los artesanos, concentrados en su mayoría en la ciudad de Corrientes en 1820, pero más difundidos en la campaña hacia 1833. Con respecto a ellos haremos un breve resumen de los datos censales que les conciernen y que merecen ser examinados, aunque sea en forma muy condicional.

Pese a las deficiencias ya señaladas, en la medida en que lo no reflejado en los censos son las artesanías domésticas, y en que las ocupaciones de las zonas omitidas se pueden estimar con seguridad como semejantes a las del resto de la provincia —por lo observable en censos de otros años—, los datos censales confirman el carácter artesanal de la producción industrial correntina —algunas de cuyas posibles excepciones analizaremos más adelante—, rasgo señalado por descripciones de viajeros y otros testimonios de la época.

Frente a las apuntadas omisiones de los censos de 1814 y 1820, el censo de 1833, en cambio, permite obtener una mejor aproximación a las actividades industriales (véase cuadro 12).

Según estas cifras, hacia 1820 existían 426 artesanos, el segundo grupo ocupacional masculino en lo que a magnitud se refiere, juicio que los datos faltantes en este censo no modificarían. El primero lo constituían los trabajadores agrícola-ganaderos, cuya magnitud —1.683 individuos— podría ser sí sensiblemente incrementada por los datos que faltan, con marcada alteración, en ese caso, de las proporciones de ambos grupos dentro de la población ocupada masculina (13,7 y 54,2%). Sin estas deficiencias que impiden la comparación, puede observarse que en 1833 ambos grupos alcanzaban a 1.059 y 6.907 individuos, respectivamente (el 9,8 y 64% de la población ocupada total, ya que en este censo se ha incluido la ocupación de las mujeres).

En 1820, el 61% de los artesanos de la provincia residían en la ciudad capital, en la que habitaba solo el 14% de la población. Una buena parte de esos trabajadores era de condición esclava. Existían entonces 1.029 esclavos, cuya presencia era importante, según comprobaremos, en las curtiembres y otras industrias, así como en los servicios. En 1833, en cambio, residía en la ciudad capital, donde habitaba el 10% de la población provincial, solo el 32,2% de los trabajadores industriales de la provincia, mientras que la población esclava se había reducido a 700 individuos.

Entre las industrias correntinas se destacaban, con características aparentemente distintas, la del curtido y la de construcción naval. Los recursos madereros de la provincia habían permitido, en la favorable coyuntura de fines del siglo XVIII y comienzos del XIX, el crecimiento de las actividades de construcción naval, en las que Corrientes sobresalió, junto con Paraguay: buques construidos en los astilleros paraguayos y correntinos participaron en el comercio no solo fluvial sino también ultramarino del Río de la Plata. El mismo factor, recursos naturales abundantes, favoreció la instalación de curtiembres, en las que se aprovechaba la sustancia curtiente de uno de los árboles de la región. Así, curtiembres y astilleros tendrán fama de ser, en la primera mitad del siglo, las principales industrias correntinas, destacándose del conjunto de la producción doméstica y artesanal. Por esa razón, ellas nos proponen, entre otros problemas, el de estimar si sus características traducían alguna tendencia de la economía correntina a superar la estructura artesanal indicada.

LAS CURTIEMBRES. SU IMPORTANCIA EN LA PRODUCCIÓN CORRENTINA

La tenería era producción industrial de antigua data en la provincia, pues ya existía, por lo menos, a fines del siglo XVIII. Posteriormente llegó a adquirir prestigio en el conjunto del Río de la Plata por la calidad de las suelas producidas.[4] En cuanto a su importancia en la economía correntina, se infiere de testimonios correspondientes a un lapso que va, aproximadamente, de 1810 a 1835. "El ramo principal sobre que se funda el comercio de extracción [. . .] son los cueros vacunos, y quien más los sostienen en el día son las seis curtidurías que se han establecido aquí", leemos en el *Correo de Comercio* a mediados de 1810. Casi 20 años más tarde señala Alcides D'Orbigny que "los únicos establecimientos algo importantes son las curtiembres, dirigidas por extranjeros, porque el resto de la industria es ejercida por simples artesanos dispersos y ninguna fábrica en regla existe en la ciudad". Debido a los perfeccionamientos introducidos hace cierto tiempo por unos viscaínos, agrega, los cueros curtidos correntinos han mejorado notablemente su calidad y se "han hecho famosos en las provincias y hasta en Buenos Aires, donde rivalizan con los que llegan de Europa".[5]

Un almanaque publicado en Buenos Aires pocos años antes destacaba, en una descripción de la economía y sociedad correntinas, tres sectores propietarios: curtidores, comerciantes y hacendados. Junto a la lista de los principales comerciantes y hacendados residentes en la ciudad, incluye a los propietarios de esta industria, testimonio que confirma la apreciación de D'Orbigny.[6]

Localización de la industria en Corrientes

La localización de la tenería en la región noroeste de Corrientes parece obedecer a dos razones principales, una de ellas la facilidad de obtención de la materia prima y de la sustancia curtiente. La producción ganadera de la provincia proporcionaba cueros en abundancia y bajo precio, condición, empero, que también podría aprovecharse en otros lugares del Litoral o del interior; además, la abundancia del curupay en los bosques de la ribera del Paraná ofrecía una materia curtiente de apreciable calidad, equiparable al cebil utilizado en las provincias del interior. Abundaban en la región los bosques de aquel árbol (de la familia de las mimosas, similar al algarrobo) que, además de ofrecer la corteza rica en tanino, proporcionaba excelente madera de construcción: "Desde las inmediaciones de esta ciudad empiezan los montes de Curupai, cuya cáscara sirve al curtimbre y siguen sesenta y tantas leguas costa del Paraná arriba, camino de Misiones. Esta clase de árboles son crecidos, y sus maderas de mucha consistencia y sirven para toda obra que haya de estar vaxo de techado. Es tenacísima su resistencia a la sierra y excelente para leña".[7]

Otro motivo para la instalación de curtiembres en Corrientes provenía del efecto de dos grandes riesgos para el comercio de cueros "al pelo" con Buenos Aires, riesgos que debían inducir a los vendedores a preferir un precio local menor pero de un mercado seguro, al par que se evitarían las tardanzas en los cobros debidas al tiempo insumido por el largo viaje por río a Buenos Aires y el retorno de los pagos. Esos riesgos eran, por un lado, el ataque de la polilla que durante el prolongado período de almacenamiento y transporte hacía estragos en los cueros; por otro, el peligro de naufragios y encalladuras durante la navegación del Paraná. Para compensar parcialmente el efecto de los fletes y otros gastos de transporte, era costumbre cargar las embarcaciones menores más allá del límite de seguridad, de manera que tales accidentes se producían con frecuencia (según testimonio de comerciantes en cueros, hacia 1815 los gastos de transporte a Buenos Aires igualaban el precio del cuero en el lugar de producción; de ahí que la pérdida de peso del cuero depilado y trabajado en curtiembres incidiría también en la reducción de los gastos por fletes).[8]

De tal manera, la existencia de curtiembres ofrecía a los productores de cuero correntinos un mercado local de menores precios que el de Buenos Aires pero de mayor seguridad, al par que estas industrias se veían favorecidas por el bajo costo de la materia prima. Ello explica que Julián del Molino Torres, fuerte comerciante de Buenos Aires, decida invertir en la compra de una curtiembre en Corrientes en los últimos años del siglo XVIII; y que Tomás Salas, uno de los dos técnicos enviados por orden real desde la Península a Buenos Aires, en 1790, para perfeccionar la producción de curtidos, aparezca instalado en 1810 en el poblado de Itatí, cercano a Corrientes.[9]

Número y tamaño de las curtiembres

En 1796 había una curtiembre en Corrientes y se estaba instalando otra. Hacia 1801 existían ya dos, y otras dos en el cercano pueblo de Itatí. La principal de aquellas pertenecía a un comerciante de Buenos Aires —Molino Torres—, pero la dirigía en Corrientes un apoderado. En ella trabajaban ocho esclavos; según la fuente estaba "bastante formalizada" (se entiende que quiere decir bien instalada) y poseía 31 noques (estanques —podían ser meros pozos— en los que se ponen a curtir los cueros). Estos noques se proveían de agua en un arroyo junto al que se levantaba la curtiembre. En cuanto a la materia prima, la obtenía del abasto de hacienda de la ciudad, cuyos proveedores llevaban los cueros a vender a las puertas de la curtiembre. En las actas del Cabildo de Itatí consta que esta comunidad indígena la proveía también de cueros, cosa que hacía, asimismo, con las curtiembres de los hermanos Jalencas —situada en las afueras de Corrientes—, con la de Pedro Blanco (o Blanch), y con la de Tomás Salas —estas dos últimas establecidas en Itatí—. Los envíos de cueros para la curtiembre de Molino Torres son frecuentes, y hay testimonio de ellos a lo largo del período comprendido entre 1799 y 1806.[10]

En 1810, el diputado por Corrientes al Consulado de Comercio de Buenos Aires informa de la existencia de seis curtiembres en la ciudad, en las que se curtían de 14.000 a 16.000 cueros por año.[11] De 1820 en adelante oscilan entre seis y ocho, según los años. A partir de 1830, gracias a la recaudación del impuesto de patentes —1% del capital declarado—, se puede estimar aproximadamente el tamaño de cada curtiembre e inferir las variaciones anuales de la producción.[12] Con los datos extraídos de esa y otras fuentes, hemos construido el cuadro 13.

Pese a la dificultad para medir la evolución de la industria por el monto de los impuestos pagados (véase nota 12), el número de curtiembres instaladas y las variaciones en la recaudación indican un sensible crecimiento de la producción por lo menos entre 1833 y 1835. El crecimiento debe haber sido mayor que lo reflejado en el cuadro, si tenemos en cuenta que los nuevos curtidores abonan patentes mayores: entre 1830 y 1835 tres de los principales industriales, Raymundo Molinas, Ramón de Galarraga y Juan A. Virasoro, pagan 21, 18 y 20 pesos, respectivamente. Pero un recién llegado como Domingo Latorre, abona 30 pesos a partir de 1833 y Luis Muret 50 en el mismo año.[13] Este crecimiento corresponde al efecto de las medidas proteccionistas del estado correntino a partir de 1831; entre ellas, la prohibición de introducir calzado hecho y otros artículos de cuero (enero de 1831) y otras reglamentarias del comercio de cueros.[14]

Otras inferencias sobre el tamaño de las empresas provienen de algunos escasos datos sobre el número de trabajadores. Sabemos que en 1801 la "fábrica" de Molino Torres, la más importante, poseía ocho trabajadores esclavos; su propietario residía en Buenos Aires y atendía sus intereses en Corrientes un apoderado. Es posible que el proceso de producción, tal como ocurrirá en 1820, estuviese a cargo de un capataz también esclavo. Para este año resultan útiles los datos del censo, si bien ciertas omisiones del censista —pese a ser este el mejor de los censos correntinos de la primera mitad del siglo— tornan inseguras algunas conclusiones. La curtiembre de Molino Torres posee un capataz esclavo y residen en ella cinco adultos esclavos que carecen de anotación en la columna de oficio, aunque puede suponerse que son trabajadores de la misma (que viven en el lugar de trabajo, según costumbre generalizada en las industrias tradicionales, con sus mujeres e hijos). La curtiembre con mayor número de trabajadores censados como tales es la que está a cargo del capataz Francisco Molina, esclavo, y que tiene, además, ocho curtidores esclavos. La de

Joaquín Igarzábal posee un capataz y cinco operarios, todos esclavos.

En suma, podemos sintetizar los datos del censo de 1820 considerando que existían siete curtiembres con 32 trabajadores esclavos, dos libres y dos casos de esclavos cuya condición de curtidores es incierta. A esto hay que agregar cinco propietarios censados como curtidores, de los que suponemos que participarían en la dirección del proceso de trabajo. [15]

Las deficiencias de los censos y empadronamientos posteriores no permiten comparar la variación anual del número de trabajadores curtiembre por curtiembre, y aún más, es imposible comparar el número total, dados los errores y omisiones de la columna de oficios. La curtiembre de Juan A. Virasoro, que en 1820 poseía cuatro trabajadores esclavos (incluido el capataz), en 1830 tiene seis, todos esclavos. Para el mismo año podemos estimar el número total de curtidores que trabajan en cuatro de las cinco industrias registradas en el libro de Patentes (la quinta parece haberse iniciado luego del censo): son 29, 17 de ellos esclavos y 12 libres o libertos. Los datos de 1833 y 1837 son prácticamente inutilizables, y los de 1836 ilegibles por efecto de la humedad sobre los registros. Para 1834, los padrones indican 9 curtidores esclavos y 15 libres o libertos. [16]

Si unimos los datos posteriores a 1830, parcialmente inciertos, a los que proporciona el libro de Patentes, el conjunto no parece indicar cambios sustanciales en el carácter de las unidades productivas. La disminución del número de esclavos —consecuencia de las sucesivas trabas surgidas en la provisión de este tipo de mano de obra (internacionalmente y dentro del Río de la Plata) y el paralelo ascenso de los precios— y la aparición de nuevos trabajadores libres —ingleses, franceses, italianos—, [17] contrapartida del mismo proceso, son rasgos que por su levedad en el conjunto de la población trabajadora correntina impiden cualquier generalización.

Asimismo, la disminución del número total de trabajadores, revelada por los padrones, durante los mismos años en que crece la producción, podría sugerir una mayor productividad por trabajador lograda con la nueva mano de obra libre de origen europeo. Pero el carácter de las fuentes no permite verificar la hipótesis.

"Crisis" de la industria

A partir de 1835 la industria sufre una declinación que uno de los curtidores califica de crisis. La recaudación del impuesto de Patentes muestra también un descenso que había comenzado ese año y que en 1838 redujo el total anual de lo ingresado a solo la tercera parte del de 1834, año de mayor recaudación (véase cuadro 13).

En 1836 dos curtidores solicitaron reducción del impuesto alegando que la crisis, que uno de ellos hace remontar a comienzos de 1835, les había obligado a reducir el capital en giro. Uno de ellos aventuró una descripción de las causas: el aumento de parte de la materia prima, cueros de vaca y becerro, por su excesiva exportación "al pelo" (véase cuadro 6). Además, la gran escasez de cáscara de curupay, la materia curtiente, debida —aunque esto no lo dice— a su excesiva explotación desde fines del siglo anterior. Pero, sobre todo, la crisis sería debida al "abatimiento espantoso de esta manufactura en el mercado consumidor" [Buenos Aires] por efecto de las exportaciones paraguayas a través del territorio de las misiones.[18]

Se puede inferir que la crisis debe haber sido realmente pronunciada, por la caída, que muestra el cuadro 6, de las 9.104 suelas exportadas en 1835 por la Aduana de Corrientes a las 2.225 de 1838 (el comienzo del declive, un año posterior al de la crisis denunciada por los curtidores, puede atribuirse a la salida tardía de las suelas sometidas al largo proceso del curtido).[19]

No obstante, las explicaciones locales para esta crisis reducen su fuerza convincente si atendemos al descenso de los precios de los productos ganaderos en Buenos Aires durante los mismos años. Según los datos elaborados por Julio Broide,[20] el nivel general de precios de productos pecuarios, en oro, desciende en Buenos Aires de 1835 en adelante. Al comienzo lo hace suavemente y, desde 1838 hasta 1839, en forma muy pronunciada (véase gráfico 1).

Desafortunadamente, según ya hemos explicado, no poseemos la serie de valores de las exportaciones correntinas ni de sus precios en el mercado de Buenos Aires. Sin embargo, si consideramos que los datos de Broide corresponden, como es natural, a los productos correntinos, no solo porque los incluyen sino porque es lógico suponer que no había diferencia sustancial en la suerte corrida por ellos con respecto a la del conjunto de la producción pecuaria rioplatense, esos datos revelan que la situación de la producción ganadera durante los años 1835 a 1840 fue sensiblemente negativa. La tendencia de los precios es a la baja y esa baja es más sensible si se la juzga en precios oro; criterio tanto más válido si consideramos que los productores de la provincia de Corrientes veían reflejada la incidencia de los precios oro en el costo de las importaciones, en su mayoría mercancías no rioplatenses, y aun más si recordamos que regía en Corrientes una legislación según la cual los comerciantes estaban obligados a extraer en productos de la provincia el mismo valor de lo que importaban. Estas circunstancias hacen decir al gobernador Atienza en su mensaje de 1836 que "...por la decadencia absoluta de precio de nuestros frutos, [que] es el único recurso que tiene la república de la confederación, la agricultura u otros ramos de industria, igualmente que el comercio, presentan en la actualidad un aspecto menos favorable...".[21]

Asimismo, no cabe duda de que la reducción del ingreso de la provincia a través de su comercio exterior, debida a la tendencia descendente de los precios pecuarios, afectaba al conjunto de su economía. Los datos de la recaudación del impuesto de patentes indican que, si hubo crisis, esta no solo afectó las curtiembres: las pulperías reducen su número a partir de 1838. O, con más precisión, la recaudación del impuesto, que incluía un número ascendente de pulperías, registra una disminución del número de negocios contribuyentes. Eran 24 las que pagaban impuesto en 1830; llegaron a 48 en 1837 y descienden a 14 al año siguiente. En 1840 suben a solo 23.

A partir de 1835 ocurre algo similar con las tiendas, cuyo número vuelve a aumentar de 1837 a 1840. En cuanto a los almacenes, también disminuye la cantidad de los que abonan el impuesto a partir de 1837. El promedio era de cerca de 40 establecimientos por año y se reduce a la mitad en 1837. Por último, las fábricas de ladrillo que pagaban impuesto —entre 4 y 7 por año—, desaparecen del Libro de Patentes en los años 1836 y 1837.

Carácter de las curtiembres correntinas

Hemos efectuado una descripción y análisis de algunas explotaciones agropecuarias. Respecto de las industrias del curtido, podemos ahora intentar también una evaluación similar:

1. Varias de ellas han requerido desembolsos de una magnitud que supera las posibilidades del artesano independiente. Según informe de su propietario, la de Molino Torres podía valuarse en 1817 en 36.000 pesos fuertes, incluyendo precio del edificio, esclavos y "demás enseres".[22] Los datos que se extraen de la declaración para el impuesto de patente, si bien cabe suponer una subvaluación a fin de disminuir la suma a pagar, proporcionan también cifras elevadas. Transcribimos en el cuadro 14 las cifras de las declaraciones que logramos ubicar en el Archivo.

Junto a ellas hay dos declaraciones más, del año 1837, correspondientes a Ramón de Galarraga y Raymundo Molina, en las que ambos solicitan rebaja del impuesto en virtud de la crisis que ha afectado a la tenería correntina a partir de 1835. En la de Galarraga se lee que su actual capital "en giro" se ha reducido a 800 pesos, mientras que en la de Molina se expresa que esa reducción llega a la tercera parte del capital originario, sin aclarar cifras. Con respecto a Galarraga, cuando la compró a Juan Asensio Virasoro, en 1826, pagó por ella 1.100 pesos. Asimismo, con los datos del impuesto pagado (1% del capital) pueden establecerse para 1834, el año de mayor recaudación, los valores también consignados en el cuadro 14.[23]

2. Esas inversiones provienen de quienes realizaban la mayor acumulación de capital en la época, pero sin ser empresarios capitalistas en sentido estricto: los mercaderes dedicados al comercio en gran escala y a diversas actividades productivas a la vez, tanto como a la usura y a la especulación. Al respecto, conviene analizar algunos casos tomados de los propietarios de curtiembres.

Julián de Molino Torres, propietario por lo menos desde 1799 de la principal curtiembre correntina que parece haber vendido hacia 1817,[24] era un mercader de Buenos Aires, nativo de Cataluña, iniciado en el comercio a comisión por cuenta de comerciantes españoles en la última década del siglo XVIII, y que comerciaba por cuenta propia con España y Brasil en los primeros años del siglo XIX. Hacia 1804 hay noticia de que dicho comercio lo realiza en navío de su propiedad (por lo menos un bergantín). Consta, además, que en 1791 integra la Real Compañía Marítima, sociedad pesquera de la que se desvinculó hacia 1795; que en 1793 firma contrato de sociedad para cría de cerdos y salado de sus carnes, con fines de exportar a España (sociedad que no pasó de la etapa de la cría de animales y producción de pequeñas partidas de dudosa calidad); y que en 1805 intenta una empresa minera: explotación de una calera en la Banda Oriental, en la que invirtió 7.000 pesos, mientras que su socio actuaba como maestro y director de la calera, empresa que concluyó en fracaso. Intentó, también, hacia 1807, la producción ganadera, para lo cual adquirió dos campos en Guardia del Monte (cercanías de Buenos Aires), contiguos uno del otro, campos que en 1817 vende a la sociedad Terrero, Rosas y Dorrego. Fue principal creador y director de la primera compañía de seguros del Río de la Plata —dedicada a seguros marítimos—, fundada a fines de 1796 y que perduró hasta 1802, por lo menos, y, asimismo, él o alguno de sus hijos del mismo nombre aparecen como consignatarios de envíos de cueros y suelas desde Corrientes en los años 1726 y 1831.[25]

Luis Muret —segundo contribuyente de este sector entre 1834 y 1837— poseía en esos años en Corrientes una tienda, un almacén y una pulpería. Luego de 1837 no aparece registrado entre las patentes de curtiembres y consta, además, que cerró el almacén. Pero, por otra parte, sabemos que integra una sociedad con otras dos personas para la administración de dos estancias valuadas en 6.860 y 1.400 pesos, respectivamente.[26] La tienda era también un negocio en sociedad que es típico de la multiplicidad de inversiones de estos mercaderes: Muret provee todos los efectos a vender en la tienda (importan 7.212 pesos) y se obliga a no intervenir para nada en la administración del negocio, a cargo de su socio. A su vez, este está obligado a entregar a Muret los importes de las ventas a medida que se produzcan y a recibir su participación —la mitad de los beneficios— al final del año en que se realiza el contrato, sin perjuicio de su posible renovación. Mientras tanto, Muret tiene plena libertad de utilizar aquel dinero, sin participación de su socio, en negocios de "frutos del país". De esta manera, Muret logra no solo obtener beneficios mercantiles a medias con un socio, sino ganancias adicionales merced a la reinversión de las utilidades suyas y de su socio en otras actividades, pero sin compartir en este rubro los nuevos beneficios.[27]

Otro de los curtidores, Domingo Latorre —propietario del establecimiento quizá más importante en la década de 1830— (adquirió en 1835 la curtiembre de Ángel Fernández Blanco) era propietario desde 1830 de una pulpería y de dos en 1837; poseía, además, un horno de ladrillos hacia 1835, y vendía cueros, suelas y maderas en Buenos Aires en 1831.[28]

Domingo Dagorret, Raymundo Molina y Ramón de Galarraga pagan patente de almacén, además de la de curtiembres. Sobre ellos y los anteriores, la información de que disponemos no es completa y pueden haber realizado otros negocios que ignoramos, como es el caso de Galarraga, que remite maderas a Buenos Aires en julio de 1830 y suelas en enero de 1829, y que compra una goleta de 1838.[29]

Para evaluar estos datos debemos tener en cuenta que, de acuerdo con la clasificación adoptada por el fisco correntino, tienda y almacén eran denominaciones aplicadas a negocios mayoristas, que podían ser a la vez —por lo menos las tiendas— minoristas, mientras que pulpería designaba un comercio "al menudeo".[30] Así, resulta que Luis Muret era un comerciante importador y exportador, comerciante minorista, propietario industrial y —al parecer por la crisis de las curtiembres a partir de 1835—, traslada inversiones a la producción rural.

En la mayoría de los casos parece evidente, entonces, que predomina la actividad comercial. Basta comparar, entre otros detalles, el monto de la inversión anual mínima de Muret en la tienda

(7.212 pesos en 1831) y en la curtiembre (5.000 pesos en 1834) y considerar que, además de la tienda, poseía otros intereses mercantiles (almacén y pulpería). Como señala Enrique Wedovoy para el caso de Molino Torres, su participación en empresas productivas —industriales o ganaderas— se limitaba a la propiedad y comercialización de los productos, sin intervenir en la dirección del proceso productivo que quedaba a cargo de especialistas, muy probablemente, en el caso de las industrias, artesanos europeos de reciente inmigración. [31]

Para Molino Torres, instalar una curtiembre en Corrientes fue una forma de obtener mercancías (suelas) a precio más conveniente que los pagados hasta el momento, o de asegurarse un abastecimiento regular, o ambas cosas a la vez, para venderlas en Buenos Aires y acrecentar sus ganancias comerciales. En cambio, no se interesó personalmente en el proceso de producción, que dejó en mano de apoderados y capataces.

El caso de Ángel Fernández Blanco —personaje de relevancia en la vida correntina— es similar: hacia 1810 había instalado una curtiembre y poseía, anexos a la misma, taller de talabartería y zapatería, mientras personalmente corría a cargo de la comercialización, terreno del que había partido. [32]

Otro caso de características similares se puede extraer de los datos censales: en la casa de Juan Asensio Virasoro, censado como curtidor en 1820, reside también Francisco Martín Virasoro, comerciante. En el padrón de 1834 figuran junto a Juan Asensio, Valentín Virasoro, comerciante y José Antonio Virasoro, comerciante —sus hijos, aparentemente, por la edad—. Valentín Virasoro paga, en 1830, patente por un almacén. [33]

3. Analizando el proceso de producción, se puede afirmar que las curtiembres han superado el nivel artesanal. Esas inversiones de considerable magnitud corresponden a una industria cuyos trabajadores se reúnen en un mismo lugar, la "fábrica" de curtido, en número que constituye una magnitud sensible —seis u ocho según los casos—. Establecen allí un proceso de producción basado en la cooperación simple: limpieza inicial de los cueros, "depilación" en baños de cal, "rebaje" para darles el espesor conveniente, baño de sustancias tánicas y demás operaciones conexas no requerían mayor calificación de la mano de obra. Si alguna tarea podría requerirla era el "acabado" final, aunque no hay indicios de que así ocurriera en Corrientes en este período. [34]

Sin embargo, como rasgo que contrarresta la apariencia de manufacturas capitalistas que surge de los casos anteriores, consta el papel técnicamente reducido del propietario en el proceso de trabajo. El control de la producción lo pueden hacer los apoderados, y la dirección del proceso un capataz esclavo —caso Molino Torres—; o bien el propietario participa como un operario más —como indica la calificación de curtidor que asigna el censo de 1820 a Juan A. Virasoro, Raimundo Molina, José Jalencas, Pedro Echegaray y Bernardo Igarzabal (cosa similar sucede en padrones posteriores)—.

Si los trabajadores hubieran sido libres, acrecería la apariencia de manufacturas capitalistas basadas en la cooperación simple, en las que la técnica empleada por cada trabajador es aún la del artesano, momento inicial de la producción capitalista, en el que el carácter de comerciante como rasgo principal de la mayoría de los propietarios puede considerarse residuo del momento de transición a la producción capitalista. Sin embargo, este mismo rasgo, unido al de la condición esclava de la mayoría de los trabajadores, pone en duda tal criterio y genera un habitual y complicado problema de "clasificación" histórica (cuya importancia deriva de su incidencia en la caracterización del grupo social dirigente en Corrientes).[35] Sin embargo, el problema como tal es un falso problema, por cuanto el intento de asimilar a figuras típicas de la historia aquellos casos de formas intermedias, de situaciones como la de esta porción del recientemente disgregado mundo hispano-colonial, sería un exceso del análisis histórico. Pero antes de continuar este análisis, veamos el caso de los astilleros.

Industria maderera y naval

La provincia poseía abundancia de excelentes maderas para la construcción, y su industria artesanal contaba con una elevada cantidad de carpinteros. Según los censos, los carpinteros, uno de los gremios más numerosos en las sociedades precapitalistas, eran también en Corrientes el grupo artesanal más nutrido: 77 en 1820 y 242 en 1833 —18 y 23%, aproximadamente, del total de artesanos registrados en esos censos—. Los productos madereros constituían, luego de los agropecuarios, uno de los principales rubros del comercio exterior correntino (véase cuadro 12). Las márgenes del Paraná abundaban en bosques de los que se obtenía maderas de construcción y de ebanistería. Entre las primeras, el timbó, el lapacho, el quebracho y el espinillo. Por otra parte, se explotaban intensamente las palmeras, de las que la provincia poseía varias especies (coronday, yatay, pindó). La coronday se utilizaba para confeccionar tejas, o para cabrias en las construcciones. Asimismo, diversas clases de caña se utilizaban profusamente: el bambú, la caña tacuara y la uryberá. Todas servían para techar viviendas y con el bambú se construían mástiles de embarcaciones para la navegación del Paraná. De todas estas especies madereras, el timbó, el lapacho, la palmera coronday y el bambú integraban una importante porción de las exportaciones a Buenos Aires, aunque la competencia de las maderas norteamericanas había afectado el mercado.[36] Cabe también recordar la corteza del curupaí y del laurel, utilizadas en las tenerías correntinas como curtientes.

Respecto de la estructura de la industria maderera no poseemos otra información que la de los escasos e inciertos datos censales y la de algunas referencias dispersas. Sobre los obrajes madereros, sabemos que operaban en las dos márgenes del Paraná, sobre la costa correntina y la de la región chaqueña, en el territorio de las actuales provincias del Chaco y Santa Fe. En el período que nos ocupa —y hasta la ley nacional núm. 686 de 1874 que fijó límites interprovinciales— Corrientes consideraba suyo el territorio de la margen occidental del Paraná hasta la altura del límite sur de la provincia, y ejercía allí su jurisdicción.[37] El trabajo en esa margen del Paraná era riesgoso por las delicadas relaciones con los indios abipones, pero la diplomacia personal de los aserradores y la creciente protección de la provincia contribuían a facilitarlo.[38] Carecemos casi totalmente de datos sobre propietarios y trabajadores. El censo de 1820 consigna un solo aserrador en la capital de la provincia —el de 1814 no registra aserradores—. El de 1833, en cambio, indica la existencia de 14: 11 en la ciudad de Corrientes y 3 en la de Goya. El obraje de la costa chaqueña que acabamos de citar poseía, según su propietario, más de cien trabajadores. Por otra parte, la explotación no solía requerir establecimientos permanentes y podía ser desarrollada, en cambio, esporádicamente, por medio de operaciones de desmonte, circunstancia que podría dar cuenta de la cantidad elevada de trabajadores que alega poseer aquel aserrador. El proceso industrial propiamente dicho podía cumplirse en el mismo lugar del corte de los árboles, en rudimentarias instalaciones públicas como las existentes en las afueras de la ciudad de Corrientes, o en las carpinterías, según fuese el tipo de producto (desde postes y tirantes, hasta partes de carretas o de embarcaciones).[39]

En cuanto a la construcción naval, se trata de un tema que posee cierta distorsión historiográfica derivada de una tendencia a magnificar, por influjo de nuestra visión de la complejidad actual de esa industria, las dimensiones que podían tener los astilleros en la época colonial y que en general conservaron hasta la aparición del vapor y el casco de metal. Existencia de madera apropiada, herramientas nada excepcionales para la época, y un buen maestro carpintero "de ribera", permitían el desarrollo de la construcción y reparación de navíos.[40] Las unidades productivas no necesitaban desarrollarse demasiado, pues, debido al flujo irregular de la demanda, hubiesen quedado con frecuencia ociosas parte de las instalaciones y mano de obra. En cambio, cuando la producción debía aumentarse, se podía derivar la confección de partes a los talleres artesanales de los carpinteros, como se practicaba en el Viejo Mundo.[41]

El caso de Corrientes, como el de Paraguay, testimonia un sorprendente pero fugaz crecimiento de la industria de construcción naval, hecho posible por la coyuntura favorable de comienzos de siglo.[42] En el período que nos ocupa, la situación de esa industria estaba lejos de aquel nivel, si bien constituía todavía una actividad importante en la economía provincial. Lamentablemente, las fuentes disponibles son mucho menos locuaces que en el caso de las curtiembres. Los censos, por ejemplo, arrojan escasa información, pues la naturaleza peculiar de la actividad de construcción naval conspira contra su reflejo a través de las categorías censales. Los astilleros no aparecen de manera clara en ninguno de ellos, ni siquiera en el de 1820. Existe, por un lado, el problema de cómo figura anotado el oficio de los propietarios y de los trabajadores. Con respecto a los propietarios, unos censos consignan a Pedro Ferré, para tomar un ejemplo conspicuo, como "carpintero" (censos de 1814 y 1820), y otros como "constructor" (censos de 1826 y 1834). La denominación de constructor parece ser aplicada a los maestros carpinteros de ribera de cierta magnitud productiva, es decir, no artesanos limitados a atender el encargo del tipo de los de botes o lanchones. Es la denominación utilizada por el *Almanaque* de Blondel en 1826, cuando informa que en Corrientes existen "dos constructores de buques", Pedro Ferré y Juan Antonio Zamudio.[43]

En el caso de utilizarse la denominación carpintero, los constructores de naves se perderían en la cantidad de carpinteros que registran los censos.[44] Y en el otro caso, los censos no proporcionan datos confiables, ya sea sobre mano de obra, ya sobre los mismos propietarios. La naturaleza irregular de la producción —desde reparación y construcción de pequeñas hasta grandes embarcaciones—, debido a sus variaciones a largo plazo, puede haber originado omisiones en consignar otros propietarios del mismo sector; así, según papeles de escribanía, existe en 1829 un constructor de importancia como José Durán, que no figura citado en el *Almanaque* de Blondel ni en el censo de 1826 o 1830, aunque sí lo estaba en el de 1820.[45]

Con respecto a la mano de obra, el caso de las curtiembres resultaba algo más claro por cuanto ellas fueron censadas, en 1820, con su personal. Pero en el de los astilleros, en los que la producción realizada en la ribera puede no determinar la residencia de los operarios en el lugar de trabajo, no es posible inferir el número de trabajadores por unidad productiva a partir de los censos. Y en cuanto al número global de trabajadores en esta rama de actividad, son de utilidad parcial: puede tomarse en firme el número de calafates censados (5 en 1820 y 6 en 1833), pero no así el de los carpinteros navales que sería imposible distinguir de los demás carpinteros. Por ejemplo, es evidente que un "carpintero" censado en casa de Pedro Ferré, el único de ese oficio que consigna el censo en esa casa, debe ejercerlo en la industria naval, tanto por residir en casa de un "constructor" como por su apellido —Mayol— que es el de un viejo carpintero de ribera que parece haber enseñado el oficio a Ferré. [46]

Resumen e interpretación de los datos disponibles

Es así que el dato más firme que poseemos, el del *Almanaque* Blondel, indica la existencia de dos astilleros de cierta importancia hacia 1826. Junto a esto, existen diversos indicios de actividad en este sector procedentes de otras fuentes y correspondientes a distintos momentos: las actas del Cabildo de Itatí mencionan maestros carpinteros de ribera, instalados allí o en la ciudad de Corrientes, a quienes la comunidad encarga trabajos menores o vende maderas a comienzos del siglo. [47] Papeles de escribanías revelan la existencia de otros maestros en la capital de la provincia, como el caso de un Juan de Guedariaga que contrata la construcción de una *garandumba,* de once varas de quilla, cuatro de manga y una y un tercio de puntal, en 1829. [48]

Pero para evaluar el tipo de producción desde el punto de vista de su organización y nivel técnico poseemos solamente dos testimonios de valor. Uno de ellos, datable, aproximadamente, hacia 1815, pertenece a los Robertson. Se trata de un astillero cuyo propietario, un vizcaíno residente en Corrientes, dirigía el trabajo de varios esclavos —en calidad de peones y aprendices— y unía a la construcción, reparación y calafateo de embarcaciones, la producción de maderas de construcción para remitir a Buenos Aires. Los hijos de las esclavas de su propiedad, además de poder destinarse a los trabajos del astillero, también podrían ser alquilados como artesanos al servicio de terceros. [49]

El otro testimonio pertenece al censo de 1820 y atañe al mencionado José Durán. El censo consigna en la "casa de José Durán" los siguientes datos para el propietario: 67 años, comercio, Andalucía (columnas de edad, ocupación y origen, respectivamente). Es decir que el propietario del astillero aparece aquí censado como comerciante. Junto a él, en la misma casa, aparecen cuatro carpinteros y dos calafates, esclavos los seis.[50]

Es interesante comparar el número de trabajadores ocupados por Durán en 1820 con el que empleaba en 1801 su padre, a quien sucedió: entonces, cuando el auge del comercio y navegación rioplatense, José María Durán ocupaba "...un maestro, dos oficiales, cuatro peones de acha y azuela, una sierra de tres hombres, sin [contar] seis criados que han trabajado en clase de peones, dos de ellos calafates".[51] El taller de Durán en 1801, con apreciable proporción de trabajadores libres junto a los esclavos y con casi el triple de personal que el de su hijo, está algo más lejos del taller artesanal que el de 1820.

De todas maneras, cabe aún suponer que la magnitud de la empresa de Durán hijo que registra el censo de 1820 no es real; por lo menos no durante todo el año. Los astilleros realizaban trabajos de diverso tipo: reparaciones, calafateos, construcción de embarcaciones de tamaño y clase muy diversos (balandras, bergantines, goletas, polacras, zumacas, garandumbas, chalupas, lanchas, botes, etc.).[52] Cada una de estas entrañaba trabajos —y gastos— de magnitud muy distinta. Es presumible, ya lo indicamos, que cuando recibían un encargo de cierta magnitud, la brusca ampliación de la producción se afrontase derivando la confección de partes a carpinteros comunes. Por otra parte, similar magnitud de crecimiento brusco de la inversión necesaria se resolvía convirtiendo en financiador de la construcción al cliente ocasional; por lo menos, financiador parcial.[53] Por último, diversos datos señalan la coexistencia, en estos constructores navales, de la actividad industrial con las de otra naturaleza. Hemos visto que el carpintero de ribera descrito por los Robertson alterna las actividades del astillero con las de acopio y comercialización de maderas en Buenos Aires, así como la del alquiler de parte de su mano de obra esclava. Se desprende del texto referido que la fecundidad de las esclavas era una forma de producción de mano de obra para usos varios.

Asimismo, es significativa la calificación de "comercio" en la columna *oficio* del censo de 1820 para José Durán. Y en cuanto a Pedro Ferré, según papeles de escribanía, consta que había prestado 8.500 pesos plata, al 6% de interés anual sobre hipoteca de un campo, en 1838, y 100 onzas de oro —1.700 pesos plata—, en 1843, con igual interés y garantía.[54] De manera que es posible suponer, también, que junto a su oficio inicial y a actividades agrícolas que parece haber emprendido posteriormente, utilizó otras formas de inversión, como era común entre los mercaderes en tiempos en que no existía un sistema bancario y crediticio moderno.

Los astilleros correntinos habían conocido su edad de oro hacía ya varias décadas. Si algún impulso hacia el desarrollo capitalista puede encontrarse —y esto considerando el dato como un indicio, ya que no es posible proponernos la cuestión de la génesis del capitalismo en los límites de una unidad de producción— sería, por ejemplo, en aquel taller de Durán padre. Pero la declinación posterior de la industria y los indicios de su nivel artesanal, característico de la mayoría de las industrias correntinas, no contribuyen a apoyar aquella hipótesis.

Sin embargo, las medidas proteccionistas adoptadas a partir de 1831 parecen haber tenido un efecto estimulante de la actividad naval y también de la construcción de embarcaciones, efectos cuyos alcances son difíciles de precisar dado que no existe información de otro tipo de la que enseguida comentamos, y las derrotas correntinas en las guerras desatadas a partir de 1839 anularían las condiciones favorables a la reanimación de la industria. Según lo evaluado en 1833 por una comisión del Congreso de la provincia, la ley de julio de 1831 que establecía un impuesto adicional del 25% a las mercancías importadas en buques construidos en el exterior

> ha producido sus efectos: en virtud de ella, se han poblado los puertos de astilleros; invirtieron los mismos extranjeros sus capitales, y aun su trabajo personal, en la adquisición de embarcaciones, proporcionadas a sus facultades y objetos secundarios.
> De aquí resultan la diversidad de naves, la porción de especulaciones con que particularmente la clase laboriosa gana su vida con utilidad pública.
> Los extranjeros capitalistas, por solo este principio son útiles al Estado, y los de corta fortuna navegan conduciendo frutas, y otros renglones de que viven precisamente las clases más menesterosas de la provincia.[55]

No tenemos otros datos para confirmar lo expuesto por la comisión que las pocas referencias a la construcción en Corrientes de algunas de las embarcaciones vendidas en la provincia.[56] No obstante, el juicio sobre la reactivación que habría producido la ley de 1831 concuerda con los datos que ya hemos examinado relativos al crecimiento del comercio correntino luego de ese año y a la duplicación del tonelaje promedio de las embarcaciones que frecuentaban el puerto de Corrientes. Y concuerda, asimismo, con los testimonios sobre la creciente participación de extranjeros, especialmente marinos genoveses, súbditos del rey de Cerdeña, en la navegación de cabotaje del Río de la Plata y sus afluentes.[57]

ALGUNAS CONCLUSIONES

Retomemos el problema, aludido en páginas anteriores, consistente en discernir la naturaleza de estas industrias. Se trata de un problema de periodización histórica derivado del propósito de relacionar las características del grupo social dirigente con la índole de sus actividades económicas, tal como subyace, por ejemplo, en la interpretación, que consideramos errada, del programa político correntino como programa de desarrollo capitalista de una burguesía cuya principal base económica habrían sido las industrias naval y de curtiembre.

Habíamos agregado que la importancia del asunto se alcanza mejor si consideramos que sus propietarios integraban el principal nivel de la sociedad correntina. Completemos la indicación agregando brevemente que aquel nivel tuvo además manifestación política. Uno de los constructores navales, Pedro Ferré, el caso más conocido, participó al mando de la milicia de artesanos en la revuelta que rescató la autonomía provincial en 1821. Luego ocupó diversos cargos de importancia en la vida municipal y provincial, hasta llegar a los de gobernador y representante en las relaciones interprovinciales. Pero, además de Ferré, otros miembros de estos dos sectores aparecen con frecuencia en los primeros planos de la política provincial. Domingo Latorre fue vicepresidente de la Sala de Sesiones de la Comisión Representativa (especie de parlamento local) en 1831 y presidente en 1837. Latorre, Ruda, Virasoro, Vedoya, Galarraga y Molina, entre los curtidores, integraron en diversos momentos la lista de ciudadanos aptos para formar parte de la Comisión Eventual creada por la Constitución de 1824 como instancia de apelación a los fallos de los Alcaldes Mayores. Latorre y uno de los Vedoya habían detentado cargos en las milicias cívicas y en el Cabildo de Corrientes en la década anterior.[58]

Volviendo al tema de este trabajo, ¿cómo calificar entonces aquellas industrias de curtido y construcción naval? El hecho de existir una inversión inicial de capital de cierta magnitud nos habla de la presencia de cierto desarrollo de la circulación mercantil y monetaria en esta economía, y, por lo tanto, de la posibilidad de adquirir en el mercado —un mercado muy limitado, es cierto— los medios de producción que de otro modo sería necesario que produzcan el propietario o los trabajadores a él sometidos. Por lo tanto, la inversión de un capital monetario al comienzo de la producción no es otra cosa que un aspecto más de la difusión del capital comercial.

Por eso, tiene más sentido limitarse a considerar que las curtiembres correntinas son casos de formas productivas intermedias dependientes del capital comercial y usurario. Intermedias no en cuanto a indicar que estamos frente a un proceso en el que la economía correntina evoluciona hacia el capitalismo desde un indefinido estadio anterior; ni tampoco en el cómodo sentido de eludir, mediante esa palabra, la necesaria consideración del problema, sino en el sentido en que, por un conjunto de condicionamientos externos (ruptura de formas monopólicas, ampliación de mercados —luego contracción—, declinación de formas de vinculación del trabajador, crisis de la provisión de esclavos, entre otros) e internos (condiciones naturales y sociales propicias a la perduración de la producción doméstica de autosubsistencia, debilitamiento de los vínculos sociales por efecto de las luchas de la independencia, crónica escasez de mano de obra por tales y otras circunstancias), aparecen y perduran en la economía correntina estas formas intermedias (vocablo quizá menos equívoco que el de transición) entre las de las producciones precapitalistas y capitalistas. Estas formas intermedias, en el caso europeo, desde fines del medioevo indican un "tránsito" muchas veces detenido indefinidamente en esas sus formas atípicas.[59] En las condiciones de reanimación de la economía internacional desde el siglo XVIII, es frecuente verificar en el Río de la Plata la existencia de mercaderes al estilo de los recién descritos, que avanzan sobre actividades productivas. Pese a las circunstancias difíciles posteriores al final de las guerras napoleónicas, dichos mercaderes persisten al amparo de políticas de protección o del proteccionismo natural que brindan las distancias. Sin embargo, la estrechez de mercados a que los condena la falta de unificación nacional comprime sus posibilidades de expansión.

Estas características bastarían, sin necesidad de recurrir a la hipótesis de un inexistente capitalismo, para explicar el interés de estos y otros grupos de mercaderes y productores mercantiles (tabaco, caña de azúcar, aguardiente, textiles, productos de cuero. . .) en políticas de protección y apoyo estatal a la agricultura e industrias como las desarrolladas en aquella época en la provincia de Corrientes; sin embargo, este interés de grupos privados no basta para descifrar, como veremos, la naturaleza y envergadura del programa correntino agitado hacia 1831.

Si se hubiese podido o no desarrollar entonces un proceso capitalista en los marcos de esta economía provincial, es un problema de mayor amplitud que el delimitado por la posible pujanza de un par de industrias, cuya existencia no prueba ni deja de probar la hipotética génesis del capitalismo, pero que muestra, en cambio, la persistencia del capital comercial en su función de organizar o financiar diversas actividades productivas como lo venía haciendo desde el período colonial.

SEGUNDA PARTE

POLÍTICA ECONÓMICA, FINANZAS PÚBLICAS Y ORDEN SOCIAL

NOTA

La organización del estado correntino fue coherentemente cimentada en una política económica de muy definidos objetivos y de una puesta en práctica tenaz y minuciosa. En cierta medida, constituyó en sus comienzos una ampliación de la política tradicional del Cabildo de la ciudad de Corrientes al ámbito provincial. El fenómeno es fácilmente comprensible si se tiene en cuenta que el Cabildo desempeñó, hasta su supresión el 31 de diciembre de 1824, las funciones de poder legislativo desde que el Congreso provincial entraba en receso, luego de elegir gobernador, hasta la nueva convocatoria a fines del período gubernativo trienal. Si bien la propia dinámica del desarrollo político y económico de la provincia obligó a ampliar esa perspectiva, la política económica de Corrientes no abandonó, en el período que nos ocupa, las tendencias reglamentaristas características de la experiencia legislativa municipal de sus primeros hombres públicos.

En primer lugar, la provincia organizó rápidamente un sistema rentístico que funcionó, con diversas modificaciones, bastante eficazmente para atender los gastos del estado. En segundo lugar, utilizó la política económica como una herramienta para fomentar las actividades productivas y asegurar el orden social. Por último, hizo de ella un arma en el plano de las relaciones interprovinciales para intentar resolver los problemas que comprimían la economía de la provincia y para promover un arreglo de la cuestión del estado nacional acorde con sus intereses.

Algunos de los trabajos que siguen fueron publicados en el *Anuario* de la Escuela de Historia, Facultad de Humanidades y Artes, Universidad Nacional de Rosario, núm. 11, Segunda Epoca, 1984-1985, con el título de "Organización del estado y construcción del orden social: la política económica de la provincia de Corrientes hacia 1821-1840".

I. LAS FINANZAS ESTATALES

Organización rentística

El reglamento Constitucional Provisorio de 1821, en su sección de Hacienda, fijaba las normas de la organización de las finanzas del estado. Entre ellas, convertía al gobernador en intendente de la hacienda pública —continuando la tradición hispanocolonial— y le vedaba la facultad de crear impuestos, cosa que reservaba a la competencia del Congreso provincial.[1] En cumplimiento de esas disposiciones, fueron promulgados los instrumentos legales que organizaban y reglamentaban las rentas de la provincia y la forma de su percepción. En esas rentas —luego modificadas y ampliadas en la medida de las nuevas necesidades— se conservaban impuestos tradicionales, como el diezmo y la alcabala, reglamentados ahora en función del ejercicio de la soberanía provincial.

La recaudación estaba a cargo de un colector general, auxiliado por un contador, cuyas funciones fueron detalladas en el decreto reglamentario de las operaciones de contaduría fiscal y aduanas de 1825.[2] Además de la Colecturía General con sede en la ciudad capital, existían varias Receptorías de rentas en diversos puntos de la provincia: Goya, Esquina y Bella Vista. Funcionaban con empleados a sueldo del estado y recaudaban los impuestos generales y los de aduana. Los otros puntos de la provincia en los que existían receptorías —que percibían un 10% de lo recaudado como retribución— eran Curuzú Cuatiá, San Roque, San Miguel, Saladas, Caa Catí, Empedrado, Mburucuyá, San Luis del Palmar, Ensenadas e Itatí.[3] Las receptorías enviaban periódicamente sus cuentas a la Colecturía y esta oficina elaboraba anualmente los "Estados de entradas y salidas" de la provincia (véanse cuadros 15, 16, 17 y 18 a y b).[4] Como es fácil notar, más de la mitad de las rentas provenía de los impuestos al comercio exterior. Corrientes no fue una excepción en apoyar sus finanzas en los impuestos indirectos, y la base de su sistema rentístico fue el Reglamento de Derechos Aduaneros, promulgado por decreto del gobernador Blanco el 1 de diciembre de 1822. Sus considerandos hacían explícita la voluntad del gobierno de recurrir a los impuestos indirectos como un medio de evitar al sector propietario la carga del mantenimiento del estado: si el gobierno —explicaba el gobernador— no apelara a los impuestos al comercio de introducción y extracción, se podría ver enfrentado "al duro conflicto, o de abandonar el empeño de conservar el orden, o de tocar vuestras propiedades".[5] Este postulado de la política rentística fue coherentemente mantenido por el estado correntino que solo en dos oportunidades, en 1828 y 1834, apeló al recurso del empréstito público de emergencia, terreno en el que sí constituía excepción en el conjunto de los estados provinciales que sacudían constantemente a los grupos de recursos —especialmente comerciantes por su disponibilidad de efectivo— con sus exacciones de urgencia (al referirnos a los empréstitos internos, prescindimos de los posteriores a 1838 por las razones explicadas en el Prólogo). Y, por otra parte, se preocupó, en varias oportunidades, de indemnizar a los hacendados por los *auxilios* en ganado suministrados a las tropas provinciales. De manera que el estado correntino logró organizar con bastante éxito un sistema de rentas regulares que evitara las exacciones a los sectores propietarios, política que debe computarse como uno de los más importantes factores de su estabilidad institucional.

El primer arancel correntino era una conciliación de los intereses fiscales con la tradición proteccionista —rasgo luego modificado por una más acentuada intención protectora de las producciones y del comercio de la provincia—. El arancel de 1822 fijaba un impuesto general del 9 %, con el viejo nombre de alcabala, que se mantuvo hasta la leyes de enero de 1831 —cuando fue elevado al 12%—. En cambio, protegía acentuadamente la producción local de tabaco, cigarros y cigarrillos, ropa hecha y dulces, con derechos del 40 y 50%. Los productos de otras provincias pagaban un derecho general más bajo, del 5% —que en 1831 fue elevado al 8%—.

Salvo algunas variaciones ocasionales —como las relativas a trigo, harina y galleta, que podían o no estar exentos de derechos según la escasez o abundancia de esos productos en la provincia—, los impuestos aduaneros sufrieron dos modificaciones generales a lo largo del período. La primera, en enero de 1825, no varió sustancialmente las características ya comentadas. Transformó algunos derechos *ad valorem* en específicos, a los efectos de facilitar la recaudación, y rebajó ligeramente algunos productos de otras provincias, como dulces, o extranjeros, como ropa hecha. En realidad, el gobierno legisló nuevamente en la materia en cuanto elaboraba y promulgaba una extensa ley que ordenaba el conjunto del sistema rentístico de la provincia: impuestos de aduana y nueva organización de su recaudación, navegación y puertos, patentes de comercios, papel sellado, patentes de navegación. A lo largo de estos años, hasta el estallido proteccionista de 1830 y 1831, lo más llamativo es la incorporación del aguardiente como fruto provincial de fuerte protección. En 1824 su gravamen pasa de 6 a 30 pesos por barril, arancel que se atenúa en la ley de 1825 sin desaparecer. Asimismo, en 1829, el azúcar deja de estar comprendida en el impuesto general y recibe un gravamen más alto, que variaba entre 9 y 20% según el nivel del precio que tuviese en plaza.[6] En cuanto a los impuestos a la exportación, poseen las mismas características generales del Río de la Plata, en el sentido de derechos bajos que otorgan al estado un cierto ingreso, complementario del de las importaciones, sin lesionar las ganancias de los productores —procedimiento proteccionista que suele pasar inadvertido por el más llamativo de los aranceles a la importación—. La mayor parte de sus variaciones provienen de la necesidad de regular la existencia ganadera, ya fuera para evitar su excesiva disminución derivada de la matanza para extraer el cuero, ya —en el caso de los equinos— de ocasionales necesidades militares.[7]

Las cosas cambian dramáticamente en 1830 y 1831. Diversas circunstancias que deprimían la economía provincial se unen a los conflictos con Buenos Aires en torno a la cuestión de la organización nacional. El gobierno provincial adopta entonces medidas severas que a la intención de reforzar la protección a la economía local unen la de agredir la política librecambista de Buenos Aires para presionar hacia su modificación. Se elevan los derechos generales al 12% para las mercancías extranjeras y al 8% para las de otras provincias y se prohíbe la introducción de diversos productos, extranjeros unos y rioplatenses otros. Así, entre enero de 1831 y octubre de 1832, es prohibida la importación de aguardiente, azúcar, licores, ropa y calzado hechos, sobrecinchas, jergas hechas o en pieza, sus flecos, toda clase de ponchos y sobrecamas de algodón extranjeros, igualmente que los muebles y efectos extranjeros que pudiesen ser proporcionados por otras provincias. Y en febrero de 1833 se prohíbe la introducción de yerba brasileña.[8]

Este refuerzo del proteccionismo se mantendrá casi sin variantes a lo largo de la década. Pero antes de examinar los condicionamientos sociales y las implicaciones políticas de los gravámenes al comercio exterior, veamos brevemente sus aspectos rentísticos.

INGRESOS Y DEUDA PÚBLICA

Según el testimonio de tres mensajes gubernativos a la Legislatura de la provincia —documento en el que el gobernador saliente efectuaba el balance de su trienio—, los de diciembre de 1827, noviembre de 1833 y diciembre de 1836, las rentas públicas alcanzaron no solo a sostener los gastos ordinarios del gobierno, sino también los extraordinarios. En los tres casos se aclara que la provincia no debe un centavo a gobierno o particular alguno. Aun más, en los dos primeros mensajes se informa que las rentas alcanzaron para efectuar algunos auxilios financieros a las provincias de Entre Ríos, en el primer caso, y a las de Santa Fe y Entre Ríos, en el segundo.[9] El cotejo de esos informes con la estadística de los ingresos y gastos estatales confirma sus aseveraciones y la eficacia, singular en la época, de la organización rentística provincial, tanto en provisión de recursos como en el control del gasto público. En este sentido, las finanzas del estado correntino difieren del cuadro de penuria característico de la mayoría de las provincias rioplatenses y de lo comentado por Burgin al respecto, así como no convalidan la apreciación de este autor —en su excelente estudio de la economía argentina de la época— sobre el papel de los empréstitos en las rentas de esta provincia. Por el contrario, ellas muestran que el recurso al endeudamiento fue excepcional y rápidamente compensado, además, por los ingresos regulares.[10] En este, como en otros aspectos de la administración, prevalecía el propósito de evitar el uso arbitrario del poder para financiar los gastos extraordinarios del estado a costa de los sectores propietarios.[11]

Los dos empréstitos internos que hemos mencionado fueron autorizados, aproximadamente, hacia mayo de 1828 y comienzos de 1834. La información existente precisa el monto del segundo de ellos, que alcanzó la suma de 40.000 pesos fuertes. El primero, juzgando por el aumento de la recaudación del ramo de Eventuales, parece haber ascendido a una cifra ubicada entre los 20.000 y los 30.000 pesos.[12] Los dos obedecieron a la necesidad de reforzar la capacidad militar de la provincia. El de 1828 fue debido a las erogaciones militares demandadas por las repercusiones de la guerra con el Brasil —entre ellas, el riesgo de la pérdida del territorio de las misiones occidentales—. El segundo fue acordado al comienzo de la gestión del gobernador Rafael Atienza y tuvo por causa la grave crisis de las relaciones con el Paraguay a raíz de su invasión al territorio misionero, así como las perspectivas de guerra civil en ese momento. En los dos casos, la cancelación fue hecha totalmente a corto plazo. La forma de pago era extender a cada particular una constancia de la deuda contraída con él por la provincia, documento que luego de cierto lapso debía ser aceptado obligatoriamente por las receptorías de renta como parte del cumplimiento de las obligaciones fiscales de su tenedor.[13] El Congreso General de la provincia, en diciembre de 1827, contestaba al mensaje del Poder Ejecutivo —informe del gobernador Ferré al final de su trienio—, con estas expresiones de satisfacción: "es muy lisonjero saber que las rentas ordinarias han bastado para hacer frente, no sólo a los gastos ordinarios, sino también a los extraordinarios, en los tres años que han precedido, sin el más leve gravamen del comercio ni del público". El juicio es similar al que formulara el gobernador Atienza al final de su mandato, respecto del segundo de esos empréstitos: "no solo las rentas públicas han bastado a cubrir los gastos del servicio ordinario y extraordinario de toda la provincia, sino que también se han pagado los cuarenta mil pesos del empréstito mencionado; y otras deudas considerables, resultantes de auxilios de ganado y otros compromisos contraídos, así para la ejecución de obras públicas, como para otros objetos de no menos importancia". [14]

Si bien el estado de las finanzas públicas de Corrientes respondía sustancialmente al contenido de esos juicios, no dejaron de existir diversas formas de deuda pública, de una magnitud no comparable con la de los empréstitos, aunque no por eso dejaron de aliviar los problemas cotidianos del fisco. Una de ellas era la disponibilidad de los depósitos —sumas de diverso origen ingresadas a las arcas del estado en forma transitoria y con cargo de devolución—. Otro recurso que puede computarse como una forma excepcional, pero no infrecuente, de endeudamiento público, eran esos "auxilios" sustraídos a los hacendados para alimentar a las tropas en ocasión de diversas operaciones bélicas. Sin embargo, como ya lo señalamos y lo informa en este caso el recién citado mensaje, el gobierno provincial tomó medidas cuidadosas para indemnizar a los afectados. [15]

Asimismo, el remate de los diezmos era también una forma tradicional de empréstito público: el estado remataba al mejor postor el derecho de percibir los diezmos de cada uno de los departamentos de la provincia con lo que obtenía en forma adelantada el equivalente a una parte del valor de esos diezmos que debía haber percibido en el año. La otra parte constituía la retribución del adelanto hecho por los particulares —mercaderes de la provincia— que tomaban la recaudación y procedían a cancelar así la deuda que el estado había contraído con ellos. Entre estos negociantes podemos encontrar a miembros conocidos del sector dirigente de la provincia: Pedro Ferré —que toma en 300 pesos los diezmos de Caa Caty para 1824—; Fermín Félix Pampín, contador general de la Aduana de Corrientes —que toma los de Ensenada en 260 pesos—; Pedro Cabral, Francisco Meabe, y otros. [16] El remate fue suspendido entre los años 1827 y 1829, pero volvió a ponerse en vigencia por considerárselo el mejor método de recolección de los diezmos. [17]

Entre las demás fuentes de ingresos regulares, el ramo que seguía al de Aduana era, aparentemente, el de Eventuales. Esto se debe a que bajo este rubro figuraban, además de sumas de diversa naturaleza, las partidas correspondientes al resultado de los empréstitos.[18] Pero si omitimos considerar los años que incluye el monto de los empréstitos —1828 y 1829, y 1834—, su incidencia en los ingresos de la provincia era solo de alrededor del 6%. Hay que tener también en cuenta que antes de 1830 Eventuales incluía lo que luego se separa como ramo de Policía, razón por la que su magnitud proporcional resulta mayor en esos primeros años del período.

El segundo lugar en cuanto al monto de los ingresos regulares de la provincia lo ocupaba en realidad el Diezmo, tributo remanente del período colonial pero cuyo producto no tenía destino eclesiástico sino estatal. Desde 1825 hasta 1838 la proporción de entradas por este ramo constituyó alrededor de un 9% de los ingresos del estado. La provincia logró así un relativo éxito en el mantenimiento de esta forma de impuesto directo, para cuyo mayor aprovechamiento volvió a convertirlo en la décima parte de los productos agrarios, en lugar de la "veintena" a que había sido reducido anteriormente.[19]

La eficacia de la política rentística de Corrientes que alegan sus hombres públicos coincide con lo que podemos observar en el cuadro 15 de ingresos y gastos de la provincia. Si comparamos los nueve años de la primera parte del período (1822-1830), con los ochos posteriores (1831-1838) —dejando de lado, como ya indicamos, los años 1839 a 1841 por la distorsión que produce la guerra—, podremos notar que el promedio anual de los ingresos pasa de 77.433 a 126.427 pesos fuertes. Esto es, en el período subsiguiente a los ajustes fiscales y al reforzamiento de la protección aduanera de 1830 y 1831, el promedio anual de los ingresos del estado crece un 63,3%. Dentro de este crecimiento de la recaudación global, puede también observarse el aumento de las entradas de la Aduana, cuyo promedio anual pasa de 55.489 a 84.174 pesos fuertes entre 1826-1830 y 1831-1838. Esto representa un crecimiento del 51,7%. Asimismo, creció en términos proporcionales el peso de los derechos aduaneros en el conjunto de los ingresos, desde un promedio del 55% a otro del 66,5% en esos lapsos (véase cuadro 18 a).

Es útil comparar la evolución de los ingresos ordinarios de Corrientes con los de otras provincias. Por ejemplo, según los datos de Burgin, los ingresos de San Juan pasan de 17.000 y 20.000 pesos fuertes, aproximadamente, en 1823 y 1824, a alrededor de 11.000 en 1836 y 1837. Los de Tucumán oscilan en torno a un promedio de 20.000 pesos fuertes entre los años 1822 y 1838, y Córdoba posee un promedio de ingresos de 69.000 pesos plata en los tres años de 1824, 1825 y 1826, y cerca de 67.700 en 1836.[20]

El gasto público

Al mismo tiempo, los gobiernos correntinos mantuvieron una notable disciplina en el gasto público que los eximió de la penuria común a la mayoría de los estados provinciales de aquel entonces, pero que no les impidió realizar la reorganización administrativa y militar del interior, atender diversos conflictos bélicos, internos y externos —como las rebeliones de los dragones de Curuzú Cuatiá o los conflictos con los paraguayos sobre las misiones—, así como otras emergencias. Asimismo, realizaron permanentemente diversas obras públicas en la capital y en el interior, en la modesta proporción del ámbito provincial rioplatense, que revelan un cierto dinamismo de la vida administrativa.[21]

No está de más advertir que en esa disciplina del gasto público no dejaba de tener influencia la mentalidad mercantil tradicional de la mayoría del grupo dirigente correntino, cuyos hombres parecían trasladar a la vida pública los hábitos adquiridos en el manejo de sus intereses personales. Así lo expresa el principio que el gobernador Cabral hallaba consagrado en la obra gubernativa de ese grupo: "pagar con exactitud las deudas es adquirir un gran poder de riqueza". El mismo criterio se puede volver a encontrar en el grave juicio que vierte el Congreso General en 1838 respecto de ciertos deslices administrativos del ex gobernador Atienza, así como en las providencias que cree necesario tomar para impedir su repetición: "la sala no puede consentir por más tiempo este abusivo manejo sobre el tesoro público, contra las leyes y prácticas establecidas al respecto", expresa refiriéndose al regalo de vestuarios a oficiales de las milicias y al adelanto de sueldos a algunos funcionarios del estado. Y califica una excepción al pago de impuestos aduaneros como un "hecho que no creyó sucediera desde que la provincia consiguió entablar un orden regular en su administración".[22]

Detrás de la simplicidad del estado de gastos elaborado por la Colecturía General, siguiendo las disposiciones de la reglamentación de las cuentas fiscales de 1825, yace toda la complejidad del problema de la organización y desarrollo de la autonomía estatal correntina. De los cuatro ramos que comprende el estado de los gastos en estos 16 años, los dos primeros rubros, Gobierno y Hacienda, con sus cortas cantidades destinadas fundamentalmente al pago de sueldos del pequeño aparato burocrático provincial, contrastan con los otros dos ramos, Guerra y Extraordinarios, que se llevan en conjunto aproximadamente el 85% de los recursos de la provincia.[23] Los egresos por el ramo de Guerra son, también, en su mayor parte sueldos; permanentes los de la plana mayor, la oficialidad y la tropa veterana, y los de las milicias, solo cuando eran convocadas al servicio activo. Así, según la Comisaría de Guerra de la Provincia, se pagaron en 1832 y 1833, en concepto de sueldos, las sumas de 31.555 y 37.453 pesos fuertes, respectivamente; en esos años la suma del total de gastos del ramo de Guerra fue de 44.313 y 53.561 pesos fuertes, respectivamente.[24] (Véase cuadro 17.)

Los gastos extraordinarios tienen una composición más variada, pero incluyen también una parte sustancial de los gastos bélicos de la provincia: la compra de armamento, cabalgaduras y raciones de carne para la tropa, más otras erogaciones, algunas reservadas, que las contingencias bélicas demandaban. Es dable estimar entonces que el gasto bélico llevaba más del 50% de los egresos del estado provincial y que en las ocasiones en que las circunstancias obligaron a contratar empréstitos, su peso era bastante mayor. Si observamos que las partidas de gastos extraordinarios de 1834 y 1835, luego del ingreso de la suma del empréstito de 1834, casi duplican a las de los años inmediatos anterior y siguiente, podríamos considerar que el gasto militar de esos dos años alcanzó una proporción no menor del 60%. Al esfuerzo de la organización y mantenimiento de una fuerza militar que garantizara la defensa de la provincia frente a vecinos considerados peligrosos (paraguayos, brasileños), y frente a los riesgos del agravamiento de los conflictos civiles entre las provincias argentinas, se suma el de controlar una situación social interna que la experiencia del período posterior a la independencia hacía concebir como potencialmente anarquizable. Si estos factores pueden parecer suficientes para explicar el fuerte peso del gasto militar, no debe olvidarse tampoco lo que el mantenimiento de la lealtad al estado y de la disciplina de la oficialidad y tropas exigía en compensaciones militares. Así, puede observarse en el crecimiento del ejército provincial el efecto de una de las más perturbadoras manifestaciones de indisciplina por parte de la oficialidad y las tropas: la rebelión de los Dragones, en 1824, fue seguida de 38 nombramientos y ascensos de personal militar con mando de tropas y de un "auxilio" en dinero a los soldados del cuartel de Garzas, lugar de la fracasada revuelta.[25]

Aunque no sea posible precisar el efecto que los gastos del estado tuvieron en el crecimiento de las actividades económicas de la provincia —tanto a través del consumo de los integrantes a sueldo del aparato militar y burocrático, como por causa de la inversión directa en obras públicas, armas y útiles de guerra, vestuario de la tropa, y otros rubros— es lícito presumir que ellos fueron uno de los principales factores que impulsaron ese crecimiento. Además, al considerar las consecuencias que tuvo el desarrollo del estado en la economía provincial, no debemos olvidar que la carga impositiva que pesaba sobre las actividades productivas no excedió los límites de lo razonable y que, pese a todas las circunstancias que presionaban hacia el aumento de los gastos, sobre todo los extraordinarios, los gobiernos correntinos lograron controlar la evolución del gasto público dentro de los límites de sus posibilidades rentísticas. También sería correcto expresar la relación ingresos-gastos de Corrientes como el resultado de un esfuerzo, bastante exitoso, de incrementar las rentas al nivel de las exigencias más perentorias y de controlar el gasto al nivel de ese crecimiento. De todas maneras, es claro que si Corrientes, de constituir el más firme oponente político de Buenos Aires dentro de las provincias de la Confederación, pudo pasar a convertirse en la base de operaciones de la más enconada acción militar en su contra, anterior a Caseros, ello se debió en gran medida a esa eficacia de sus finanzas. El reducido monto de sus déficit, en los años que los tuvo, más el hecho de que en el conjunto del período, antes de 1839, el saldo de sus estados de cuenta haya sido positivo —como lo muestra la columna Saldo en Caja del cuadro 15—, contrastan notablemente con lo que se conoce de la evolución de las finanzas provinciales rioplatenses de la época.

La crisis del provincialismo fiscal

Pese al notable suceso de los correntinos en la organización del estado, los límites asfixiantes del autonomismo provincial afloraron rápidamente. Esto los obligó a abandonar su relativo aislamiento y a afrontar, nuevamente, el problema de su relación con las demás provincias, pero ahora con un vigor y una urgencia mucho mayores. Lo notable, otra vez, en el caso de esta provincia del Litoral, fue el hecho de haber dado fuerte y sostenida expresión política a la certidumbre de que no había posibilidades de expandir su economía y asegurar el orden social sino a partir de un arreglo conjunto, con el resto de las provincias, del problema de la organización nacional, problema relegado luego del fracaso de 1826. Dicha convicción se reforzaba aun más, en la medida en que las bases de ese arreglo —el acuerdo sobre rentas, con su derivado de la navegación de los ríos— eran consideradas a la vez la condición esencial para superar el estancamiento económico de Corrientes. Expresada en el inmediato y dinámico plan político y político-económico acorde con ella, esta convicción fue reanimada por una crisis en las finanzas estatales, sufrida alrededor de 1828 y originada por la conjunción de varias circunstancias, rioplatenses e internacionales. Esa crisis mostró a los correntinos que los señalados logros del orden social y político erigido en la provincia desde la asunción de su autonomía, así como la consiguiente reanimación económica de esos años, eran insuficientes para poder afrontar la creciente escala de gastos que requerían la afirmación de esa autonomía y el cumplimiento de los compromisos contraídos con las demás provincias.

Cuando el gobernador Pedro Ferré terminó su primer período, en diciembre de 1827, su mensaje a la tercera legislatura provincial, en el que rendía informe del trienio, fue un satisfecho balance de logros, apenas turbado por los efectos perjudiciales de la crisis política rioplatense sobre el comercio. Pero aun en esto, el juicio era optimista: "El comercio ayudado por las instituciones que lo moralizan y fomentan, se ha mantenido en buen pie y activándose como se activa, por todas partes, es de creer que sus operaciones superen la crisis de las circunstancias políticas que han reducido su esfera". Aun las fuertes erogaciones del fisco, requeridas por circunstancias diversas, solo se mencionaban para subrayar la capacidad de haberlas afrontado sin recursos extraordinarios: "Las rentas públicas han bastado no sólo a los gastos ordinarios, sino también a ingentes gastos extraordinarios de todo el trienio". [26]

Sin embargo, los meses siguientes mostrarían que la situación del comercio empeoraba en vez de mejorar, mientras las contingencias políticas interprovinciales e internas obligaban a gastos ahora imposibles de satisfacer con recursos ordinarios. Ante la incierta situación política luego de la caída de la presidencia nacional y del fracaso del Congreso Constituyente en 1826, y el aún incierto fin de la guerra con el Brasil, el Congreso de la provincia de Corrientes consideró tan riesgosa la situación que, reformando de manera viciada la Constitución vigente, reeligió a Ferré por otro trienio —aunque este renunciaría luego de un año al desaparecer las contingencias mencionadas— como medida de seguridad en la emergencia.

Las previsiones de Ferré en su mensaje, cuando encarecía el estudio de los medios de aumentar la recaudación fiscal como lo aconsejaba el crecimiento del presupuesto, especialmente en atención a los gastos que podría demandar la continuación de la guerra con el Brasil, habían sido también previsiones optimistas que de inmediato serían desmentidas: a pesar de esa indicación sobre la necesidad de un aumento de los ingresos fiscales, había dicho Ferré, "debe seros, señores, muy satisfactorio el que conservando el ramo de la hacienda pública en el orden que al presente, no haya que temer nos falten recursos para llevar adelante la guerra con más impulso y menos sacrificios".[27] Pero, pocos días después, el gobierno debió comenzar a tomar medidas, algunas extraordinarias, para afrontar el riesgo de un aumento excesivo de los gastos. Si bien ellas habrían de lograr su objetivo, la experiencia sería decisiva e influiría de manera profunda no solo en la adopción de pautas destinadas a mejorar las rentas provinciales —aspecto en el que las posibilidades eran escasas—, sino también en la programación de un cambio decisivo en las relaciones de Corrientes con el resto de las provincias, especialmente las del Litoral.

Respecto de lo primero, el siguiente mensaje gubernativo, el de Pedro Dionisio Cabral, en diciembre de 1830, abordaba con otro tono el tema ya tratado por Ferré en su mensaje de 1827. Comenzaba, eso sí, con el mismo complacido balance: "La administración de la hacienda pública prosigue con buen orden. El se conservará mientras se halle consagrado entre nosotros el principio de que pagar con exactitud las deudas, es adquirir un gran poder de riqueza. Se han acabado de liquidar y satisfacer las deudas que se hallaban pendientes contra el erario de la provincia. Las rentas públicas han bastado, no solo a los gastos ordinarios, sino también a los extraordinarios que han sido precisos, durante la época de la presente administración". Pero las perspectivas eran poco halagüeñas, al punto que advierte a los legisladores la gravedad de posibles situaciones futuras:

> Sin embargo, el estado de la hacienda pública demanda todo el empeño de vuestras luces y meditaciones: la parte legislativa de este ramo importante, debe ser el objeto de vuestras sabias deliberaciones. La experiencia ha enseñado que es de la mayor necesidad establecer un sistema de rentas, y sobre él, crear las leyes que deben aumentar la hacienda pública y simplificar su administración [...] las rentas eventuales no pueden sufragar en circunstancias críticas en que llegue a paralizarse del todo el comercio exterior, como tal vez ha sucedido ya con eminente riesgo del crédito público.[28]

CRISIS DE LAS FINANZAS PÚBLICAS Y CRISIS COMERCIAL

Los problemas financieros del estado correntino tenían relación, según señalamos, con los aumentos de gastos derivados de contingencias políticas y bélicas, internas y externas. Las principales de ellas eran las relativas al conflicto en torno a la posesión del territorio misionero, la guerra con el Brasil y las posibles derivaciones de los conflictos civiles posteriores a la caída de Rivadavia.[29] Sin embargo, también coincidieron con una declinación del comercio exterior de la provincia, que el gobernador Cabral concebía como una "paralización", en la que influyeron aquellos problemas políticos así como el bloqueo del Río de la Plata por el Brasil en 1828. Asimismo, recordemos que los precios del cuero "de Buenos Aires" en el mercado de Hamburgo habían comenzado a declinar, luego de un pico máximo en 1825 (máximo para esta serie entre 1814 y 1845), declinación casi ininterrumpida hasta 1836 (véase cuadro 8 y gráfico 2).

Alcides D'Orbigny observó la atonía comercial de esos años y la atribuyó al exceso de comerciantes.[30] Independientemente de la interpretación, la atonía comercial es también confirmada por la correspondencia de un comerciante de Buenos Aires arribado a Corrientes a fines de 1829. José Francisco Ayres se había trasladado a la capital correntina con el objeto de vender mercancías remitidas por su hermano Manuel desde Buenos Aires y remitirle a este *frutos del país*. Su impresión sobre el estado comercial de Corrientes, transmitida el mismo día de su arribo, es desoladora: "sólo te diré —escribe—, que esto es una miseria, pues hay más tiendas que casas hay en todo el pueblo [...]". Y continúa: "los efectos muy baratos y no hay quien los compre, pues continuamente están llegando efectos y negociantes los que ya no hallan casa en donde ponerse". Añade que la única perspectiva es intentar negocios con el Paraguay, como hacen todos. Dos meses después, su impresión no ha variado y lo más atrayente siguen siendo los envíos a Paraguay a cambio de yerba mate. La situación es tal que tuvo que dedicarse a ventas al por menor "pues aquí también en las tiendas se vende yerba, azúcar, arroz y otras cosas, que siempre hay cómo hacer diario, pues los géneros solos no hacen nada". A principios de abril insiste con más desagrado: "esta es una plaza tan mezquina que no sé cómo puede un hombre salir bien con sus cálculos por que con nada está abarrotada y las ventas están tan escasas que no se vende nada, pero ya metido uno en el burro es preciso aguantar los azotes". De paso, no deja de apuntar su fastidio por los aranceles: "con respecto al caso de los aforos de algunos efectos que me dices están bastante subidos digo que aquí no es como en ésa que admiten reclamo porque la contestación que le dan al que se queja es que si no le gusta que no los traiga más aquí y por no oír esto se calla uno y sufre".[31]

Por último, hay que recordar que los precios del cuero habían bajado no solo por la evolución del mercado europeo y norteamericano, sino también por la enorme cantidad de ganado introducida en la provincia en 1827 como consecuencia del botín de la guerra con el Brasil. D'Orbigny comenta que se evaluaba en más de 200.000 el número de animales tomados a los brasileños por las provincias de Corrientes, Misiones, Entre Ríos y Santa Fe, y que diariamente llegaban a Corrientes varios centenares de cabezas que se vendían a vil precio en los mercados.[32] Es presumible entonces que la baja de precio de los principales productos de exportación haya reducido los ingresos de los correntinos y restringido el consumo, situación agravada, para los comerciantes, por el sensible aumento de competidores en la provincia. El cuadro de la balanza comercial muestra que, pese a la brusca caída de las importaciones en el año 1828, consecuencia del bloqueo brasileño, ellas suben sensiblemente de 1827 en adelante, sin un aumento proporcional de las exportaciones. La salida de metálico que esto entraña —combatida con escaso éxito por el gobierno— no podía menos que contribuir a la declinación de las ventas que indican los testimonios citados.

El déficit de la balanza comercial y el problema monetario

Si el lento desarrollo de la economía de Corrientes limitaba el crecimiento de las rentas públicas, el casi permanente déficit de la balanza comercial añadía un grave problema: la escasez monetaria derivada de la práctica habitual del comercio de cubrir con metálico el exceso de las importaciones sobre las exportaciones. Las medidas fiscales tendientes a combatirla abarcan todo el período. Fundamentalmente, consistieron, por una parte, en atacar el déficit de la balanza mediante una conjunción de medidas que incluían el proteccionismo aduanero, el fomento de las actividades productivas y la incorporación al mercado de habitantes marginales a él. Y, por otra, en prohibir la extracción de oro y plata, así como de joyas o monedas de esos metales. Estas prohibiciones, adoptadas en enero de 1825 y reiteradas en varias oportunidades, fueron reforzadas por la obligación impuesta a los comerciantes, según decreto de diciembre de 1826, de cubrir el valor de las importaciones con el importe de exportaciones de productos de la provincia. La medida del gobierno reglamentaba las formas de cobro y pago de las mercancías introducidas en el territorio provincial y las penalidades a los infractores.[33]

Por otra parte, se establecían procedimientos relativos a las libranzas para otras plazas, disponiendo la obligación de ser informadas al gobierno a los efectos de conceder a este prioridad para tomarlas en caso que necesitase girar contra fondos suyos depositados en otras provincias.[34] Los considerandos del decreto, relativamente extensos, comenzaban con una referencia adversa al papel moneda de Buenos Aires —que se quiere, denuncia, "introducir en los demás pueblos de la nación"—, al que adjudica el efecto de alterar las relaciones que existían en el comercio antes de su aparición. Con un criterio cuantitativista respecto de la moneda, afirma:

> las causas que obligaron a echar mano de aquel recurso obligan y obligarán siempre, a que la emisión del papel sea excesivamente preponderante sobre todos los artículos y mercaderías cuyos valores entran en la circulación al estímulo del interés real que busca el comercio, y en esta desproporción en que la mercadería moneda pierde el nivel que siempre procura con todos los artículos de cambio, ella es forzoso que decaiga al último abatimiento, y por una contraria proporción adquieren los efectos de valor real un precio, en más alto, y excesivamente extraordinario.

De allí se sigue la pérdida de la estimación pública por el papel moneda. Por otra parte, añadía el decreto, otra consecuencia nociva del papel era la inevitable escasez y quizá total desaparición del metálico. De manera que, considerando que la prohibición de extraer metálico establecida en enero de 1825 no surtió el efecto buscado, el gobierno se ve obligado a prevenir los males que pudiesen sobrevenir, adoptando las medidas ya comentadas.[35]

El decreto es en parte un recurso defensivo contra la depreciación del papel moneda de Buenos Aires comenzada en febrero de 1826 y agravada en la segunda mitad del año. El proceso inflacionario continuó hasta 1830, con una breve pausa durante el fugaz gobierno de Dorrego.[36] Esta depreciación había tenido efectos inmediatos en Corrientes, al punto que en julio y agosto de ese año dos comerciantes demandaron a colegas que habían entregado libranzas pagaderas en Buenos Aires a cambio de sumas de metálico recibidas en Corrientes. Los dos demandantes informaban que el pago de las libranzas había sido hecho en papel moneda y no en metálico, con pérdidas sensibles para ellos, pues se había tomado el cambio oficial de 17 pesos papel por onza de oro, mientras esta se cotizaba en realidad a 23 pesos.[37]

Por último, una medida complementaria de las anteriores, en cuanto intentaba también compensar la escasez de metálico, fue la adopción de un rudimentario papel moneda provincial, en 1826, en una emisión cuyo monto era de 3.000 pesos fuertes, modesta cantidad que indica, en realidad, la limitada pretensión de atender con estos billetes, más bien vales, el pago de ciertas obligaciones del estado, especialmente sueldos militares y burocráticos. Los billetes, del valor de un peso fuerte, eran canjeables por onzas de oro en la Colecturía General cuando el portador reuniese los 17 pesos fuertes papel equivalentes. El gobierno hacía obligatoria su aceptación en mercados y en cualquier operación comercial, así como en el pago de impuestos.[38] Los considerandos del decreto lo atribuían a la extrema escasez de moneda de plata, que causaba quebrantos a la tropa y a las familias de todas las clases en el cambio de onzas de oro por plata, evidentemente por el "premio" de la plata sobre el oro, derivado de esa escasez. Tal era la falta de moneda de plata que, a fines de 1822, el gobernador Blanco debió solicitar del Cabildo autorización, que le fue concedida, para enviar un mensajero a Buenos Aires con 2.000 pesos en onzas de oro a fin de cambiarlas por moneda de plata. El gobernador explicó que, pese a haber realizado las mayores diligencias en Corrientes, no había podido cambiar las onzas debido a la escasez de plata, cosa que impedía el pago de la tropa y otros gastos indispensables.[39]

Pocos meses después de la emisión, a fines de octubre del mismo año, el gobierno tuvo que retirar de la circulación el papel emitido porque "algún genio enemigo de todo orden físico y moral" había lanzado a la circulación billetes falsificados. Un año después vuelve a lanzarse otra emisión, por la misma suma. Esta vez los billetes eran en parte del valor de un peso de a ocho reales, como en la anterior, y en parte de dos reales. El decreto alude a la desaparición de la causa que obligó al retiro de la emisión anterior y a la subsistencia de los mismos problemas que la motivaron.[40] No vuelve a tenerse noticia de otras emisiones. Sí de la persistencia de la escasez de metálico, testimoniada por la referida reiteración de los controles sobre extracción de moneda o de metales, y por la introducción, descubierta en enero de 1833, de moneda falsa de plata, del valor de dos reales,[41] y, asimismo, por otra medida del gobierno provincial que, en 1835, reglamentó la venta de joyas u otros objetos de metal precioso, imponiendo la intervención de la policía para convalidar las operaciones.[42]

Pero si la escasez del metálico no tuvo completa solución, las disposiciones legales relativas al comercio exterior y al fomento de la producción tendieron a aliviarla por su sensible efecto sobre el déficit de la balanza de comercio. Como ya lo hemos comentado, el déficit que había sido de un promedio anual de 140.523 pesos fuertes entre 1825 y 1830, desciende a un promedio de 63.763 entre 1831 y 1838 (véase cuadros 5 y 9). La disminución —de una magnitud del 54,6%— es llamativa y podría haber sido un argumento de peso contra la observación que *El Lucero* efectuara en 1831, si las cosas no hubiesen llegado a un nivel de exasperación.[43]

Por otra parte, no debemos olvidar, según lo analizado antes, que en términos reales el déficit debió haber sido sensiblemente menor debido a aquellas fuentes de ingreso de metálico a la circulación monetaria de la provincia, correspondientes a actividades no registradas en la estadística oficial. Por todo ello, no debería sorprendernos que el problema parezca haberse atenuado a juzgar por la jactancia del gobierno. En respuesta a una solicitud de Rosas para que Corrientes hiciera suya la prohibición de exportar metálico, adoptada poco antes en Buenos Aires, el gobernador le expresa su satisfacción por ver triunfar "unos principios que el Gobierno de esta Provincia había adoptado desde mucho tiempo atrás para impedir la extracción de Plata y Oro y cortar anticipadamente los males que la codicia extrangera ha hecho sentir en otras partes".

Con evidente regocijo ante la oportunidad de desquitarse de las críticas recibidas de la prensa porteña por el rigor de la legislación local, el gobernador correntino señalaba que, fuese por la severidad de la ley, o por su estricta aplicación, "nunca han faltado los medios de cambio y circulación tan necesarios al comercio". Y, por añadidura, se permitía cierto tono de superioridad con respecto a Rosas, felicitándolo por la resolución adoptada y volviéndolo a felicitar "por haber tenido bastante valor para sobreponerse a las intrigas y maledicencias de los agiotistas".[44] De manera que, aun habida cuenta de la probable exageración del gobernador, el efecto conjugado de las disposiciones legales que prohibían la salida del metálico y de la reducción del déficit de la balanza comercial parecen haber aliviado la escasez de moneda.

Pero los años 1828 a 1830 habían puesto al estado correntino en la emergencia de elevar impuestos —pese a que algunos habían sido ya aumentados poco tiempo antes—, reducir sueldos en la administración, extremar las sanciones contra los evasores del fisco, tratar de comprimir el gasto público y lanzar un empréstito interno. Así, el decreto del 9 de abril de 1828 disponía retener la tercera parte de los sueldos de todos los empleados públicos, civiles y militares, hasta tanto hubiese fondos disponibles para abonárselos.[45] En cuanto a los impuestos, ya a comienzos de 1827 se habían elevado sustancialmente algunos de ellos, duplicándose los de exportación de maderas, caballos y mulas, y las patentes de navegación, y elevándose un 50% las cuatro clases de papel sellado. Se anuló, asimismo, la rebaja de los aranceles de escribanos efectuada en 1821 reimplantándose el arancel vigente durante la colonia, y se reformó el diezmo al ganado vacuno de manera de aumentar la recaudación.[46] Pero en agosto de 1828 se reforma nuevamente la escala de percepción del impuesto al ganado vacuno y se crean nuevos tributos en el ramo de patentes: a las curtidurías, hornos de ladrillos, embarcaciones menores y casas alquiladas. Mientras que en enero de 1829 se aumentó de 5 a 12 pesos por arroba el derecho de introducción de cigarrillos de tabaco del Brasil, rebajándose de 20 a 8 pesos la introducción de tabaco del mismo origen, medida que tendía a estimular la industrialización del tabaco. Por la misma ley, se crearon impuestos especiales a la introducción del azúcar, con una escala diferencial, en tres categorías de acuerdo con su precio en plaza.[47] Sin embargo, pese a un parcial éxito de los esfuerzos realizados para incrementar las recaudaciones, según muestran los aumentos en los ramos de Papel Sellado, Diezmo y Patentes, el ramo de Aduanas, principal rubro de los ingresos del estado, se redujo sensiblemente en el año 1828, por los indicados factores políticos y militares externos a la provincia (véase cuadro 16). Como contemporáneamente los gastos reclamados por la organización militar de la defensa del derecho de Corrientes al territorio misionero agravaron la situación del fisco, el gobierno se vio obligado a lanzar la suscripción del empréstito hacia mediados de 1828.[48] Se trataba de un empréstito a corto plazo, con el compromiso público de devolver las sumas así obtenidas a medida que las recaudaciones ingresaran a las arcas del estado.

Lo cierto es que ya desde 1825 el crecimiento de los gastos del estado, en gran parte gastos militares, es notable. De unos 40.000 pesos fuertes en 1824 salta a alrededor de 85.000 al año siguiente, para continuar entre 80.000 y 100.000 pesos fuertes en los tres años posteriores. Si el estado autónomo provincial se afirmaba con rapidez, el costo de sus logros organizativos se hacía sentir pesadamente en el presupuesto. Es así que en mayo de 1828, una ley del Congreso Permanente, respondiendo a una iniciativa del Poder Ejecutivo adscribe las capellanías laicas y eclesiásticas a los fondos del estado y autoriza al ejecutivo a invertir los fondos recaudados en los gastos que requerían las circunstancias. Además, por otro artículo de la misma ley, se lo habilitaba para solicitar un empréstito voluntario en la capital y en el interior de la provincia, con garantía de las propiedades públicas, medida esta reforzada por un decreto del mes siguiente que disponía la afectación de todas las propiedades públicas al pago de empréstitos, y por otro del mes de julio, reglamentario de la ley 203, que establecía normas para el inventario de las capellanías, la entrega de los fondos correspondientes a la Colecturía General, y en el caso de las capellanías establecidas sobre fincas, la venta de esas propiedades, dando el mismo destino a los fondos recaudados.[49]

APÉNDICE

EL NEOMERCANTILISMO ITALIANO EN HISPANOAMÉRICA [1]

El pronunciado interés por las doctrinas económicas mercantilistas y neomercantilistas que existió en los años anteriores a la Indepencecia, en especial por el neomercantilismo de Genovesi y de Galiani, se explica por su admisión de cierto papel del estado en el fomento y protección de las actividades económicas, junto con un mayor énfasis en el liberalismo económico, y por la doctrina, que compartían con los fisiócratas, que consideraba la agricultura como fuente de la riqueza de una sociedad. Estos temas fueron particularmente atractivos para los círculos ilustrados de las colonias hispánicas, lógicamente condicionados para apreciar, en ese eclecticismo, un medio de proteger el desarrollo de regiones europeas, como el sur de Italia o España, frente a economías más fuertes.

Asimismo, contribuía con esa influencia italiana en Hispanoamérica, a manera de puente, la simpatía hacia el neomercantilismo napolitano por parte de Jovellanos y otras figuras prestigiosas de la España borbónica.[2] Desde esta perspectiva, la publicación en Madrid, en 1804, de las *Lezioni di Commercio*... de Antonio Genovesi, traducidas al español por Victorian de Villava, destacado funcionario español en la Audiencia de Charcas y profesor en la Universidad de ese mismo lugar, cobraba especial significación por el papel que les cupo en el movimiento de la independencia a algunos de sus alumnos, como Mariano Moreno o Juan José Castelli.[3]

Por otra parte, fortalecía esa influencia la posición moderada que implicaban en política las doctrinas neomercantilistas, frente al carácter más avanzado que poseían, para el público hispanoamericano, las de los fisiócratas o de Adam Smith. De manera que el tema de la adecuación a las circunstancias locales —como rasgo opuesto, y preferido, al del "abstractismo" de las leyes económicas, válidas para todo tiempo y lugar, propio de las doctrinas fisiocráticas y smithianas— fue también factor de esa influencia. Esta observación puede extenderse a otros lugares de América donde se verifica también la simpatía por el iluminismo napolitano, como en Guatemala, donde una figura de las dimensiones de José Cecilio del Valle se manifiesta entusiasta, todavía hacia 1830, de la literatura económica italiana.[4]

Pero el análisis de la influencia de esta corriente de pensamiento, como es el objeto de nuestros citados trabajos, atiende solamente a uno de los problemas que implica el uso de las doctrinas europeas en Iberoamérica. Otro problema, más complejo, deriva de la necesidad de evaluar el grado y la naturaleza de su influencia real en la historia del período. En el caso rioplatense, luego de la Independencia, es evidente que la fuerte adhesión al liberalismo económico en Buenos Aires —en cuya Universidad la cátedra de Economía Política inaugurada en 1823 difundirá las doctrinas de Smith y sus segiudores— contrarresta la influencia del neomercantilismo italiano, mientras que las huellas de esta corriente se observarán en las expresiones de los sectores afectados por el librecambio. Es así que en el proceso de afirmación de los particularismos provinciales y de construcción de los estados autónomos provinciales, consiguiente al fracaso de las tentativas de organización nacional, el neomercantilismo se habría de convertir en sustento teórico de reclamos contra el librecambio, por una parte, y en fuente de algunas de las disposiciones de política económica, por otra; terreno este último en que se combinaría con doctrinas propias del mercantilismo. Podremos comprobar así, como un rasgo característico de la utilización de las doctrinas económicas en la política económica rioplatense y en el debate que ella provoca, que la anterior influencia mercantilista, en la que destacaban autoridades españolas de la primera mitad del siglo XVIII como Jerónimo de Uztaritz, se entronca con esa tradición neomercantilista de los italianos de la segunda mitad de esa centuria.

Un ejemplo de esto nos lo proporciona uno de los capítulos de mayor trascendencia en la historia argentina de la primera mitad del siglo XIX, en cuanto respecta a las tentativas de organización constitucional del país y a los conflictos interprovinciales a ellas ligados. Se trata de las tensiones que afectaron las relaciones interprovinciales en el Litoral argentino frente a la cuestión nacional y la política económica, a raíz de las divergencias surgidas en torno al contenido del Pacto Federal de 1831 y a la forma de su aplicación.

El neomercantilismo en la política económica del Litoral

En 1831 las provincias del Litoral argentino suscribían el tratado que daba nacimiento a la Liga del Litoral. Para algunas de ellas, el Pacto Federal, así llamado el tratado al incorporársele el resto de las provincias argentinas, debía ser inmediatamente seguido por la organización constitucional del país, propósito fracasado a corto plazo por la oposición de la provincia de Buenos Aires. En las discusiones en torno al tratado y en la polémica inmediata posterior, fueron expuestas las líneas generales de dos políticas económicas contrapuestas. La tradicionalmente considerada liberal, de la provincia de Buenos Aires, y la proteccionista, sustentada por las otras provincias litorales, especialmente Corrientes con el inicial apoyo de Santa Fe y Entre Ríos. En el curso de la inmediata confrontación con Buenos Aires, las provincias de Santa Fe y Entre Ríos pasarían cada vez más a tolerar la política de Buenos Aires, dejando aislada a Corrientes, provincia que acentuaría entonces los rasgos proteccionistas, para algunos ya propios del nacionalismo económico, de su política económica. En los fundamentos de ambas políticas, según los escritos de sus principales expositores estaban presentes doctrinas económicas europeas distantes entre sí como podían serlo las de Adam Smith y Antonio Genovesi. Smith era invocado por Pedro de Angelis, vocero del gobierno de Juan Manuel de Rosas, para apoyar la política librecambista de Buenos Aires. Mientras un ex alumno de la Universidad de Charcas, José Simón García de Cossío, resumía algunas de las principales doctrinas del autor de las *Lezioni di Commercio*... en defensa de la política correntina.[5]

Tanto en la programación de la política económica de la provincia de Corrientes posterior a 1821 como en su exposición pública, fue decisiva la participación de un destacado jurista, el recién mencionado José Simón García de Cossío, la única figura intelectual de relieve en la política de la provincia y autor u orientador de la mayor parte de sus documentos públicos de trascendencia. García de Cossío era miembro de una de las principales familias lugareñas, familia que poseía ascendencia italiana, como lo indica la segunda parte del apellido paterno. Fue hermano de otro jurista también de nota en la política rioplatense, al servicio de Buenos Aires, Juan García de Cossío. José Simón había cursado sus estudios de Derecho en la Universidad de Charcas, cuya receptividad a la influencia ilustrada de fines del período colonial contrastó con la orientación tradicional de la Universidad de Córdoba. Hacia 1790, luego de egresar del Real Colegio de San Carlos —donde tuvo como condiscípulos, entre otros que adquirirían notoriedad en breve, a Mariano Moreno y a Juan José Castelli— se había trasladado a Charcas, de cuya famosa universidad habría egresado hacia 1800. Allí se graduó también otro correntino, el doctor en Teología y Humanidades José Vicente Fernández Blanco —hermano del que sería más tarde primer gobernador constitucional correntino—. De regreso en Corrientes, García de Cossío y Fernández Blanco contribuyeron a la difusión del pensamiento ilustrado en el reducido mundo intelectual de la provincia,[6] prolongando una tradición que se remonta a la influencia de esa misma corriente en el reformismo borbónico español, tradición de la que José Simón García de Cossío, muerto en 1840, fue uno de sus últimos exponentes.

Advertir la presencia del neomercantilismo napolitano en el Río de la Plata en un momento relativamente tardío, casi a mediados del siglo XIX, modifica un tanto la perspectiva abierta por la comprobación de su influjo a comienzos del siglo, comentada más arriba. Es cierto que la influencia del pensamiento napolitano, no solo económico sino también político, fue más extendida y persistente de lo que habitualmente consideramos. Desde el Río de la Plata hasta Cuba o Guatemala, es posible encontrar el interés, a veces entusiasmo, por la obra de Genovesi o Filangieri.[7] Pero, de todos modos, la fuerte huella del pensamiento económico de estos autores, como también de Galiani, en una etapa y en unos conflictos de la trascendencia de los que hemos aludido, amplía sustancialmente la perspectiva con que debemos considerar esa influencia. Si examinamos la política económica de la provincia de Corrientes —de cuya notable consistencia para cimentar el orden social y construir un estado de la fuerza que adquirió antes de sus derrotas de los años cuarenta, apenas da idea la muy conocida defensa de su política proteccionista— advertiremos la presencia de Genovesi en muchas de sus facetas. Por ejemplo, la profusa legislación correntina destinada a reprimir la vagancia y a dar destino productivo a la población así considerada, si bien corresponde a un asunto cuyos antecedentes pueden rastrearse en las mismas Leyes de Indias, está concebida y defendida con criterios coincidentes con los capítulos de las *Lezioni*... que Genovesi dedica al tema de la ociosidad. Especialmente, los capítulos XIII, "Del impiego de'poveri e de'vagabondi", y XIV, "Del costume, siccome primo e grandissimo mezzo da migliorare le arti, e accrescere la quantita della fatica e della rendita della nazione".[8] El criterio prevaleciente en la legislación de la provincia es que los "vagos y malentretenidos" son perjuidiciales no solo por ser una fuente de delitos y desórdenes, sino porque tampoco contribuyen a la riqueza de la sociedad ni a las arcas del estado.

Además, medidas de otro tipo adoptadas por Corrientes indican que no fue la necesidad de mano de obra el factor que condicionó las disposiciones que exigían la papeleta de conchabo, u otras que también restringían su libre circulación. En efecto, a la persistente represión de la vagancia se unieron las medidas protectoras y de estímulo a la agricultura —más abundantes que el más conocido proteccionismo industrial—, o las facilidades para que la población sin recursos accediese a la propiedad de la tierra, siempre con el propósito de ampliar el número de productores mercantiles. La provincia abundaba en zonas de facilidades naturales para la subsistencia, y era numerosa la población que vivía al margen del mercado o con escasa participación en él. La política que los gobernantes provinciales llevaron adelante con llamativa constancia condecía también con el tercer principio del capítulo XX de las *Lezioni*...:

> Que donde los oficios no se cultivan más que para el solo objeto de la subsistencia, y de una subsistencia sobria, no puede haber excedente, y por esto tampoco comercio. Porque entonces, como entre los salvajes, ninguno procurará de tener más que lo que basta a las necesidades naturales. Faltando así el excedente, debe faltar la sustancia del comercio. Razón por la que es necesario lograr que cada oficio se contemple por quien lo emprende con ojos de comerciante, de modo que procurando todos lograr más que lo que cada uno necesite, generen en la nación un amplio fondo para el comercio exterior. [9]

Las teorías neomercantilistas poseían también otra utilidad para ser usadas en la polémica con Buenos Aires: sus doctrinas afines al liberalismo económico contribuían a suavizar las argumentaciones en pro de las políticas restrictivas. Esto ayudaba a los correntinos frente a los severos ataques de sus críticos, efectuados para un público como el de Buenos Aires, ganado por el liberalismo. No deseamos, argüía Ferré, "...ocupar un lugar entre los autores del sistema mercantil o exclusivo...". Afirmaciones conjugadas con abundantes invocaciones al espíritu ilustrado del siglo y otras similares. [10]

De manera entonces que encontramos un ámbito en el cual la influencia neomercantilista, italiana y española, se despliega con fuerza: el ámbito de la fundamentación global de la política económica y de algunas de sus concreciones, así como de la polémica, en periódicos y folletos, con los adversarios adscriptos al liberalismo económico. En su conjunto, toda la justificación de su política económica efectuada por los correntinos en la polémica con De Angelis y otros voceros de Buenos Aires, posee gran afinidad con diversos capítulos de la obra de Genovesi. Y aunque varios de ellos contenían puntos de vista comunes a otros autores del siglo XVIII —que también circularon en Hispanoamérica y que pueden presumirse conocidos del autor de los documentos correntinos, como Jovellanos, Campomanes y otros ilustrados de la España borbónica—, [11] hay casos en que la coincidencia es más notable. Por ejemplo, si bien la teoría cuantitativa de la moneda estaba bastante difundida como para que fuese necesario buscar la filiación de un documento correntino sobre el tema monetario, es notable la coincidencia de lo escrito por Genovesi en los *Opuscoli Enconomici*, sobre los riesgos del exceso de papel moneda para la riqueza de una sociedad, con los considerandos de un decreto de la provincia en el que se criticaba el papel moneda de Buenos Aires.[12] De igual manera, puede advertirse la coincidencia de otros documentos con diversos temas desarrollados por Genovesi, como ocurre con un manifiesto del gobernador de la provincia que declara a la agricultura la única fuente de su riqueza.[13]

Sin embargo, si en la formulación de los fundamentos de su política los escritos correntinos mostraban huellas inequívocas del neomercantilismo del siglo XVIII, el conjunto de la política económica de la provincia ofrece un panorama distinto, pues, pese a los alardes liberales de algunos textos de Ferré y García de Cossío, los gobiernos correntinos combinaron doctrinas diversas, pero con predominio de las mercantilistas. La política económica de Corrientes, en efecto, con su preocupación central en la balanza de comercio y en impedir la disminución del metal precioso existente en la provincia, tendía más bien al mercantilismo de la primera mitad del siglo XVIII. Más aun, algunos de los instrumentos legales de importancia en el conjunto de la legislación comercial de Corrientes constituían, o bien prácticas de las etapas iniciales del mercantilismo —como la prohibición legal de exportar metales. combatida por los mercantilistas que elaborarían la doctrina de la balanza de comercio— o, cosa más notable, eran normas anteriores al mercantilismo, aunque pudiesen también encontrarse en sus comienzos. Tal el decreto que obligaba a cada comerciante a equilibrar sus importaciones y exportaciones; norma vigente en Venecia desde la primera mitad del siglo XIV, extendida luego a otros estados, como Inglaterra a fines del mismo siglo, o Portugal, donde se hallaba en vigencia a fines del siguiente. Es decir, se buscaba obtener un saldo favorable de la balanza comercial del estado, a través del equilibrio de la balanza de cada comerciante.[14] En esto la legislación correntina se aparta de la que parece ser otra de sus fuentes principales, la obra del mercantilista español de la primera mitad del siglo XVIII, Gerónimo de Uztaritz —autor que, a su vez, había influido en el neomercantilismo napolitano—.

En efecto, la reglamentación del comercio exterior de la provincia parecía apoyarse en Uztaritz, con cuyas consideraciones sobre el manejo de los aranceles para proteger las producciones nacionales e impedir la fuga de la moneda metálica hacia el exterior, más detalladas en sus prescripciones que las páginas de Genovesi sobre comercio exterior y moneda, posee estrecha correspondencia la política aduanera de Corrientes; pero no coincide con Uztaritz, en cambio, la interdicción a la salida del metálico, pues el español tenía por ineficaz la prohibición legal de exportar metálico y subrayaba el único remedio que consideraba capaz de solucionar el problema: el logro de un saldo favorable de la balanza de comercio.[15] Los correntinos no vacilaron en combinar esta última doctrina con aquella práctica antigua y desacreditada, quizá por confiar en una mayor posibilidad de control del flujo del metálico en el reducido ámbito de la provincia. Pero, por lo demás, parecían concordar en que la eliminación del déficit de la balanza y el rechazo del papel moneda eran adecuados, entre otros propósitos, para combatir la penuria de la moneda metálica. De esta manera, la influencia del neomercantilismo napolitano se imbrica con otras tendencias, en la polémica y en la práctica política económica de la Argentina de la primera mitad del siglo XIX.

II. EL PROTECCIONISMO ECÓNOMICO EN LA CONSTRUCCIÓN DEL ORDEN SOCIAL

POLÍTICA ADUANERA

DURANTE EL MANDATO del primer gobernador constitucional, Juan José Blanco (diciembre de 1821-diciembre de 1824), la protección era moderada y no demasiado explícita como lo sería más adelante, a partir del primer gobierno de Ferré. Así, los considerandos del decreto que promulgaba el nuevo reglamento de aduanas de la provincia, en diciembre de 1822, poseían un carácter estrictamente fiscal:

> nada ha ocupado más mi atención —decía el gobernador—, como la idea de restablecer el erario público sobre sus verdaderos principios [...] he creído conveniente y oportuno que al erario de la provincia ingrese el caudal correspondiente a su giro por los derechos que se le adeudan en la introducción y extracción que hace el comercio.

De lo contrario —continuaba— quedará expuesto a los quebrantos que le ocasione el comercio clandestino. El único matiz proteccionista hecho explícito por el gobernador Blanco se refiere al objetivo de ayudar a los hacendados a restablecerse del estado "lánguido y desfallecido" en que se encontraban, propósito que se corresponde con la rebaja de los derechos de exportación contenida en el arancel. En agosto de 1824 es el Congreso provincial el que hace pública una expresión proteccionista —en favor de la agricultura por medio de los derechos de importación a aguardientes y miel de caña— y comunica su resolución al gobernador indicándole que la cumpla empleando todo su celo en la forma que pueda.[1]

Es probable que, en la coalición de fuerzas sociales que recuperaron la autonomía provincial en 1821, Blanco representase una tendencia moderada dentro del tradicional proteccionismo de la época y más propensa al entendimiento con Buenos Aires, como lo muestra su correspondencia con el gobernador Martín Rodríguez, en la que adopta una actitud reverente y manifiesta afán de agradar al corresponsal, en un estilo marcadamente distinto al que predominará más adelante en las relaciones con aquella provincia. Con ese espíritu, por ejemplo, le proponía el envío de malhechores de la campaña a Buenos Aires —como también hacía el gobernador de Entre Ríos— para que el gobierno bonaerense le diese el destino que juzgase conveniente. Y también solicitaba anuencia para enviarle jóvenes en calidad de aprendices, a fin de que se los intruyese en oficios manuales de utilidad para Corrientes.[2]

De hecho, el arancel de 1822 implicaba una rebaja también de los derechos de importación, puesto que el vigente desde el reglamento provisional de Artigas, de 1815, era de un 25% general, más otros recargos añadidos en 1816.[3] Pero a partir del segundo gobierno constitucional —primero de Ferré— la política proteccionista se acentúa, correlativamente a una sensible toma de distancia frente a Buenos Aires. Apenas instalado Ferré en la gobernación, promulga la Ley de arancel y reglamento general de aduanas, el 26 de enero de 1825, en la que el proteccionismo aduanero se refuerza, aunque aún moderadamente. Y en el mes de marzo del mismo año, en una correspondencia con el gobernador de Buenos Aires, expresa algunos de los puntos de vista que serían centrales en la polémica desatada en 1831. Nada más urgente, escribía Ferré, que un poder soberano legislativo, un ejecutivo general y la formación de una tesorería nacional. Los dos primeros objetivos se han conseguido, puntualizaba refiriéndose al reciente gobierno nacional, pero el tercero no. Se sabe que las provincias interiores no poseen recursos, añadía. La de Corrientes no se ha repuesto aún y su agricultura no tiene alicientes ni alivios. "Mientras todas las producciones de la América no tomen una importancia capaz de hacerlas entrar en balance con las que introducen los extranjeros en el mercado de esa capital no hay que esperar que prosperen, ni adquieran aquel grado de respetabilidad que emana de las grandes fortunas particulares. No a otro principio debe atribuirse el estado indigente de cada Provincia y su origen ellas lo conocen muy bien. Esa falta de consideración con que los gobiernos de esa capital han reglado los derechos de introducciones extranjeras sin previsión a la quiebra que iba a originar a las diferentes producciones de la América, ha excitado siempre una especie de prevención opuesta a la armonía y cordialidad que debe unirlos a todos."[4]

El criterio proteccionista de los correntinos no se limitaba a la faz aduanera del asunto. Ya muy tempranamente, como veremos, el gobierno adoptaba diversas medidas tendientes al fomento de la agricultura, a la que consideraba la fuente de toda riqueza. Y, paralelamente, apelaba a los limitados medios de comunicación que tenía a su alcance para difundir su política entre la población. En efecto, en agosto de 1826, Ferré dirige un manifiesto al pueblo de la provincia a fin de "promover la industria y el fomento de la agricultura". Su contenido consistía en un llamado al cultivo de la tierra, cuyos frutos "son la única riqueza de nuestra provincia, y a proporción de que crece el número de familias que deben mantenerse en su seno, debe ensancharse también por todos los medios imaginables la industria". El gobierno, añadía, estaba empeñado en proteger "un ramo que por sí solo ha hecho en varios tiempos la opulencia de los países", concediendo toda su importancia a los frutos del país, para evitar el desánimo que produce en los labradores el advertir la inutilidad de sus esfuerzos. Concluía prometiendo a los labradores toda la protección necesaria, y llamando a los hacendados a auxiliar y favorecer a los menesterosos que se dedicasen a la agricultura, así como a los comandantes militares y magistrados de la campaña a velar por el cumplimiento de la legislación respectiva: "ponedles delante de los ojos —decía a los últimos—, que quedando cimentado el principio de dar importancia a los frutos del país, se disminuirá el valor de los extraños, y haciéndose cada vez menos su consumo, serán perfectamente aceptados y recibidos generalmente, los frutos de nuestra provincia".[5]

El manifiesto de Ferré se remitía, en sus primeras líneas, al decreto de junio del año anterior, por el que el gobierno trataba de dar solución conjunta al problema de la población considerada ociosa, "la clase de vagamundos", y a la necesidad de acrecentar la producción agraria. Dicho decreto encomendaba a los comandantes militares la misión de obligar a tales pobladores a sembrar una cantidad de tierra apta para su mantenimiento y el de su familia.[6] Es decir que, en parte movido por la viva preocupación de eliminar factores de alteración del orden social, en parte por la meta menos inmediata de acrecentar la actividades económicas que fundamentarían la ampliación de los recursos provinciales, estimuló permanentemente —y compulsivamente— el asentamiento agrícola de aquellos pobladores, numerosos en la época, que vivían en una economía de subsistencia al amparo de la abundancia de recursos naturales de la provincia. Bajo el característico rótulo de la persecución a "vagos y malentretenidos", como veremos enseguida, dispuso para esa población una alternativa rígida: asentarse en terrenos proporcionados por el estado o ser destinados a milicia, trabajos públicos o cárcel. Así, mediante medidas especiales de reparto de propiedades públicas, ocasionalmente también para la fundación de nuevos pueblos, y luego con el sistema de enfiteusis, impulsó el arraigo de pobladores para el desarrollo de la agricultura. Un ejemplo exitoso de esa política fue la fundación de Bella Vista, en 1826, convertida inmediatamente en puerto habilitado al comercio exterior; pueblo que, por otra parte, tendía al control de una zona de entrada de las incursiones de indígenas chaqueños.

CONDICIONES SOCIALES DE LA POLÍTICA ECONÓMICA CORRENTINA

Habitualmente, suele juzgarse que casos de proteccionismo como el que consideramos son una simple expresión de los intereses de ciertos sectores productivos —agricultores, artesanos—, asumidos por los ocupantes del poder. Este punto de vista no es totalmente erróneo, pero está lejos de dar cuenta suficiente del complejo de relaciones sociales que traduce una política económica como la que consideramos.

En el caso de la provincia de Corrientes, la organización del estado a partir de 1821 exhibe con bastante claridad la naturaleza de esas relaciones sociales, con problemas en parte similares a los de las provincias vecinas, pero en buena medida derivados de la peculiaridad de su estructura social. El primero de esos problemas, el de la relación entre los diversos sectores propietarios, fue resuelto en el momento mismo de la organización de la reconquista de la autonomía de la provincia, como una alianza de mercaderes urbanos con hacendados y estancieros rurales —papeles confundidos frecuentemente en las mismas personas o familias—. Sus relaciones, a lo largo del período, fueron relativamente armónicas. En primer lugar, porque en la medida en que el control del comercio estaba en manos de aquellos que llamamos mercaderes, es decir, de quienes ejercían a la vez actividades productivas mercantiles, comerciales y de transporte, el proteccionismo de esa política económica no creaba las resistencias que podrían haber producido entre simples comerciantes las restricciones al tráfico. Algunas colisiones de intereses afloraron en torno a la legislación impositiva, pero sin ocasionar demasiados trastornos. Es muy probable, por ejemplo, que la demora del Cabildo —sustituto del Congreso— en aprobar el reglamento de aranceles de 1821 haya tenido que ver con las disputas en torno a intereses contrapuestos.[7] Y más claro aun resulta el texto de una reforma parcial del arancel: "Habiendo el H. C. P. tomado en consideración la nota del gobierno de fecha del día [18/IX/826] en que hace ver a esta representación, que el artículo 2 del reglamento de aduana, está en oposición con los intereses de los hacendados, refluyendo en beneficio únicamente de tres o cuatro fabricantes de curtidos".[8] El decreto rebaja los derechos de exportación de los cueros de vaca, becerro y ternero, igualándolos a los de los demás cueros, anulando así, en favor de los productores, una medida restrictiva de la exportación de la materia prima básica de las curtiembres. Esta preocupación por los intereses de los hacendados era ya política oficial desde los primeros momentos de la organización autónoma de la provincia. Una ley de diciembre de 1821 acordaba abonar a los propietarios los ganados consumidos por el estado desde la época del dominio de Ramírez —así como las deudas contraídas con los comerciantes—. Otra ley de la misma fecha, ya citada, que recomendaba al gobernador la rebaja de ciertos derechos considerados excesivos, se tradujo en la baja, entre otros, de los de los productos ganaderos de exportación. La misma ley disponía en otro de sus artículos la elaboración de una ordenanza para labradores y hacendados "quienes serán protegidos muy particularmente por el gobierno".[9] La protección de la producción pecuaria y agrícola, como también veremos, era una de las más firmes bases de la política económica provincial.

REPRESIÓN DE LA "VAGANCIA" Y DE LAS SUBLEVACIONES MILITARES

Junto a las relaciones entre los miembros del grupo de grandes propietarios de la provincia, la de estos con los grupos subordinados fue también decisiva. Si aquellas fueron bastante armónicas y duraderas, se debió en gran medida a la gravedad que había adquirido en Corrientes el desborde popular, abierto por la Independencia, sobre la propiedad y el orden político. El grupo dirigente correntino conservó permanentemente viva la memoria de ciertas etapas de la dominación de los lugartenientes de Artigas y de Ramírez, y vivió pendiente del temor a lo que consideraba sus secuelas y a la posibilidad de su reiteración. Al finalizar el primer gobierno constitucional, el gobernador Blanco recordaba en su mensaje de despedida: "el orden público se ha sostenido y todas las clases pasivas han gozado bajo la fuerza y la autoridad del gobierno de la libertad y seguridad de sus personas". Esto, continuaba, forma un vivo contraste con épocas anteriores en que la provincia se vio sepultada "en la más espantosa degradación, sufriendo las extorsiones y violencias que tanto dehonraron la causa de los pueblos y la dignidad de los hombres".[10] Esas circunstancias fueron recordadas por Pedro Ferré al redactar sus *Memorias*, mucho más tarde, según hemos ya comentado en otro lugar. Entre ellas figuraba, como la de más honda repercusión por sus resultados inmediatos y por lo que expresaba para el orden social de la provincia, la ocupación de la capital en 1818 por las tropas de indios misioneros al mando de Andresito, uno de los lugartenientes de Artigas, de la que también nos hemos ocupado antes y de la que Ferré haría un violento resumen en su manifiesto justificativo de la invasión a la "provincia" de Misiones en 1828.[11]

En enero de 1823, el gobernador Blanco enviaba una extensa carta a su colega bonaerense, Martín Rodríguez, en la que describía las secuelas de aquella época. Corrientes está inundada —le dice— de ladrones de campaña, debido al plan bárbaro de los jefes de partidos y de facciones que ganaron la adhesión de sus grupos abandonándoles a su arbitrio los establecimientos e intereses de la campaña.[12] Con igual tenor, los documentos oficiales correntinos abundarán continuamente en referencias al problema de los "vagos y malentretenidos" y los gobiernos promulgarán diversos instrumentos legales para tender a su desaparición. Aunque el problema se elabora y formula en términos de criminalidad, ocasionales referencias a los tiempos del artiguismo o a algunas de sus manifestaciones posteriores, le acuerdan el carácter de conflicto social en torno al disfrute de la propiedad de ganados y otros bienes.

Quien más vivamente expresó, quizás, esta otra faz del asunto, con curiosa metáfora, fue Lucio Mansilla, gobernador de la vecina provincia de Entre Ríos que conocía similares problemas. En una correspondencia con el gobernador de Buenos Aires expresa sus temores de que si reviviese la "anarquía", esa y otras provincias podrían ser "presas del Sans-culottismo y la Montonera".[13]

La existencia, entonces, de una numerosa población sin ocupación definida —a juicio de las autoridades de la época—, se convertía en un importante motivo de inquietud para el estado por tres razones principales. Una, la más perceptible en forma inmediata, era el riesgo de robo, especialmente robo de bienes pecuarios. Cómo pueden mantenerse ellos, sus familias y agregados, si no es robando de un lado a otro, se pregunta un funcionario de la campaña, hemos ya visto, a comienzos de 1822. Es claro que lo que era robo para este criterio no lo era para el de aquellos que estaban habituados a disponer sin límites del ganado para su subsistencia, sin inquirir si ese ganado tenía o no propietario. La disciplina del trabajo y el respeto a la propiedad del ganado no formaba parte de las pautas de esa población. Y lo que estaba ocurriendo, tanto en Corrientes como en otros lugares de Hispanoamérica, era el proceso de impregnación de la ética correspondiente a la economía moderna en una población hasta el momento marginal a ella. "Esa clase de gente —continúa el documento del Alcalde correntino— me parece conveniente precisarlas a que se pueblen en las Capillas arreándolas a la fuerza y entregándolas a los respectivos jueces, para que le señalen los lugares en que deban establecerse. De este modo se evitarán en mucha parte los robos de ganados que continuamente se lamentan los hacendados" y que continúen en la "vida holgazana criminal y libertina a que están acostumbrados". [14]

Las escandalizadas observaciones del Alcalde provincial hallaron eco en la tradicional sensibilidad del Cabildo por ese tema. En un acuerdo, bastante más extenso que lo habitual, se expresaba la necesidad de "que los malentretenidos no sigan con el abuso que hasta hoy, despreciando todas cuantas reconvenciones se habían hecho por el gobierno y cabildo, procurando el modo más honesto a contenerlos del robo a que tan abusivamente se han constituido sin respetar los parajes más sagrados". Ese "atroz delito" debía ser amenazado por bando público con la pena de destierro y azotes, fuese cual fuese la calidad. sexo o estado del reo. El Cabildo recomendaba al gobernador dirigirse a su colega de Buenos Aires para remitirles los reos —como vimos, lo cumplió el gobernador Blanco—. "fomentar la misa, religión y custodia" del reo remitido a prisión y solicitar a los cuatro alcaldes de barrio de la capital la lista de individuos sin un trabajo que pueda sustentarlo a él y a su familia, a fin de fijarles un plazo para que procedan a darse una labor conveniente, bajo apercibimiento de que si no lo hicieran quedaba al arbitrio del Cabildo disponer de ellos para separar a todo haragán de la sociedad. [15] En las visitas de los cabildantes a la cárcel pública de Corrientes, a fin de informarse de las causas pendientes de resolución, los interrogatorios sobre los motivos del encierro arrojan varias informaciones de interés sobre ese tipo de delitos y sobre el uso de la figura de "vagancia" aun por los mismos acusados; como aquel reo que al ser preguntado sobre su delito, habría respondido diciendo que "era enteramente vago, y de hecho de costumbre ladrón". [16]

Todo esto no era nuevo en la provincia, y documentos de fines del período colonial ofrecen testimonios similares. Para los dirigentes correntinos de la etapa que nos ocupa, el dominio artiguista y el más breve de Ramírez eran en buena medida responsables del origen o agravamiento de esos males, en cuanto habían buscado la adhesión popular tolerando la apropiación indiscriminada de la propiedad agraria. Por ejemplo, cuando en diciembre de 1825 José Vicente García de Cossío —hermano de José Simón— intenta vender un campo situado entre los ríos Corrientes y Batel a una firma de Buenos Aires, requiere auxilio del gobierno para desalojar a pobladores que ocupaban parte de su propiedad sin títulos legales. Se trataba de otros tantos casos de ocupación consuetudinaria de tierras privadas o públicas, fenómeno ya antiguo en el Río de la Plata. El interesado alega que esos hombres viven en esos terrenos "sin otro título que el hecho de haberlos ocupado, aprovechando la oportunidad que franqueó la época pasada oscura y turbulenta del despotismo y la tiranía". Se trata, agregaba, de "restos funestos todavía a los derechos de la propiedad individual", encarnados en "hombres que desconocen los nobles principios de la moral privada y pública".[17] No los califica de vagos y los datos que provee ocasionalmente en su escrito indican que se trataba de familias de labradores, indudablemente con algunas cabezas de ganado mayor, pues expresa la conveniencia de darles un plazo para el desalojo "habida consideración al número de sus familias, sus recursos, su propiedad y al estado de las labranzas que tuvieren". Pero situaciones sociales semejantes eran frecuentemente calificadas de vagancia en atención a la falta contra el ordenamiento legal de la provincia o a los riesgos que comportaran en tal sentido.

El Reglamento Militar Provisorio de abril de 1822 encomendaba a los Comandantes de Campaña el facultar a sus subalternos para perseguir "desertores, ociosos y los que por sus excesos se juzguen incorregibles".[18] Pero el índice del criterio oficial al respecto lo constituye la ley que aplica la pena de muerte para el delito de robo, cometido con fuerza o violencia, de bienes cuyo valor fuese de cuatro pesos como mínimo. En caso de que el robo, por los mismos valores de cuatro o más pesos fuertes, se cometiese sin violencia, la pena impuesta era de 200 azotes aplicados en la vía pública y ocho años de servicio en el ejército. Y a lo largo de los 12 artículos de la ley se detallaban diversos grados del delito y de las penas correspondientes, aplicables incluso a robo de aves caseras, frutas u hortalizas y sin perjuicio de la indemnización por los daños causados.[19]

La cantidad de medidas oficiales, que a veces formaban parte de legislación relativa a asuntos de dispar naturaleza, pero afectados en alguna medida por hechos delictivos, da idea de la magnitud del problema y de la sensibilidad al respecto. Poco más de cuatro meses después de la citada ley sobre robos, un decreto que concede a cualquier ciudadano la atribución de detener a los vagos y malentretenidos y de entregarlos a la autoridad, hace explícito lo que comentamos:

> El gobierno sabe que a pesar de los bandos y disposiciones generales, que con repetición han circulado y publicado en toda la provincia, para la persecución y captura de los vagos y malentretenidos, todavía existen hombres de tan mala condición, que con su vida pública afrentan la moralidad del país; y empeñado a que todos los habitantes del suelo correntino sean

útiles y benéficos a la sociedad, no perdonará desvelos ni fatigas, que puedan contribuir a tan laudable consecución.[20]

La legislación represiva llegaba aun más allá en su afán de disminuir la frecuencia de los ataques a la propiedad, así como a la seguridad del estado, ocupándose de reuniones públicas y privadas, juego, conducta en la vía pública y en locales de comercio, limosna, ebriedad, etcétera. Entre los 33 artículos del decreto de policía del 4 de febrero de 1825, que describía con minucia las actividades delictivas o perniciosas por su presunta proclividad al delito, y las formas de represión y castigos, figuraba, por ejemplo, el que sigue: "Art. 13. Todo individuo que en los días de trabajo ande cruzando las calles sin objeto determinado, será tenido por vago y destinado al servicio de las obras públicas en clase de corrección, por el término de cuatro días la primera vez, de ocho la segunda y la tercera por un mes". En diciembre de 1832, un decreto sobre reuniones en las pulperías volvía sobre algunas de las infracciones penadas en el reglamento de policía.[21] Otro aspecto del mismo problema —esto es, el que implicaban los habitantes sin ocupación precisa—, era el riesgo permanente que esa población entrañaba para el orden social, tal como se lo estaba intentando organizar desde 1821 en adelante. El riesgo de la "anarquía", es decir, de insurrecciones contra el orden legal de la provincia —como ocurrieran, aunque sofocadas, en enero de 1824 y octubre de 1825—[22] tenía relación con la existencia de habitantes fácilmente movilizables para operaciones armadas. La provincia de Corrientes no escapa, en este terreno, a la común preocupación de todo el ámbito rioplatense —e hispanoamericano— ante la proliferación de conflictos sociales desatados por el proceso de la independencia y ante las consecuencias anarquizantes de muchos de ellos para el orden político. Sin embargo, a diferencia de la mayoría de las provincias rioplatenses, y especialmente de sus dos vecinas, Entre Ríos y Santa Fe, logró organizar sobre bases constitucionales un orden político estable y, a la vez que sofocar los intentos insurreccionales —especialmente provenientes del aparato militar—, dar cauce institucional a las tensiones y querellas políticas surgidas a lo largo del período. La preocupación fue constante y se tradujo en la minuciosa construcción del estado, especialmente en el terreno militar, así como en la eficacia de la represión aplicada a los intentos de rebeldía. Ya en la primera reunión de la Junta de Comandantes Militares, en el mes de marzo de 1822, se hizo explícita la necesidad de prevenir posibles actos de rebeldía militar. Con cierta ingenuidad, en estos primeros pasos del recién organizado aparato militar de la provincia autónoma, el gobernador Blanco preguntó a los comandantes de campaña "...que si llegase el inesperado caso de que algún Comandante de Partido o de tropa, desconociendo los deberes de subordinación a que se han comprometido, desobedeciese las órdenes del Gobierno, dirigidas a sostener el buen orden, seguridad de la provincia y además relativas a su felicidad general, con qué auxilio contaría...". La respuesta fue la firme promesa de sostener al gobierno contra el posible rebelde y de evitar que fomentase la anarquía en la provincia.[23] Asimismo, la respuesta fue acorde con la actitud asumida por los Comandantes de Campaña en los años siguientes, cosa que contribuye a explicar el hecho de que no haya prosperado ninguna rebelión o conato de tal. Es cierto que el primer episodio de gravedad, el alzamiento de los Dragones acantonados en el cuartel de Garzas, en enero de 1824, había sido encarado con cierta debilidad conciliatoria por el gobernador Blanco. Pero a partir de entonces, el estilo hubo de cambiar. La opinión pública correntina había quedado mal impresionada por aquella debilidad del primer gobernador constitucional y ella no se volvió a repetir en ocasión del segundo alzamiento de los Dragones, en octubre de 1825.[24] Cuando se produce esta segunda rebelión, la reacción del gobernador y del Congreso es severa. Una ley del 22 de octubre autoriza al gobernador Ferré a actuar en defensa del orden público sin necesidad de sujetarse a las garantías constitucionales ni a leyes del mismo tenor.[25] Los considerandos de esta ley encarecen "la necesidad de adoptar providencias, las más compelentes, que puedan salvar los males de la anarquía, revolución e insubordinación a las autoridades constituidas y prevenir el remedio a males tan funestos".[26] La actuación del gobernador es congruente con las disposiciones del Congreso. En los primeros días del mes siguiente dispone la pena de muerte contra los dos sargentos y tres cabos responsables del intento de asonada, añadiendo que los cadáveres debían quedar expuestos una hora luego de la ejecución para un "útil escarmiento" que contuviese a "...los demás en sus obligaciones y deberes". La pena se ejecutó dos días después. Los considerandos del Auto dictado por Ferré son de interés. Nada sería peor, dice el documento, que la reiteración de los males de la anarquía y el desorden que aún se dejan sentir en todo el territorio; ni nada más criminal en las autoridades que la moderación al reprimirlos. El movimiento de los Dragones ha "abierto un flanco en la seguridad" de la provincia y comprometido el honor de sus habitantes, y pudo haber tenido funestas consecuencias si no se hubiera actuado con rapidez y energía.[27] El archivo de los Tribunales correntinos posee diversas piezas relativas a rebeliones, conspiraciones para desatarlas, o a denuncias no verificadas pero indicadoras de la preocupación existente.[28]

Como hemos apuntado, había tres razones principales para explicar la inquietud del estado correntino ante el problema de la existencia de habitantes sin ocupación definida. Dos de ellas, los perjuicios de la delincuencia y los peligros de alteración del orden social, las acabamos de comentar. La tercera de esas razones era que esa población no contribuía al crecimiento de la riqueza pública ni a las arcas del estado. Según los dirigentes correntinos —que en esto, además, seguían a autoridades del siglo XVIII—[29] su paso a algún tipo de actividad productiva, de las estimadas útiles a la sociedad —y con esto evidentemente se pensaba en las que tenían alguna parte de destino mercantil— habría contribuido a solucionar los problemas económicos provinciales, al par que a evitar riesgos sociales.

De tal manera, bajo el rótulo tradicional de "vagos y malentretenidos", esa población que subsistía al amparo de una rudimentaria economía doméstica y de algunas actividades penadas por la legislación provincial, pasó a constituirse en objetivo de instrumentos legales de relieve dentro de la política económica de la provincia. La legislación en la materia apeló a dos medios de opuesta naturaleza, según ya señalamos: por una parte, una serie de medidas represivas, frecuentemente reiteradas con el correr del tiempo, de los delitos de vagancia y robo, legislación que reposaba, en última instancia, en las disposiciones de la Constitución provincial rleativas al orden y seguridad públicas. Por eso, debido a que pese a su minuciosidad el reglamento general de policía de 1825 no pareció suficiente, en junio de 1827 la ley núm. 165 reforma el art. 14 de la Sección 7ª de la Constitución y crea el cargo de Juez de Policía, independiente del de alcalde mayor, y dos comisarios de campaña. El art. 11 del Título I de esta ley, establecía lo siguiente: "Uno de los objetos primarios de los comisarios de campaña, será privar [sic] que sus habitantes se abandonen al ocio y holgazanería, obligándolos a que se constituyan al trabajo en particular al de la agricultura, origen primordial de la riqueza de un Estado; que ninguno transite de un partido a otro, ni baje a la capital sin la correspondiente licencia...", etcétera.[30]

AGRICULTURA, MORALIDAD PÚBLICA Y FINANZAS ESTATALES

Por otra parte, como lo muestra el mismo texto recién citado, la política económica fue también un medio primordial de actuar sobre el problema, no solo por el interés de contribuir a la represión del delito, sino porque el convertir a esa población peligrosa en trabajadores agrícolas podría haber sido un medio de acrecentar la riqueza pública y los ingresos del estado, según ya apuntamos. Si bien este objetivo no pudo ser cumplido en la medida de lo necesario, como habremos de ver enseguida, no dejaron de lograrse algunos éxitos. Por ejemplo, el reparto de las tierras comprendidas entre la capital e Itatí, informado por el gobernador Blanco como un logro de su gestión, había dado lugar a una pequeña agricultura cuyas chacras fueron observadas con beneplácito por D'Orbigny hacia 1828.[31]

> Se han repartido —informaba Blanco— las tierras que corren al Este de esta Capital sobre la costa del Paraguay hasta los terrenos pertenecientes al pueblo de Itatí. Se adoptó igual medida en toda la extensión de la provincia, por venta a moderada composición; porque el Gobierno tentando este medio equitativo, quizo hacer notorio su amor y aplicación sobre sus nuevas poblaciones, sin que la perniciosa existencia de los vagos y malentretenidos presentasen una mejor oportunidad en que debían triunfar en su efecto las providencias generales dirigidas al establecimiento del orden de la campaña (*sic*).[32]

Hasta que la cuestión fue encauzada por vías de la enfiteusis, esas medidas habían sido seguidas por otras en forma inorgánica. Así, al extinguirse por ley la comunidad de Itatí, en febrero de 1825, se repartieron por cada familia medio solar en el pueblo y un cuarto de legua cuadrada para chacras.[33] Al mismo tiempo, se ofreció a los ex habitantes del pueblo que se encontrasen dispersos por la provincia similares facilidades. El resto de la tierra sobrante se vendió en pública subasta para entregar a las familias afincadas el importe de la venta en forma de útiles y especies. Asimismo, al fundarse Bella Vista, también en 1825, se repartieron solares, medios solares y sitios para chacras entre las cuarenta familias pobres traídas de diversos puntos de la provincia, sin imponerles otra obligación que *poblarlos* y cercarlos en el término de seis meses.[34] Por otra parte, se elevaron a la categoría de villas las poblaciones de Goya, Saladas y San Roque, de manera de proporcionar los medios necesarios al mantenimiento del orden en la campaña mediante una mejor administración de la justicia, creando al efecto el cargo de alcalde ordinario de primera instancia en cada una de ellas —con competencia en las villas y sus jurisdicciones—.[35] Y se promulgó el ya citado decreto del 22 de julio de 1825 que, con intervención de los comandantes militares, obligaba a cada familia a sembrar en la medida de sus necesidades. Los considerandos del decreto manifiestan: "Las graves y urgentes atenciones que hasta ahora han rodeado al gobierno, le han impelido a una de las reformas porque más clama la situación del país y su progresivo adelantamiento. Pero hay males que crecen con la tolerancia y que intiman un pronto y eficaz remedio. Tal es la clase de vagamundos, que no siendo de las más laboriosas, viene a ser por lo mismo tan gravosa para sí misma, como perjudicial a la sociedad, a cuyas expensas vive. Ella es a la vez una clase improductiva y nociva a la moral pública y un obstáculo que se opone e impide el adelantamiento de la provincia. De aquí es que convencido el gobierno de lo infructuosos y estériles que serán los resultados de la marcha, mientras no se despliegue por todas las clases del país esa actividad a que él ha dado el primer impulso y que sostiene con afán y constancia, ha acordado y decreta lo siguiente...", etcétera. Pocos meses después, en febrero de 1826, otro decreto protector de la agricultura conmina a dueños de ganado vacuno y equino a evitar el apacentamiento de sus animales en terrenos de labranza.[36] Por último, en enero de 1830 se conceden gratuitamente terrenos para edificios y sembrados a los pobladores de Saladas, San Roque, Curuzú Cuatiá y Caa Caty, con el objeto de contribuir al adelantamiento material y moral de dichos pueblos. La medida alcanzaba a los que poblasen el lugar en el futuro.[37] También este aspecto de los problemas sociales y económicos de la provincia tenía eco en disposiciones constitucionales. La sección 4ª —sobre el Poder Legislativo y el Congreso General— del Reglamento Constitucional de 1824, definía como de competencia del Congreso General el señalar territorios para nuevas poblaciones y determinar su extensión, proveer a la subsistencia de sus pobladores durante dos años, establecer el presupuesto anual de los gastos de esa naturaleza, ordenar y proponer todo lo que estimara conveniente para el orden interior de la campaña.[38] Asimismo, al prohibir a los extranjeros no americanos la circulación por el interior de la provincia, exceptuaba a los que poseyeran establecimientos agrícolas evaluados en más de 2.000 pesos, como hemos visto ya en otro lugar.

Pero la cesión de tierra pública[39] no era el único recurso intentado para promover la ocupación productiva del territorio provincial. Dado que de 1821 en adelante se habían ofrecido en venta a particulares las tierras del estado, ventas de las que dan cuenta los balances anuales del fisco (véase cuadro 16), en noviembre de 1827 el gobierno inicia una serie de medidas legislativas tendientes a regularizar la tenencia en propiedad garantizando los títulos derivados de esa venta, aunque careciesen del requisito de la vista fiscal, y, al mismo tiempo, los títulos de las ventas que se realizasen en el futuro.[40] Previamente, por decreto del 9 de julio del mismo año, habíase dispuesto la creación de un Registro de las propiedades rurales.[41] Y por una ley del mes de julio del año siguiente, se dispuso la consolidación de la propiedad de tierras poseídas desde el año de 1700 en adelante.[42] Pese a las facilidades concedidas por la provincia para la consolidación de los títulos de propiedad, la escasa afluencia de interesados obligó a postergar el plazo de seis meses fijado por la ley de noviembre de 1827 para regularizar la situación de los ocupantes de tierras fiscales mediante el recurso de "moderada composición".[43]

El examen de la abundante actividad legislativa sobre el tema desarrollada a partir de entonces permite observar que el arraigo legal a la tierra de esa población no era tarea fácil. Evidentemente, o bien la falta de recursos de la población asentada en terrenos fiscales les impedía aprovechar los canales administrativos facilitados por el estado, o bien las pautas tradicionales de ocupación de la tierra, en una situación de débil circulación mercantil de la misma, les desinteresaba de invertir recursos en asegurar su propiedad. De tal manera, las iniciativas se suceden y se modifican con propósito de adaptarlas a las posibilidades o modalidades de los ocupantes. pero el problema persiste.

Así, una ley de julio de 1830 fijaba un último plazo para quienes debían ajustarse a moderada composición, así como también para quienes habían solicitado terrenos fiscales por cualquier otra forma. Prohibía, además, toda venta o enajenación de tierras fiscales desde esa fecha en adelante. Y, por último, autorizaba al Poder Ejecutivo, a cambio de ello, a conceder en enfiteusis las tierras del estado.[44] De modo que, dada la situación, el estado opta por conceder el dominio útil, reservándose el directo. Los decretos reglamentarios fijaban el canon anual en el 2% del valor de la propiedad, por un plazo de 50 años, con la salvedad de una retasa de los terrenos cada 25, a los efectos de ajustar el canon. El dominio útil era traspasable por venta o donación, a voluntad del adquirente, y se advertía que "siendo del ánimo del gobierno en la concesión de los terrenos en enfiteusis consultar el beneficio de los que calculan el interés de una población permanente", se prohibía obtenerlos por mera especulación.[45]

Sin embargo, conscientes de que buena parte de la población considerada riesgosa para el orden social no estaba en condiciones de afrontar los procedimientos de denuncia de tierra en anfiteusis ni el canon respectivo, el Congreso autorizó al Poder Ejecutivo, a solicitud de este, a entregar gratuitamente tierra en enfiteusis a los pobladores pobres "para sus sementeras o chacareríos". Estas medidas fueron complementadas con otra que declaraba inenajenables los bosques de la provincia y los ponía a disposición de la población rural, con control de las autoridades; así como con la creación del cargo de agrimensor general y la reglamentación de sus funciones.[46]

Pese a todo, los esfuerzos por arraigar población productiva y regularizar la propiedad sobre la tierra ocupada no rendían los frutos esperados. De manera que, en enero de 1833, el gobernador Ferré adopta una medida coercitiva. Ella obligaba a abonar el canon desde la fecha de la denuncia en enfiteusis de la tierra a quienes no habían continuado luego los trámites correspondientes. Los considerandos son de interés para inferir la situación: "Siendo tan visible el abandono de los denunciantes de tierras de pública propiedad a promover el giro ulterior de sus respectivos expedientes para obtenerlas en enfiteusis del modo y forma que prescribe el reglamento de referencia; y considerando el gobierno que una apatía semejante no solo refluye en menoscabo de los derechos de la hacienda pública, sino también en perjuicio de los mismos pagadores y pobladores de dichas tierras, por carecer de suficiente título, ha venido en acordar...", etcétera.[47] Poco tiempo antes, otro esfuerzo por arraigar productores en la campaña había consistido en ofrecer tierras en enfiteusis, libres del pago del canon durante los tres primeros años, a hacendados de fuera de la provincia que ingresaran a ella con ganados.[48] "Por un principio generalmente establecido, y cuya utilidad pública es recomendable a todas luces —justificaba el gobierno otro decreto del mismo año— el aumento de la población en los estados respectivos ha sido siempre un objeto especial de toda buena administración."[49]

En octubre de 1834, el gobernador Atienza —que vuelve a denunciar la "...apática indiferencia de los pobladores de terrenos de campaña de pública propiedad, en orden a garantir sus respectivas posesiones" según el reglamento de enfiteusis—, dada la ineficacia de las medidas adoptadas para subsanar esos inconvenientes y atendiendo a las necesidades del erario, resuelve dar cuatro meses de plazo para cumplir con las formalidades de denuncia de la tierra ocupada, de acuerdo con la ley, a riesgo de la pérdida del derecho a la posesión de la misma, la que entonces sería ofrecida a otros interesados. La penalidad alcanzaba a quienes, habiendo cumplido esos requisitos, no satisfacían el canon correspondiente. El mismo decreto reiteraba, además, la facultad del gobernador para entregar tierra en enfiteusis gratuitamente a familias pobres.[50]

Pero, pese a los esfuerzos de los gobiernos provinciales, las dificultades de la política de tierras persistirían. Tal como se infiere, por ejemplo, de una nueva medida oficial de mayo de 1836, que permite el pago del canon enfitéutico en forma semestral, a fin de que los inconvenientes del traslado requerido por el cumplimiento de ese requisito a los pobladores de lugares distantes de los centros de recaudación no contribuyesen a fomentar la evasión del pago.[51]

La protección a las industrias

La protección a la producción agraria se complementaba con la de las industrias, a la que ya concedimos cierta atención en los parágrafos dedicados a la producción industrial y a la legislación impositiva. Debemos recordar que la mayoría de las industrias correntinas estaban integradas dentro de la economía rural, fuese en el nivel de la industria doméstica o dentro de establecimientos de producción mercantil. Su protección, en cuanto se trataba de la transformación de productos agrícolas, fue concebida al comienzo como parte integrante de las medidas legislativas que amparaban la agricultura de la competencia externa o favorecían su expansión con otro tipo de estímulos. Así, por ejemplo, los considerandos de los fuertes derechos a la importación de aguardiente y miel de caña, en agosto de 1824, expresan solamente que el Congreso procedió "consultando el bien que refluye a una parte de la agricultura del interior del país".[52] Similares consideraciones se efectuaban en junio de 1826, al modificarse los aranceles del aguardiente, tabaco negro y miel de caña, o en enero de 1830, al prohibirse la importación de aguardiente. Aunque ya en este caso, como en el de la ley de fines del mismo año que gravaba la importación de azúcar, se unen agricultura e industria en la mención de lo que se protege.[53]

En cambio, la industria artesanal, particularmente abundante en la capital de la provincia, fue objeto de protección especial. Los aranceles a la importación de calzado, ropa hecha y muebles, tenían relación con la existencia de numerosas carpinterías, sastrerías y zapaterías en el sector artesanal de la ciudad de Corrientes. La importancia de los artesanos se puede juzgar no solo por la información de su número contenida en los censos, sino también por su participación en las acciones que recobraron la autonomía provincial, en 1821, en la que Pedro Ferré, de origen artesano, comandó su "compañía cívica, compuesta de artesanos, que ascendía a 130 plazas, y era la única fuerza que había acuartelada y bien armada".[54]

Cabe también observar que la protección a las industrias era ejercida a través de otros mecanismos de la política aduanera, dado que rubros entre los más importantes de la industria provincial —como suelas, maderas trabajadas, tabaco y cigarros— correspondían a productos de exportación cuyo principal estímulo se hacía a través de los bajos aranceles a las exportaciones.

Pero el énfasis en la protección industrial se notará especialmente a partir de las polémicas desatadas durante la génesis de la Liga del Litoral y, luego, con motivo de la discusión de sus objetivos, cuando los líderes correntinos avanzaron en el terreno de las definiciones político-económicas de su programa y, asimismo, en la legislación de fomento de la producción industrial. De manera que, junto a las expresiones favorables a la agricultura, las leyes de los años 1830 y 1831 incluirán la mención expresa de la industria: "La H. S. de Representantes de la provincia, con el fin justo de dar el mayor impulso posible a la industria del país, cuya verdadera riqueza es el objeto que más contrae sus tareas...", se lee en la ley del 4 de enero de 1831 que prohíbe la importación de ropa, calzado hecho y artículos de cuero.[55] Así, un conjunto de medidas que elevan aranceles, prohíben ciertas importaciones y disponen el fomento de algunas industrias, se irán sucediendo durante la segunda gobernación de Pedro Ferré (1831-1833).

Sin embargo, como se puede percibir observando el conjunto de las medidas protectoras y de fomento dictadas en esos años, la industria, junto a la agricultura, ganadería o comercio, no deja de ser una de las distintas actividades cuyo desarrollo es estimulado en función del aumento de la población, del fortalecimiento de la economía de la provincia y del incremento de las rentas públicas. De manera que las famosas leyes proteccionistas de enero de 1831, que tanto fueron agitadas en la polémica desatada en 1832 entre los correntinos y los porteños, deben ser consideradas en el contexto que hemos señalado. Ellas no pueden ser evaluadas en sus verdaderos alcances si no se las comprende como una parte de la política de afianzamiento del estado correntino que hemos analizado más arriba. Es de notar, al respecto, que Burgin ciñe demasiado su análisis a la consideración de los aranceles como recurso fiscal, por una parte, y al papel del proteccionismo como medio de ganar la adhesión de los líderes federales en los sectores interesados en él (artesanos, agricultores), por otra.[56] Y que, en el caso que nos ocupa, la condición artesana, en su origen, del principal líder correntino, Pedro Ferré, ha inclinado a reducir a una expresión de intereses sectoriales la política económica de la provincia. Sin embargo, el criterio es estrecho y su prevalencia impediría percibir la articulación del proteccionismo arancelario con la política provincial de impulsar la circulación mercantil, aumentar los excedentes exportables, cortar el flujo del metálico hacia el exterior, aliviar las tensiones sociales y reforzar la estabilidad política. Es cierto que las justificaciones contenidas en los considerandos de las leyes de enero de 1831 aludían en gran parte a las necesidades rentísticas de la provincia. No obstante, junto al móvil del incremento de las rentas es claro el objetivo más profundo de desarrollo de la economía provincial, que se observa sin lugar a dudas en el análisis de conjunto de la política económica correntina. Efectivamente, la primera de esas leyes modificaba la Constitución suprimiendo la dieta de 200 pesos plata anuales asignada a los miembros del Congreso y a los Alcaldes ordinarios, Alcalde Mayor, Jueces de Hermandad y Comisionados de Campaña, considerando que "minorar los gastos es crear rentas, y que estas hacen a la vida del estado". Otra elevaba los aranceles de aduana, según hemos comentado más arriba, con el objeto de "la mejora de las rentas del erario". La tercera de esas leyes fijaba un impuesto a la miel de caña del interior de la provincia introducida en la capital y otros puertos habilitados para el comercio exterior, así como un derecho de patente para los productores de aguardiente y otros licores, considerando que la producción de miel de caña era la más protegida de la provincia y era justo "que compense al erario de algún modo las entradas de que se ha privado por darle la importancia que hoy tiene". La cuarta de las leyes prohibía la introducción de ropa hecha y calzado de cualquier origen, y la de sobrecinchas, jergas hechas, o en pieza, sus flecos, y toda clase de ponchos y sobrecamas de algodón, de origen extranjero, con el propósito de "dar el mayor impulso posible a la industria del país". La quinta de estas leyes fijaba el canon a pagar por los enfiteutas, a los efectos de dar vigencia a lo dispuesto por otra ley, de julio de 1830, relativa a terrenos del estado (legislación que tenía a la vez el propósito de favorecer el asentamiento de la población, acrecentar la producción mercantl y allegar recursos al erario). La sexta ley del 4 de enero de 1831 prohibía la construcción de buques sin permiso del estado y fijaba la clase de papel sellado en que debía solicitarse el permiso, considerando que "los impuestos dejan de ser gravosos cuando se distribuyen con equidad e igualdad; y [que la Sala de Representantes estaba] penetrada de la necesidad de aumentar las rentas del estado". La séptima de estas leyes, del 5/I/31, autorizaba al ejecutivo a instalar un nuevo mercado en la capital, y la séptima, del mismo día, se refería a los contratos de trabajo y a las relaciones entre patrones y aprendices. Junto a estas leyes del 4 y 5 de enero deben considerarse otras tres, del día 19 y 20 de julio del mismo año, que prohibían la importación de azúcar, modificaban los aranceles del tabaco brasileño y cargaban un impuesto adicional a las mercancías importadas o exportadas en naves no construidas en la provincia.[57]

Si consideramos las leyes del 4 y 5 de enero, y las del 19 y 20 de julio, como pensadas conjuntamente, sobre todo las de enero, en los comienzos del segundo mandato de Ferré, es evidente que, más allá de los objetivos declarados en los considerandos de cada ley, el conjunto posee un claro propósito de fortalecer a la vez al estado y a la economía provincial. En un caso, reduciendo los gastos del gobierno, en otros, aumentando la recaudación, tanto a costa de productos importados como de los producidos por la industria correntina, en otros, sacrificando renta aduanera, al prohibir importaciones para estimular la industria local; y, por último, tendiendo a otro tipo de estímulos a la economía, al ordenar las relaciones entre trabajadores y patrones en las industrias de la provincia para suprimir factores que pudiesen trabar su desarrollo, o al crear privilegios para los buques de construcción local. Pero lo cierto es que la leyes de enero de 1831 son solo una parte de las dictadas en esos años con similares propósitos, y que, además, no pueden juzgarse aisladas del conjunto de la política económica correntina, en la que la protección industrial fue uno de los diversos factores a que esa política apelaba en su propósito de cimentar el estado autónomo provincial y acrecentar la riqueza pública, como acabamos de comprobar en los parágrafos anteriores.

Dentro de esa legislación, además de la prohibición de importaciones ya citada —la de aguardiente en enero de 1830, la de calzado y otros productos de cuero en enero de 1831, la de azúcar de julio de 1830, y también la de yerba mate, de febrero de 1833—, deben considerarse las medidas de fomento de la producción de azúcar y derivados, de tabaco, y de yerba mate. Para el primero de esos productos se contrató, en agosto de 1832, a un técnico a quien la provincia aseguraba el pago de 1.200 pesos plata a cambio de la enseñanza, durante un año —seis meses en la capital y seis meses en el interior—, del beneficio y refinación del azúcar, destilación de licores finos y preparación, por infusión, de licores ordinarios, y de la confección de "toda clase de confiterías y masas". En octubre del mismo año, "considerando llegada la época de permitir la elaboración de la yerba mate en el territorio de esta provincia comprehensivo del de la antigua misiones", se legisló sobre el particular —coincidiendo con el agudo conflicto con el Paraguay—, y más adelante, en febrero de 1833, se prohibió la importación de yerba. Por otra parte, en diciembre de 1832, el Congreso solicitaba al Ejecutivo la adopción de medidas para que durante la cosecha del tabaco, y en las etapas finales de su industrialización, se impidiese la mezcla y otros procedimientos que perjudicaban su calidad y resentían su competitividad. [58]

La preeminencia de lo político-estatal, esto es, la primacía de los intereses del conjunto de la economía provincial con respecto a los de sectores del grupo dirigente, se aprecia en el caso de una petición de privilegio exclusivo para la navegación del Paraná subsiguiente a la ley de protección a la construcción naval aprobada en 1831. El incidente muestra, en sus dos momentos, esa naturaleza de la política económica de la provincia. En efecto, en julio de 1831 se había aprobado una ley que tendía a fomentar la industria local de construcción naval mediante impuestos adicionales a las mercancías transportadas en naves no construidas en Corrientes. [59] Esta ley indujo a algunos comerciantes a solicitar disposiciones favorables para los nativos de la provincia, de tipo exclusivo, en la navegación del Paraná. Es así que en 1833 cinco vecinos, propietarios de buques, solicitaron al gobierno el privilegio exclusivo de la navegación del río para los hijos del país. La Sala de Representantes nombró una comisión *ad hoc* cuyo informe aconsejó rechazar la solicitud. La comisión sostuvo que la política de aliento de la agricultura e industria adoptada por la provincia, y su objetivo primordial de fomento y prosperidad de la población, hacían ver que aquella solicitud estaba fundada sobre principios que no convenían al pueblo correntino. La política de Corrientes, sostenía la comisión, era clara: la libre concurrencia del extranjero no es perjudicial, aunque sí lo es la libre importación de efectos que se deben prohibir porque el país los produce. No conviene al equilibrio perseguido, añadía, que por fomentar la navegación se perjudiquen otras actividades conexas con ella. De manera que los extranjeros pueden participar del comercio en los puertos correntinos sin otra limitación que la de la ley del 20 de julio de 1831, que ya había producido resultados importantes a juicio de la comisión, según hemos ya comentado (véase, en la Primera Parte, el parágrafo sobre Industria maderera y naval). De otra manera, estimaba la comisión, el comercio "recibiría la ley de los pocos que se combinarían apoderándose de la exclusiva" y se correría el riesgo de que mañana el mismo comercio exigiese otra exclusiva "y el espíritu de monopolio se suplantaría al noble sistema que el cúmulo de luces y de experiencia ha hecho adoptar en todo país civilizado". [60] No está de más añadir que en las equilibradas consideraciones de la comisión no habrá dejado de influir el compromiso que entrañaba para Corrientes su firma del Pacto Federal, cuyo artículo 8, pese a la oposición desplegada entonces por esta provincia, concedía a los extranjeros que habitaban las provincias argentinas los mismos derechos que a los ciudadanos en cuanto a comercio y navegación, y cuyo artículo 10 impedía negar a los habitantes de las otras provincias los privilegios de cada una. De todos modos, el hecho de que el dictamen de la comisión, en vez de limitarse a invocar los compromisos interprovinciales, se apoye exclusivamente en la descripción de los efectos que el privilegio solicitado podría tener sobre la economía provincial es un indicio de interés para evaluar las actitudes políticas dentro del grupo dirigente.

Reglamentación de las relaciones laborales

Otro asunto que el estado correntino afrontó como parte de sus esfuerzos conjuntos para fomentar la producción agraria e industrial y asegurar la disciplina de la población trabajadora, fue el de las relaciones de trabajo. El problema deja sus primeros rastros en las expresiones de preocupación por los agravios que los patrones recibirían de sus peones, especialmente al solicitar pagos adelantados y abandonar el trabajo sin devolverlos, según hemos ya comprobado en los acuerdos del Cabildo de febrero de 1823. El organismo municipal resolvió entonces solicitar a los patrones afectados que los nombres de esos peones y las sumas adelantadas fuesen informados a la policía; y advertirles que en adelante debían prescindir de esa práctica pues, en caso contrario, perderían la suma adeudada por el peón, quien, en cambio, sería obligado a satisfacerla en trabajos públicos.[61]

Más adelante, tanto el reglamento de las operaciones portuarias de enero de 1825, como el de policía general, del mes siguiente, incluyen cláusulas relativas a la acción de policía destinada a impedir el abandono del trabajo por parte de marineros y peones, respectivamente.[62] Por último, el gobierno habría de dedicar al problema un decreto especial, en noviembre de 1825. Las pocas líneas de consideraciones previas lo justifican como un complemento del decreto del 22 de julio sobre la obligación de labrar la tierra por parte de las personas sin ocupación y consiguientemente lo ubican dentro del objetivo de "prevenir la influencia que sobre las clases vagabundas e improductivas, tienen la inmoralidad y malas costumbres". En el cuerpo del decreto se prescribe la obligación de realizar un contrato por escrito entre patrones y peones, en el que debe expresarse el tiempo del "conchabo" y el sueldo convenido. Siguen luego las prescripciones comunes a la legislación similar del Río de la Plata: obligación del peón de presentar un certificado de su patrón, al solicitar nuevo trabajo, en el que conste que ha cumplido con el anterior contrato, y obligación suya, también, de llevar consigo un certificado en el que conste que se halla contratado por su patrón, cuando debiese trasladarse de su lugar de trabajo a cualquier otro sitio, de manera de evitar la calificación de vagancia. Al respecto, cualquier propietario de la provincia quedaba facultado para exigir ese certificado a toda persona que transitara por sus propiedades, y a entregarla a la autoridad más cercana en caso que no lo tuviese.[63] Casi seis años más tarde, en diciembre de 1830, se expresa la obligación de todas las autoridades, civiles o militares, de hacer cumplir el decreto de 1825 en virtud de haberse advertido la falta de acatamiento a sus disposiciones.[64] Pocos días después, este retorno del interés por las relaciones de trabajo tiene una nueva expresión en una ley destinada a proteger la industria garantizando los contratos de trabajo en lo que respecta a los aprendices. La ley reitera prescripciones similares a las relativas a los peones: contrato formal, con expresión de fecha final de la obligación y demás condiciones de trabajo; certificado de cumplimiento del contrato anterior como requisito de admisión en los nuevos trabajos; sanciones al abandono del trabajo (tantos meses de trabajo extra obligatorio como semanas de ausencia) y multas a patrones que omitiesen el requisito del contrato. Por un decreto posterior, de mayo del mismo año, se reglamentaron las disposiciones de la ley. Se estableció la intervención obligatoria de la policía, a cuyo cargo estaría un registro de los contratos y la recepción de los informes sobre modificaciones de la relación contractual cuando las hubiese, así como su visto bueno a los certificados de fin de la relación laboral. Por otra parte, se prohibía el trabajo de oficial a los que no hubiesen concluido su aprendizaje, y se obligaba a los patrones a proporcionarles un certificado en el que constase su aptitud, al fin del aprendizaje, para ejercer como oficial. Además, se eximía a los aprendices, y a los patrones que tuviesen más de tres de ellos en sus talleres o fábricas, de la obligación de prestar el servicio de guardia armada común a todo ciudadano. La reglamentación se hacía extensiva a todas las villas y pueblos de la provincia.

CONSIDERACIONES FINALES

El desarrollo de la provincia de Corrientes desde el logro de su autonomía en 1821 hasta el inicio del período bélico en 1839 muestra un notable afianzamiento económico, social y político, regido por el desarrollo de un estado de considerable solidez. Cabe advertir que en los comienzos del período la escasez de personal capacitado para las funciones políticas más imprescindibles inclinó a los redactores del Reglamento Constitucional Provisorio de 1821 a la no creación de una legislatura, encomendando esas funciones al Cabildo de la capital.[1] Sin embargo, inmediatamente comenzó un ininterrumpido proceso de organización política en el que la creciente complejidad y eficacia del aparato estatal —en las modestas proporciones de una provincia rioplatense de la época—, incluido un aparato militar bajo efectivo control civil, sería uno de sus rasgos más llamativos.[2] Ese proceso de afianzamiento institucional fue acompañado de tenaces esfuerzos por encauzar en marcos legales los conflictos políticos, subrayándose la vigencia de las disposiciones constitucionales. Un indicio destacable de dicha política es la actitud frente al abuso de las enmiendas parciales de la constitución. Esta práctica dio lugar a reacciones firmes (la primera de ellas en 1833), que terminan por expresarse en una ley de febrero de 1841 que impide al Congreso General, aunque estuviese en funciones constituyentes, el dictar leyes constitucionales parciales.[3]

Por otra parte, la recuperación de la economía provincial, respecto de los efectos del anterior período de guerra y conflictos diversos, se percibe tanto en el desarrollo de la producción agropecuaria y en el de algunas industrias, como en el creciente volumen del comercio interior y exterior, y se corresponde también con una alta tasa de crecimiento demográfico que aunque parece no ser fenómeno nuevo testimonia, sí, condiciones propicias a su continuidad.

Sin embargo, no se advierten signos de que puedan haberse producido cambios más profundos como para superar ese arcaísmo que se percibe nítidamente, desde los comienzos del período, en todos los aspectos de esta sociedad provincial, arcaísmo que hemos observado en la organización de las principales producciones, en las relaciones entre ocupantes consuetudinarios de tierras y sus propietarios, en la política económica, en la diversidad de medidas empleadas en el comercio de un mismo producto, en el tipo de sociedades comerciales, en las finanzas, particulares y públicas, y en otros muchos aspectos de la economía y de la sociedad. Más allá de ciertos excepcionales rasgos de modernidad, como las disposiciones constitucionales sobre derechos individuales o independencia de poderes, o como algunas de las doctrinas económicas invocadas en ciertos momentos de la polémica con Buenos Aires, ese arcaísmo puede inferirse continuamente si se está atento a la lectura de diversos documentos, tal como surge, por ejemplo, de los sugestivos detalles del reglamento que en 1821 regula los aranceles a cobrar por el alcaide de la cárcel o por el verdugo:

> Por cada reo que asotare (el verdugo) siendo por las calles acostumbradas, llevará cuatro reales, y sus ayudantes a real, y saliendo en derechura al palo de la Horca, llevará a dos reales de cada reo, y sus ayudantes medio real.
> Por la ejecución de pena capital, llevará un peso por cada reo, y los despojos que es costumbre dársele, y sus ayudantes a un real; y siendo la pena calificada de cuba, fuego, o cuartos, llevará otros cuatro reales más de cada reo, y sus ayudantes otro real más.[4]

Mientras el texto constitucional y algunas de las disposiciones legislativas ordinarias contienen normas que revelan la influencia de las doctrinas penales elaboradas durante la Ilustración, la práctica represiva del estado provincial, como lo hemos comprobado ya en la Segunda Parte, puede apelar también hasta a la antigua legislación española. De análoga manera, mientras el estado legitima su organización sobre invocaciones que suponen el concepto de la igualdad política, la vida cotidiana revela la subsistencia de una mentalidad correspondiente a la vieja sociedad de castas colonial, como lo podemos observar nuevamente en este reglamento de aranceles —obra, conviene advertirlo, del mismo Congreso que promulgó la Constitución—: "Llevará el Alcaide por cada preso español, que por delito durmiere en ella cinco reales el día que se mandare soltar, y si no durmiere en la Cárcel, tres reales; y si fuere mestizo, mulato, sambo o negro la mitad".[5]

Asimismo, tampoco se advierten cambios significativos en su organización económica que puedan prestar apoyo a la hipótesis de un desarrollo de tipo capitalista. Tanto la producción agropecuaria como la industrial, según tuvimos oportunidad de examinar más arriba, continúan con formas organizativas similares a las del período colonial, mientras que las modalidades del comercio interior y exterior muestran pocas variaciones sustanciales: factores o signos de los fuertes límites al desarrollo del mercado que muestra aún la economía correntina.

Posibilidades de un desarrollo capitalista

Aun así, si desechamos la hipótesis de la existencia de una economía capitalista, cabe todavía examinar la cuestión de las posibilidades de la aparición del capitalismo en una economía como la correntina, y de los efectos que, en ese sentido, pudo haber tenido la política económica de la provincia.

Hemos visto que, pese a su alta tasa de crecimiento demográfico, Corrientes seguía padeciendo una baja densidad de población. Esta circunstancia, unida a otros factores que también hemos comprobado, obstaculizaba el incremento de la producción agrícola y, por consecuencia, de excedentes comercializables que pudiesen haber favorecido la mercantilización de la población y la consiguiente extensión de la división social del trabajo, al mismo tiempo que la posible aparición de unidades de producción capitalistas, posibilidad que requiere otro supuesto, el de la existencia de una ampliación de mercados capaz de generar la demanda que hubiese estimulado el crecimiento de la producción. Una y otra cosa, crecimiento de la producción agraria para consumo interno capaz de favorecer el crecimiento de la producción capitalista a través del efecto sobre el precio de las subsistencias, y aumento de la demanda mercantil a un nivel capaz de estimular la aparición de unidades productivas agropecuarias o industriales de nuevo tipo, nos remiten al círculo vicioso en que se hallaba encerrado, con toda conciencia, el grupo dirigente de esta provincia, cuya situación mediterránea era agravada por la falta de control de su comercio exterior, en manos de una provincia adversa. Si bien la política económica correntina tendió a favorecer, con ciertos resultados exitosos, el incremento de la población y de la producción mercantil, sucedía que además de los obstáculos externos ciertas facetas arcaicas del mercantilismo de esa política, como el control del abasto y otras regulaciones del comercio interior, obraban en sentido opuesto.

En efecto, el comercio interior de Corrientes estaba severamente regulado por el estado, prolongando una vieja tradición hispanocolonial. Mientras existió el Cabildo de la ciudad de Corrientes, durante su breve función de sustituto del Congreso de la Provincia, de 1821 a 1824, ejerció su antigua función de control del abasto y de los precios, función asumida luego por el gobierno provincial. El abasto de carne de la capital, por ejemplo, mereció frecuente legislación: compulsión a los ganaderos para proveer la carne necesaria al mercado de la ciudad, fijación del precio a que debía venderse, y decisión sobre quiénes podían participar en el comercio de carne, fueron objeto de diversas disposiciones legales. También se controló la provisión de otras mercancías en momentos de escasez, especialmente yerba mate, azúcar, aguardiente, harinas, trigo y galletas.[6] A esta reglamentación se sumaba la norma constitucional que reservaba a los ciudadanos el privilegio de libre movilidad por el interior de la provincia y regulaba la residencia de extranjeros no ciudadanizados, asignándoles los puertos de Goya y Esquina como únicos lugares para avecindarse y realizar las actividades comerciales a las que estuviesen autorizados. Como es lógico, todo esto restaba atractivo mercantil a la producción para consumo interior. Esta incoherencia de la política económica de la provincia, en la que, como hemos visto, influían muy arcaicas prácticas mercantilistas juntamente con el neomercantilismo del siglo XVIII, parece haber comenzado a superarse a partir de 1831, junto con la acentuación del proteccionismo aduanero. Sin embargo, estaba vigente en los años anteriores, como lo muestran algunas de las disposiciones adoptadas que hemos comentado, y como puede advertirse muy significativamente en la argumentación de un periódico defensor de la política correntina, *La Verdad sin Rodeos*, que en 1829 —en uno de los varios números que dedica al problema de la fuga del metálico— incurre en similar incoherencia. En el artículo "Agricultura", expresa la esperanza de que llegue el tiempo en que cese la pasión desenfrenada del comercio y cada pueblo se limite a aprovechar sus tierras y a comerciar lo estrictamente necesario. Mientras llega ese día, no queda otro remedio que fomentar la agricultura, la única riqueza real de todo país, y, en el caso de Corrientes, llevar a la práctica la sabia medida de tiempos del gobernador Ferré, que disponía que no hubiese ningún hombre en ociosidad y que cada uno cosechara al menos lo que requiriese para el año, si no en las especies que necesitara, sí al menos, encarecía el artículo, en otras que cubrieren el valor de aquellas al ser intercambiadas. Pero, a renglón seguido, sin advertir el deslizamiento del argumento, agregaba que disminuyéndose de ese modo el número de los consumidores y aumentándose el de los cultivadores, habría de resultar un crecido superávit, que se aumentaría maravillosamente a medida que la gente conociese lo que importa dedicarse a la labranza sin necesidad de ser apremiado para ello. Y, dado que los frutos de la provincia son estimados afuera, con su exportación bastará para retornar lo necesario y se evitará la extracción de moneda metálica, en cuya conservación, concluye, debe interesarse todo pueblo que quiera afirmarse ante los otros.[7]

La producción agropecuaria correntina padecía, entonces, un conjunto de circunstancias que limitaban sus posibilidades de generación de excedentes, problema lógicamente mucho mayor en la producción agraria que en la ganadera, por la importancia especial del cuero en el comercio exterior de la provincia. Pero en este caso, las posibilidades de acumulación que brindaba producir para el mercado exterior del cuero no refluían sobre el conjunto de la economía provincial, dada la natural tendencia a la reinversión en esta actividad de producción extensiva cuya capacidad de innovar era mínima.

Por otra parte, el tipo de relación entre productores y mercaderes, favorable a estos últimos, resentía las posibilidades de acumulación en aquellos —salvo los que eran a la vez productores y comerciantes— y las concentraba en quienes tendían a transferir al exterior buena parte de esa acumulación, por su interés en el desarrollo de las importaciones.

Balance de la política económica

La frecuencia del trueque junto a esporádicas operaciones monetarias, la difusión de distintas formas de crédito tradicional para compensar la escasa circulación monetaria —desde las ventas con pagos diferidos hasta las habilitaciones, tanto para el comercio y producción del interior de la provincia, como para el comercio exterior—, son indicios de algunas de las principales dificultades para el desarrollo de la economía de la provincia. Asimismo, el escaso desarrollo del mercado monetario corría parejo, señalamos, con el limitado desarrollo de los mercados de tierras, mano de obra y capitales. Habilitaciones y compañías, junto a la sociedad familiar tradicional, fueron entonces procedimientos habituales para compensar aquellas características mediante la reunión inmediata de medios de producción diversos: mercancías y tierra, mercancías y trabajo personal capacitado, esto mismo y tierra, entre otros, fueron frecuentes casos de combinaciones efectuadas para poner en marcha empresas comerciales, industriales, agropecuarias o navieras, sin desembolsos monetarios. A través de estos procedimientos, un grupo mercantil antiguo, y aun fuerte pese a las vicisitudes posteriores a la independencia, continuó usufructuando las posibilidades de expansión mercantil de esa economía, al par que intentaba, desde el estado, ampliar esa expansión con una política económica que combinaba recursos de diversa naturaleza doctrinaria y distinta antigüedad, entre los que privaban los francamente mercantilistas.

> Mientras el valor de la exportación no iguale al de la introducción, no podrá el comerciante dar por concluído el negocio: será considerado como verdadero deudor, con arreglo al tenor y espíritu del art. 2 y sufrirá los mandamientos de apremio prevenidos en el art. 3.

Este artículo 5º del ya citado decreto de diciembre de 1826, con su intento de aplicar en escala individual la doctrina de la balanza favorable, traduce en la forma más aguda no solo la necesidad de evitar la salida de metálico en concepto de pago de importaciones, sino también la urgencia del estado correntino en promover la mercantilización de la vida económica provincial al obligar al pago de esas importaciones con productos de la provincia en lugar de metálico. Asimismo, apunta a una de las mayores limitaciones para el desarrollo y transformación de esa economía provincial: aquella que provenía de la escasa magnitud del excedente capaz de ser comercializado. Limitación que se intentaba corregir, también, reduciendo la extensa difusión de la economía de subsistencia por medio de diversas iniciativas.

Si bien no existe estadística relativa a la producción, ni forma de suplirla, que permita evaluar el resultado de las medidas protectoras, podemos recurrir, en su defecto, a informaciones de otro tipo para efectuar algunas inferencias.[8] En cuanto a productos de importancia, se advierte el nexo que existe entre la ley protectora de la industrialización de la caña de azúcar, de 1824, y la difusión de los alambiques para destilar aguardiente, cuya abundancia en la campaña del noroeste correntino llama la atención de D'Orbigny hacia 1826. Los efectos del estímulo recibido por la producción de caña de azúcar, así como de tabaco, fueron registrados también por D'Orbigny en su citada descripción, con tono admirativo, del desmonte de palmeras en las zonas de Caa Caty y Saladas para comenzar el cultivo de ambas especies.

Respecto al aguardiente, más adelante, en 1830, se encara la posibilidad de independizarse de la importación con la ley que la prohíbe. Recurriendo al impuesto a los alambiques, implantado en la ley del 4 de enero de 1831, cuyo monto se graduaba según el número de frascos que recibían el producto de la destilación, obtenemos un cuadro de la existencia de alambiques en jurisdicción de la capital (véase cuadro 19). El cuadro, más allá del hecho de testimoniar la existencia de una producción mercantil —dado que lo tradicional era la producción doméstica del aguardiente para autoconsumo—, y hasta mostrar lo que podría considerarse cierta concentración, en las modestas proporciones de esta industria, a partir de 1836, no revela una actividad en expansión. Es de notar, sí, que un nuevo incremento en la declinante recaudación de patentes por alambiques que se advierte en 1836 sea inmediatamente posterior a la ley de diciembre de 1835 que acentuó las medidas de control sobre formas encubiertas de contrabando de aguardiente.[9]

Asimismo, si observamos las cifras de las exportaciones por la Aduana de la ciudad de Corrientes, notamos que en el aumento de 1831 en adelante participan en forma muy notable los cueros vacunos "al pelo" y otros productos ganaderos. Este incremento es coherente con la acentuada recuperación del stock ganadero que muestra el cuadro 11 y que también puede atribuirse, entre otros factores, a la política que en forma muy especial tendió a proteger y fomentar las actividades agropecuarias —y que, en algún momento en que surgió un choque de intereses entre industriales del cuero y productores de la materia prima, se inclinó por estos últimos, según hemos ya observado a raíz de la cuestión del arancel de exportación de cueros en 1826—.

Todo esto inclina a aceptar como verosímiles las evaluaciones positivas de los resultados de su política económica por parte de los correntinos en otros rubros, tal como ocurre con la referencia efectuada en 1833 a los progresos de la construcción naval. La ley de julio de 1831 que establecía un impuesto adicional a las mercancías transportadas en naves no construidas en Corrientes, a juicio de una comisión del Congreso. "ha producido sus efectos: en virtud de ella se han poblado los puertos de astilleros; invirtieron los mismos extranjeros sus capitales, y aun su trabajo personal. en la adquisición de embarcaciones".[10]

Esta información concuerda con los datos de una escritura de 1835 —por solicitud de compra de un terreno en el pueblo de Santa Lucía de los Astos, cercano a Goya—, en la que se subraya la importancia de los montes de algarrobo que posee el terreno para la construcción de buques, actividad, se destaca, que se ha incrementado en Goya y que probablemente siga creciendo.[11]

A falta de una información pormenorizada, el ya comentado incremento de las exportaciones a partir de 1831 —véase cuadros 5 y 9— posee evidente relación con la política proteccionista ahondada en 1831. De manera que, pese a las limitaciones ya apuntadas, podemos considerar que esa política fue singularmente exitosa en muchos de sus objetivos, entre ellos, la señalada recuperación económica. Además, también lo fue en organizar un eficaz sistema de rentas, en incrementar los ingresos del fisco en forma sustancial, controlar el gasto público al nivel de esos ingresos, conseguir una acentuada reducción del déficit de la balanza comercial, lograr el asentamiento productivo de parte de la población marginal en zonas que tuvieron después su peso en el conjunto de la economía; y lo que es más notable, en comparación con las provincias vecinas y con otras del interior, apuntalar el esfuerzo por el control del orden social y político, control que evitó a Corrientes el dominio del clásico caudillo militar/rural y la convirtió en una provincia de vida política regular, de gobernadores electos y con mandato completo.[12] La política económica, en suma, fue uno de los principales logros de un estado que poseía una notable solidez y proyección en la política rioplatense, como lo percibían sus vecinos:

> Sabemos, y nadie lo ignora, que la provincia de Corrientes es una de las que gozan de mejores instituciones y se conservan en un orden y adelantamiento dignos de imitación y capaces de haber formado en seis años, de escombros y ruinas, una provincia respetable y rica.[31]

De manera que, si trascendemos la consideración del proteccionismo como una simple arma defensiva de productores y comerciantes locales ante las adversas condiciones derivadas del librecambio posterior a la independencia, y la enfocamos como uno de los instrumentos de afirmación de ese extraño caso de organismo estatal que es la provincia autónoma en el período ubicado entre la independencia y la organización nacional, el uso de la política económica por parte de la provincia de Corrientes en el proceso de organización del orden social interno, con sus caracteres de proteccionismo aduanero, fomento de la producción agropecuaria e industrial, y mercantilización de la población autosuficiente, adquiere otro interés.

Sin embargo, pese a los éxitos obtenidos en diversos terrenos, la política económica correntina no logró resolver algunos problemas que el grupo dirigente consideraba vitales para la subsistencia y afianzamiento del estado provincial. Si bien logró controlar bastante el flujo del metálico hacia el exterior, no consiguió eliminar totalmente el déficit de la balanza. Es cierto que la reducción del déficit tuvo proporciones importantes y alimentó, por lo tanto, la confianza de los correntinos en la orientación de su política. No está de más recordar nuevamente que Pedro de Angelis había convertido en argumento fuerte de su ataque a Ferré el saldo negativo que mostraba el cuadro de las exportaciones e importaciones de la provincia entre los años 1825 y 1830, y que probaría la ineficacia de la legislación protectora, juicio que parecían aceptar Ravignani y Burgin al citarlo sin mayores comentarios. Sin embargo, si De Angelis podía acreditarse un éxito polémico inmediato, puesto que escribía un par de años después del último de los del cuadro, su juicio era equívoco, como lo hemos señalado más arriba. El equívoco consistía en que esos datos comprendían los años en que la política aduanera y monetaria correntina no había aún desarrollado su mayor fuerza, cosa que ocurrió recién entre 1830 y 1831. De manera que el editor de *El Lucero* estaba atacando una política reciente con datos anteriores a ella. Si completamos el cuadro, como lo indicamos oportunamente, con los años 1831 a 1838, podemos entonces evaluar los efectos reales del proteccionismo correntino en su período de mayor vigencia; y, en tal caso, advertir que lo que muestran las cifras del comercio exterior de la provincia es la comentada reducción del déficit en una proporción de casi un 55%. Sin embargo, pese a lo notable del resultado obtenido, era todavía insuficiente para la situación de la economía correntina, cuyos textiles, tabaco, madera, aguardiente y otras producciones debían afrontar la competencia de los productos importados, dentro de la provincia y fuera de ella, en el conjunto de las provincias rioplatenses, cuyas exportaciones de cueros afrontaban una desfavorable evolución de los precios internacionales; y cuyo fisco soportaba una merma de su ingreso por efecto del control de Buenos Aires sobre la navegación del Plata y sus afluentes.

Pero lo más dramático para los líderes de la provincia fue que, al mismo tiempo que esa política económica, pese a sus logros, no pudo tornar a Corrientes lo suficientemente fuerte como para afianzar su autonomía, tampoco consiguió, en otra dirección, desarrollar los vínculos con otras provincias que hubiesen permitido apuntalar la política de unidad nacional como solución alternativa a la de la autonomía. Algunas disposiciones de su proteccionismo aduanero debilitaron esas vinculaciones y acentuaron el distanciamiento, mientras que la propuesta de acuerdos económicos con las otras provincias del Litoral, y con las del conjunto rioplatense luego, no logró suficiente apoyo como para superar la resistencia de Buenos Aires.

De manera que, derrotada su propuesta de reorientación del comercio exterior y de organización constitucional, Corrientes se vio inevitablemente llevada a la confrontación militar cuando el manejo de la política exterior por parte de Buenos Aires, como ocurrió con la crisis que condujo al bloqueo francés en 1838, agravó las condiciones que afectaban su economía. Movida por su desesperada necesidad de superar las barreras de su ubicación mediterránea y de la política adversa de la rival que controlaba la relación con el exterior, la provincia actuó, sin embargo, con la misma ambivalencia que en su política económica —ambivalencia derivada de la yuxtaposición del particularismo provincial a una incierta tendencia a la unidad nacional—. Por una parte, se apoyaría en el presupuesto de su pertenencia a una nación argentina en ciernes para denunciar la prepotencia de Buenos Aires al convertir su conflicto provincial con Francia en un conflicto nacional; conflicto que agravaba, con las consecuencias del bloqueo francés, los perjuicios económicos del dominio de Buenos Aires sobre el comercio exterior. Y, por otra parte, suscribiría acuerdos con Francia y el caudillo uruguayo Rivera, así como con el Paraguay, actuando como entidad política soberana.

Al subrayar esta ambivalencia, es importante advertir que no intentamos formular un juicio de valor sobre la política del grupo dirigente correntino, que no estamos efectuando una crítica de la calidad de esa política. El sentido de lo que señalamos es comprobar, nuevamente, la peculiar naturaleza del *estado autónomo provincial* en cuanto genera continua y conjuntamente las contradictorias tendencias a afirmarse en su autonomía y a superarla en unión de las demás provincias rioplatenses, peculiaridad que, no sería necesario hacerlo explícito, no era exclusiva de Corrientes.

Naturaleza del grupo dirigente

Esa política económica de Corrientes, y esa política global en el ámbito rioplatense, se corresponden también con la naturaleza social de su sector dirigente. El notable alegato proteccionista e industrialista contenido en los escritos de Ferré pudo hacer pensar que el líder correntino había logrado esbozar, como nadie lo hiciera, una política de desarrollo capitalista en las condiciones del momento. Pero, dejando de lado la discusión sobre si el capitalismo es algo que la historia produce a programa —o a "proyecto"—, ese juicio no concuerda, hemos visto, con las características del programa correntino, ni tampoco con las de la política económica de la provincia; programa y política que, sin ser opuestos a un posible desarrollo capitalista, tampoco apuntaban a él. De manera que, si por un lado el aumento del excedente agrario perseguido por esa política económica podía facilitar condiciones propicias al desarrollo de las relaciones de producción capitalistas, la misma política no promovía algunos procesos considerados clásicos para la aparición de esas relaciones. Por ejemplo, la política agraria no tendía a separar al productor directo de sus medios de producción, como medio de convertirlo en mano de obra proletaria para ser ocupado en una producción industrial o agraria capitalista —carácter que, por otra parte, no poseían las principales producciones de la provincia—. Por el contrario, las medidas oficiales trataban de forzar a la población sin ocupación definida a la labranza de la tierra, sea facilitándole su compra, sea concediéndosela en enfiteusis o, aun más, entregándosela gratuitamente. Esta política estimulaba el desarrollo de la pequeña producción mercantil, y aun de la producción doméstica autosuficiente. Y, en cuanto a la política laboral, tampoco tendió a favorecer un hipotético mercado libre de trabajo, sino, por el contrario, a limitar la movilidad de los trabajadores mediante formas coactivas de provisión y retención, fuese con la reglamentación del trabajo industrial y agrario, o con el estímulo al asentamiento de pequeños productores que sirviesen, a la vez, de reserva de mano de obra para las ocasionales necesidades de las explotaciones agropecuarias mayores.

Recordemos que es propia de la naturaleza de una burguesía mercantil, en espacios aún no transformados por el desarrollo capitalista, una perspectiva económica definida por el ámbito del mercado que controla, por la tendencia a fundar el éxito de los negocios en las diferencias de precios provenientes de situaciones sin mercado unificado —sin "mercado interno"—, y por una sujeción de la producción al comercio. Lo que llamamos particularismo provincial, esto es, la primacía de los intereses particulares de un grupo conformado en el estrecho ámbito de una provincia, es la contrapartida de una estructura social correspondiente a la primacía del capital comercial, en el sentido ya señalado en la Introducción. Si algo caracteriza a esa etapa previa a la organización nacional del país, es la inexistencia de una clase social de amplitud intraprovincial, lo que suele llamarse a veces una burguesía nacional. En su lugar, existían burguesías mercantiles provinciales que ni siquiera habían logrado cohesión regional, como lo muestra el proceso de desintegración de las unidades políticas más amplias aparecidas inmediatamente después de la independencia, hacia 1814 y 1815, o la misma historia de las provincias del Litoral en el período subsiguiente. La burguesía mercantil correntina era uno de esos grupos sociales y vivía escindida por su tendencia a la autonomía —en concordancia con la índole de sus actividades económicas— y la tendencia a la unidad con otras provincias, en respuesta a la necesidad de resolver en un acuerdo de conjunto los problemas externos que la afectaban. Era un grupo social cuya solidez no es indicio de su *modernidad* sino, paradójicamente, de su arcaísmo, en la medida en que podemos considerar que si Corrientes logró afrontar mejor la difícil etapa abierta en 1820 fue porque logró reconstruir el poder económico de su viejo grupo dirigente de raigambre colonial y elaborar un correspondiente dominio político.

La consideración del programa correntino como una política de desarrollo capitalista es, entonces, un equívoco que requiere ser disipado para la mejor comprensión de su naturaleza y la evaluación de su éxito o fracaso, pues es aquí donde la naturaleza social del grupo dirigente marca sus límites, al no poder superar la ambivalencia proveniente de las contrapuestas tendencias a la autonomía y a la integración, ambivalencia que condena al fracaso, de tal manera, a una política cuyas limitaciones solo hubieran podido ser superadas en el marco de las relaciones interprovinciales. En este plano, su política estuvo, sí, fuertemente enderezada a la reunión de un congreso constituyente para organizar la nación. Sin embargo, en vez de fortalecer y ampliar las iniciales alianzas con otras provincias, entre ellas sus vecinas Santa Fe y Entre Ríos, fue debilitándolas al punto de terminar en el aislamiento y de allí en la derrota militar. Es cierto que mucho tuvo que ver en esto el poder y la diplomacia de Buenos Aires, pero estos factores no son suficientes para dar cuenta de ese aislamiento. A él contribuyó también, decisivamente, algo que estaba en la naturaleza misma de la clase dirigente y del estado correntino, y se reflejaba también en el manejo de su política económica interprovincial.

Otro equívoco de peso sería, asimismo, no discernir entre el desarrollo de la política económica correntina como política económica interna —en las condiciones del autonomismo del período— y su validez como base de una posible política interprovincial. Si en este último plano la política correntina desembocó en la derrota, la conclusión que podemos extraer de nuestro trabajo sobre la política económica interna, en cambio —y siempre que eliminemos el falso supuesto de un programa capitalista implícito en ella—, es la de una notable experiencia de afirmación por parte del grupo dirigente de la provincia.

ANEXO

Cuadro 1. *Población argentina, total y por regiones, 1801-1869*

Población del futuro territorio argentino		*Población por regiones*		
		Interior	*Litoral*	*Cuyo*
1800	329.747	165.000	116.000	36.000
1816	507.951			
1825	570.000			
1857	1.180.000			
1869	1.743.199	710.000	848.000	179.000

Fuente: cifras tomadas de Ernesto J. A. Maeder, *Evolución demográfica argentina, de 1810 a 1869*, Buenos Aires, Eudeba, 1969, *passim* (véase allí las fuentes respectivas).

Observaciones:

1. Interior (Córdoba, La Rioja, Catamarca, Tucumán, Santiago del Estero, Salta y Jujuy), Litoral (Buenos Aires, Corrientes, Entre Ríos y Santa Fe), Cuyo (Mendoza, San Juan y San Luis).
2. Se observa que la población del país habría crecido entre 1800 y 1857 (para tomar una fecha en la que incidiría menos la inmigración), a una tasa anual del 2,26 %, que resulta muy elevada para una sociedad como la argentina de la primera mitad del siglo XIX, lo que, por lo tanto, torna las cifras dudosas.
3. Como información útil, señalemos que Alfredo E. Lattes, que calcula para 1840 en 1.000.000 la población del país, sostiene, para 1869, un total de 1.900.000 personas, aproximadamente, añadiendo a la cifra que transcribimos en el cuadro anterior —cifra proveniente del Primer Censo Nacional— la población indígena —93.291— y una estimación de la omisión censal. Véase Alfredo E. Lattes, "La migración en la Argentina entre mediados del siglo XIX y 1960", *Desarrollo Económico*, 48, 1973, pág. 851.

CUADRO 2. *Población de la provincia de Corrientes, 1797-1854*

Año	*Habitantes*	*Tasa de crecimiento anual*	*Habitantes ciudad de Corrientes*	*Tasa*	*Habitantes campaña* [1]	*Tasa*	*Densidad por km²* [4]
1797	9.200						
1814	30.184		4.771 [2]		25.413		0,51
1820	36.692	3,31 %	5.308	1,79	31.389	1,03	0,62
1833	55.566	3,24 %	5.668	1,33	50.224	3,68	0,94
1841	57.309	0,39 %	5.540 [3]	–0,28	51.769 [3]	0,38	0,96
1854	84.570	3,04 %					1,42

FUENTES: para 1797, cifra tomada de Félix de Azara, *Descripción e historia del Paraguay y del Río de la Plata*, y para 1814, 1820, 1833 y 1841, E. A. J. Maeder, "Guerra civil y crisis demográfica en Corrientes. El censo provincial de 1841", *Folia Histórica del Nordeste*, núm. 4, Resistencia, Corrientes, 1980, pág. 80; para 1854, V. A. Martín de Moussy, *Description géographique et statistique de la Confédération Argentine*, París, 1864, tomo III, págs. 129 y 130.

OBSERVACIONES:
[1] Se incluyen todos los pueblos de la provincia, dada su escasa magnitud.
[2] Población estimada, pues faltan tres de los cuatro padrones de la ciudad.
[3] Añadimos a las cifras del censo el porcentaje de varones para ciudad y campaña, proporcional a los 2.000 soldados calculados por Maeder como integrantes del ejército provincial en operaciones.
[4] Según una superficie estimada de 50.460 km².

CUADRO 3. *Provincia de Corrientes, población por regiones, 1814-1841*

	1814		*1820*		*1833*		*1841*	
Capital	4.771	(15,8%)	5.308	(14,5%)	5.668	(10,1%)	5.540	(9,7%)
1ª región	16.340	(54,1%)	18.462	(50,3%)	27.650	(49,5%)	29.007	(50,6%)
2ª región	6.335	(21 %)	9.731	(26,5%)	13.197	(26,6%)	14.996	(26,2%)
3ª región	2.738	(9,1%)	3.196	(8,7%)	9.382	(16,8%)	7.766	(13,5%)
Totales	30.184		36.697		55.897		57.309	

FUENTE: E. J. A. Maeder, "Guerra civil y crisis demográfica en Corrientes. El censo provincial de 1841", *Folia Histórica del Nordeste*, Resistencia, Corrientes, núm. 4, 1980, pág. 73 y sigts.

OBSERVACIONES:
1. Añadimos a cada región la proporción de los 2.000 varones calculados como integrantes del ejército de la provincia.
2. La 1ª región es la comprendida entre el río Paraná, en sus cursos de Sur a Norte y de Oeste a Este, y el río Santa Lucía y sus esteros; la 2ª, desde este último límite hasta el río Corrientes y los esteros del Iberá —con el río Paraná en sus dos extremos—; la 3ª región es la comprendida entre el río Correintes, los esteros del Iberá, el río Miriñay y el límite con Entre Ríos. Entre 1820 y 1833 esta región se extiende hasta el río Uruguay.

CUADRO 4. *Población de algunas provincias argentinas en diversos años del período*

Provincias	*Años*	*Población*
Buenos Aires	1822	118.646
Buenos Aires	1836	142.957
Entre Ríos	1820	20.056
Entre Ríos	1849	47.736
Santa Fe	1816-17	15.000
Santa Fe	1858	41.261
Córdoba	1822	78.199
Córdoba	1839	102.248
Tucumán	1825	30.000
Tucumán	1845	57.876
Salta	1854	61.400
Mendoza	1812	13.318
Mendoza	1857	47.478

FUENTE: E. J. A. Maeder, *Evolución demográfica argentina desde 1810 a 1869*, Buenos Aires, Eudeba, 1969, pág. 34 y sigts.

OBSERVACIONES: las cifras corresponden, ya sea a censos provinciales, ya a cálculos diversos. Al respecto, véase información en la fuente.

CUADRO 5. *Comercio exterior de la provincia de Corrientes 1825-1841* (en pesos plata)

Año	*Importaciones*	*Exportaciones*	*Balanza*
1825	357.624	172.232	- 185.392
1826	391.074	258.322	- 132.752
1827	385.411	286.879	- 98.532
1828	196.801	206.550	9.749
1829	626.448	411.203	- 215.245
1830	462.934	241.967	- 220.967
1831	349.008	322.287	- 26.721
1832	426.243	332.325	- 93.918
1833	407.147	374.832	- 32.315
1834	394.953	334.733	- 60.220
1835	540.279	455.809	- 84.470
1836	399.967	435.387	35.420
1837	502.511	350.183	- 152.328
1838	308.640	213.088	- 95.552
1839	96.779	64.221	- 32.558
1840	387.991	202.987	- 185.004
1841	397.076	314.175	- 82.901

FUENTES: años 1827 y 1829, *R.O.P.C.*, II, págs. 219 y 233. El resto de los años, A.P.C., E.A., planillas sueltas (se trata de planillas anuales, intercaladas generalmente entre los expedientes administrativos de los primeros meses del año siguiente, cuyo título, que con ligeras variantes se mantiene durante todo el período, es "Estado General que manifiesta las entradas y salidas que ha habido en la Caja General y Receptorías de la Provincia, con distinción de ramos, capitales de importación y exportación en todo el año de...").

Observaciones previas a los cuadros 6 y 7

Estos cuadros son solo un reflejo parcial del comercio exterior de la provincia debido a las limitaciones de las fuentes. En primer lugar, se trata únicamente de lo exportado por la Aduana de la capital. Si bien sabemos, por cotejo con otras fuentes, que esas cifras representaban alrededor de un 60% del total de las exportaciones correntinas, sucede que ese porcentaje puede ser distinto en el caso de cada producto por separado. Por ejemplo, dada la natural predominancia de productos pecuarios en las exportaciones de Goya,[1] se infiere que el porcentaje del puerto de Corrientes correspondiente a las exportaciones de cueros debe ser menor que ese 60% global.

Por otra parte los libros de Toma de Razón de guías —las guías no fueron encuadernadas por separado y el conjunto conservado es incompleto, razón por la que no ha sido aconsejable utilizarlas— solo consignan la cantidad de los productos y no sus valores, lo que nos priva de la posibilidad de estimar el valor de esas exportaciones (véase, en los cuadros 20 y 21, una información del valor de las exportaciones correntinas a Buenos Aires, construida con las guías conservadas en el Archivo General de la Nación).

Otra limitación proviene del hecho de constituir solo el cómputo de las salidas por vía fluvial, debido al hecho de que las guías terrestres consignaban como destino poblados tales como Goya o Curuzú Cuatiá y dejaban sin definir si se trataba de destino final o de lugares de reexpedición para fuera de la provincia. Por esta razón quedan también sin registro productos de salida terrestre, como ganado en pie y carretas. Tampoco figuran las mercancías exentas de impuestos de aduana, tales como los tejidos, cuya exportación, sin duda muy escasa, hubiese sido de interés conocer por ser uno de los productos más afectados por la competencia rioplatense y ultramarina.

Hay otros productos —sobre todo tabaco y cigarros, pero también sebo, grasa, crin, yerba mate...— cuya variedad de unidades de medida no nos es posible convertir a alguna de las otras, como podría ser arrobas en el caso del tabaco. Por ejemplo, las medidas

[1] Puerto que registra el 30% del total de las exportaciones de la provincia en el año 1825; año del que existe una planilla aislada, la única que hemos encontrado de este tipo, que discrimina las exportaciones por aduana: "Estado General que manifiesta la Introducción y Exportación de capitales del comercio [...] en todo el año pasado de 1825", Corrientes, 18 de febrero de 1826, A.P.C., E.A., Leg. 19, octubre-diciembre de 1826.

del tabaco son más de 15, circunstancia que nos impide incluirlas en los cuadros —bolsa, bolsita, bulto, bultito, bocoy, cajón, saco, barrica, arroba, petacón, barril, sobornal, petaca, rollo, fardito, petaconcito, saquito—, y no hay entre ellas alguna que predomine en forma tal que hiciera posible prescindir de las otras siquiera a manera de ilustración. Un cotejo de partidas de tabaco y cigarros expresadas en las medidas correntinas con la conversión en arrobas registrada en Buenos Aires a la llegada de esa mercadería, fue realizado por el alumno de nuestro Seminario, Lic. Roberto Schmit, utilizando el registro de guías de la Aduana porteña. La disparidad de resultados obtenidos hizo imposible inferir alguna relación constante entre aquellas medidas y la arroba.

CUADRO 6. *Aduana de la ciudad de Corrientes. Exportaciones, principales productos, 1826-1841*

1. Productos varios. Cantidades

Medidas: pieles de nutria en *docenas*; el resto en *unidades*.

Años	*Suelas*	*Cueros vacunos curtidos*	*Cueros equinos curtidos*	*Cueros vacunos (sin curtir)*	*Astas*	*Pieles de nutrias*	*Naranjas*
1826	3.122	326	722	4.819	11.060	42	462.200
1827	4.826	267	365	18	5.400	6.975	184.500
1828	5.594	137	804	4.164	6.425	4.108	245.000
1829	4.249	129	1.211	17.203	5.143	266	193.500
1830	1.914	—	90	9.208	11.300	—	301.300
1831	5.498	328	484	21.703	34.830	58	650.300
1832	4.480	459	473	22.238	48.221	1.947	1.166.300
1833	4.901	400	54	18.924	48.057	16.850	1.114.100
1834	6.098	174	412	22.115	56.261	20.502	460.500
1835	9.104	211	519	22.931	54.010	12.912	242.000
1836	5.934	416	101	34.183	40.923	6.186	987.800
1837	3.423	484	806	32.824	36.131	4.394	361.000
1838	2.225	223	1.058	11.617	6.928	19.500	72.000
1839	1.725	64	769	55	—	1.080	33.000
1840	2.679	567	859	21.962	6.900	—	39.000
1841	6.707	640	524	26.697	—	—	—

FUENTES: A.P.C., T.R.G.

OBSERVACIONES:

1. En las cantidades de cueros vacunos sin curtir hemos incluido una parte de las cantidades de cueros anotadas sin especificación en los registros de guías. Para ello, dividimos esas cantidades en dos partes proporcionales a las de cueros vacunos y equinos de cada año. En varias de las columnas se omiten pequeñas partidas de cueros anotadas "en fardos".
2. Podemos estimar el valor de las exportaciones de suelas, producto para el que tenemos precios de Buenos Aires. Promediando los precios, que no tienen grandes oscilaciones, y multiplicándolos por las cifras del cuadro, el valor de lo exportado en 1831 habría sido de 35.132 pesos fuertes, el de 1832, de 28.672, y el de 1833, de 29.014 (los precios de las "suelas de Corrientes" son de *La Gaceta Mercantil*).
3. Con el mismo procedimiento tenemos las siguientes cifras de valores de los cueros de nutria: 1832, 9.696; 1833, 103.122; y 1834, 127.748 pesos fuertes, respectivamente.
4. En la misma forma, para astas: 1833, 4.363; 1834, 5.117; 1835, 4.675; 1836, 1.999; 1837, 1.444 pesos

CUADRO 7. *Aduana de la ciudad de Corrientes. Principales exportaciones, 1826-1841*

2. Productos madereros. Cantidades

Medidas: unidades

Años	*Rayos*	*Mazas*	*Ejes*	*Vigas*	*Tablas*	*Tirantes*	*Cañas macizas*	*Tacuaras*	*Palmas*	*Trozos*
1826	1.159	2	1.034	100	925	2.422	1.500	1.424	3.685	4
1827	115	50	1.844	645	1.491	7.280	—	—	10.201	59
1828	158	84	554	228	1.535	2.160	2.300	36	2.770	11
1829	2.867	598	520	37	319	666	100	422	639	—
1830	827	291	607	90	254	2.181	4.000	4.498	3.163	—
1831	35	190	853	213	258	4.302	—	2.540	3.054	19
1832	1.897	663	14	28	147	4.529	2.000	36	2.328	45
1833	820	240	81	55	135	3.831	250	240	1.656	227
1834	503	401	179	16	175	4.206	2.000	12	2.644	17
1835	709	174	69	91	85	9.455	—	—	1.504	25
1836	85	322	204	104	152	6.919	—	—	1.660	121
1837	86	372	192	42	40	9.410	—	—	220	106
1838	47	235	470	40	64	6.065	—	100	524	215
1839	—	20	19	—	347	821	—	60	403	32
1840	301	221	254	2	—	1.071	—	—	—	102
1841	300	44	104	—	19	303	—	—	—	—

FUENTES: A.P.C., T.R.G.

OBSERVACIONES: en la columna de Tirantes hemos incluido parte de las cantidades anotadas como "tirantes y tirantillos", calculando las proporciones respectivas según las cantidades de tirantes y tirantillos que se distinguen en cada año. La columna Trozos corresponde a los troncos de árboles llamados actualmente rollizos. Rayos, mazas y ejes son partes para construcción de carretas.

CUADRO 8. *Precios del cuero "de Buenos Aires" en Hamburgo, 1814-1845*

Años	*Precios (en marcos)*	*Núms. índice*
1814	0,88	104,76
1815	0,89	105,95
1816	1,01	120,23
1817	0,89	105,95
1818	0,90	107,14
1819	1,00	119,05
1820	1,10	130,95
1821	1,08	128,57
1822	1,08	128,57
1823	1,10	130,95
1824	1,00	119,05
1825	1,13	134,52
1826	1,05	125,00
1827	1,00	119,05
1828	1,00	119,05
1829	0,99	117,86
1830	0,94	119,90
1831	0,92	109,52
1832	0,87	103,57
1833	0,84	100,00
1834	0,80	95,24
1835	0,78	92,86
1836	0,74	88,09
1837	0,78	92,86
1838	0,78	92,86
1839	0,80	95,24
1840	0,86	102,38
1841	0,76	90,48
1842	0,71	84,52
1843	0,68	80,95
1844	0,71	84,52
1845	0,72	85,71

FUENTE: Alfred Jacobs y Hans Richter, *Die Grosshandelpreise in Deutschland von 1792 bis 1934*, Hamburgo, Berlin Hanseatische Verlaganstalt, 1935, pág. 68.

OBSERVACIÓN: en la serie de números índice, 1833=100.

Cuadro 9. *Balanza comercial, 1825-1841* (promedios anuales)

a. *Cifras de los promedios anuales*

Período	*Importaciones*	*Exportaciones*	*Suma de importaciones y exportaciones*	*Balanza*
1825-1830	403.382	262.859	666.241	– 140.523
1831-1838	416.093	352.330	768.424	– 63.763

b. *Porcentajes de aumento o disminución del período 1831-1838 con respecto a 1825-1830*

	+ 3,1%	+ 34%	+ 15,3%	– 54,6%

Fuente: véase cuadro 5.

CUADRO 10a. *Cantidades de buques entrados y salidos de la provincia, 1825-1841*

Años	*Buques entrados*	*Buques salidos*
1827	216	219
1828	153	161
1829	176	187
1830	159	171
1831	177	185
1832	179	184
1833	118	123
1834	107	111
1835	138	142
1836	149	155
1837	140	145
1838	121	110
1839	56	42
1840	52	43
1841	102	78

FUENTE: véase cuadro 5.

OBSERVACIÓN: la diferencia a favor de las salidas es muy probable que se deba a la porción de embarcaciones vendidas en otras provincias.

CUADRO 10b. *Patentes de navegación. Puerto de la ciudad de Corrientes, 1827-1840*

Año	*Impuesto recaudado*	*Número de naves*	*Promedio recaudación por nave*
1827	981,5	179	5,5
1828	503,5	123	4,1
1829	500	173	2,9
1830	595,25	152	3,9
1831	723	160	4,5
1832	679	143	4,7
1833	549,5	83	6,6
1834	559	86	6,5
1835	776,5	110	7,1
1836	749,5	120	6,2
1837	724,5	105	6,9
1838	469,5	73	6,4
1839	160	36	4,4
1840	157,5	29	5,4

FUENTE: A.P.C., L.T.R.P.

OBSERVACIÓN: la escala del impuesto era la siguiente: 1 a 5 toneladas, 1 peso fuerte a 4 reales; 6 a 12 toneladas, 3 pesos fuertes; 13 a 25 toneladas, 5 pesos fuertes; 26 a 45 toneladas, 6 pesos fuertes; 46 a 65 toneladas, 8 pesos fuertes; 66 a 85 toneladas, 10 pesos fuertes; 86 o más toneladas, 14 pesos fuertes. Ley del 18/I/827, *R.O.P.C.*, II, pág. 104 (que duplica las patentes del año 1825, *Id.*, I, pág. 362).

CUADRO 11. *Provincia de Corrientes, existencia ganadera, 1829-1837*

Años	*Vacunos*	*Equinos*	*Ovinos*
1829	224.431	73.927	60.111
1832	272.955	66.398	60.946
1834	338.355	67.507	85.816
1835	403.984	74.114	88.108
1836	432.152	73.871	96.222
1837	466.590	81.147	107.958

FUENTES: "Manifiestos..." de las haciendas existentes en la provincia, A.P.C., E.A., Legs. núms. 27, mayo-diciembre de 1829; 38, noviembre-diciembre de 1832; 44, noviembre-diciembre de 1834; 51, noviembre-diciembre de 1836; 54, noviembre-diciembre de 1837.

OBSERVACIÓN: las cifras del "Manifiesto" de 1829 están construidas en parte con los datos de ese año y en parte con los del anterior (1828), correspondientes estos últimos a las Comandancias de Campaña que omitieron remitir los de 1829 (según advierte el juez de policía al elevar el documento al gobernador). Para el conjunto del cuadro, es de advertir el presumible falseamiento de las cifras con el objeto de ocultar hacienda y disminuir así el impuesto a pagar, dado el objetivo fiscal de esos Manifiestos (véase la nota 2 del capítulo IV, "La producción agropecuaria").

CUADRO 12. *Artesanos de la provincia de Corrientes, 1814, 1820 y 1833*

	1814 (solo del Interior)	*1820*	*1833*
Calafateros		5	6
Sastres	16	76	60
Plateros	12	25	63
Aserradores		1	14
Zapateros	26	66	101
Carpinteros	66	77	242
Albañiles	6	15	27
Aprendices			48
Hojalateros			2
Herreros	17	18	42
Armero/artilleros		1	4
Jornaleros	11	83	253
Adobero/ladrilleros			5
Constructores			1
Impresores			1
Peineros			3
Sombrereros		8	7
Escultores/pintores	1	1	4
Fabricantes			4
Tejedores	3		81
Curtidores		35	5
Talabarteros		8	3
Fusteros			14
Obrera/costureras	1		48
Artesanos			24
Cuchareros			1
Tahoneros/molineros		3	
Yeseros/caleros		1	
Panaderos		2	
Relojeros		1	
Hilanderas	29		
Totales		426	1.061

FUENTES: para 1814, E. J. A. Maeder, "Demografía...", ob. cit., pág. 152. Para 1820, *íd., La estructura demográfica...*, ob. cit., "Cuadro General de ocupaciones...", fuera de texto. Para 1833, *íd.*, "La población [...] de 1833", ob. cit., Cuadro de ocupaciones por sectores, págs. 331 a 334.

OBSERVACIÓN: las cifras de cada año no son comparables con las de los otros: en 1814 faltan los datos de la capital, y en 1820, los de la región situada al Norte del río Santa Lucía.

CUADRO 13. *Cantidad de curtiembres e impuesto pagado, 1820-1841*

Año	*Núm. de curtiembres*	*Fuentes*	*Total del impuesto de patentes percibido en el año*
1820	seis	A.P.C., C.P., Censo de 1820	———
1825	seis	*Almanaque* Blondel	———
1830	cinco	A.P.C., L.T.R.P.	101 pesos 7 reales
1831	seis		90 pesos 1 reales
1832	seis		90 pesos 1 reales
1833	ocho		157 pesos 5 reales
1834	ocho		210 pesos
1835	ocho		185 pesos
1836	ocho		156 pesos 4 reales
1837	siete		98 pesos 5 ½ reales
1838	ocho		70 pesos 4 reales
1839	seis		44 pesos 4 reales
1840	seis		36 pesos
1841	seis		35 pesos

CUADRO 14. *Capital de las curtiembres de la ciudad de Corrientes, 1833 y 1834*

Año	*Curtiembres*	*Capital declarado*	*Capital inferible*	*Monto de la patente*
1833	Domingo Latorre	3.000 pesos fuertes		30 pesos fuertes
1834	Domingo Latorre		3.000 pesos fuertes	30 pesos fuertes
1833	Luis Muret y Cía.	5.000 pesos fuertes		50 pesos fuertes
1834	Luis Muret y Cía.		5.000 pesos fuertes	50 pesos fuertes
1834	Ramón de Galarraga		1.800 pesos fuertes	18 pesos fuertes
1834	Juan A. Virasoro		2.000 pesos fuertes	20 pesos fuertes
1834	Raymundo Molina		2.100 pesos fuertes	21 pesos fuertes
1834	Juan Manuel Vedoya		600 pesos fuertes	6 pesos fuertes
1834	José Antonio Ruda		5.500 pesos fuertes	55 pesos fuertes

FUENTES: para el capital inferible, A.P.C., L.T.R.P.; para el capital declarado, "Solicitudes diversas, 1833", A.P.C., E.A., año 1833, Leg. núm. 38, marzo-mayo.

Cuadro 15. *Provincia de Corrientes, ingresos y gastos anuales, 1822-1841*

Año	*Entradas*	*Salidas*	*Superávit*	*Déficit*	*Saldo en caja*
1822	41.658	22.707	18.951		
1823	38.549	43.731		5.182	
1824	33.327	40.601		7.274	8.260
1825	89.007	85.167	3.840		12.100
1826	97.170	102.964		5.794	6.306
1827	88.189	88.756		567	5.739
1828	79.044	80.353		1.309	4.430
1829	115.879	99.694	16.185		20.685
1830	114.072	122.202		8.130	12.555
1831	99.962	100.432		470	12.085
1832	108.935	97.490	11.445		23.530
1833	117.249	111.953	5.296		28.826
1834	149.133	152.998		3.865	24.961
1835	151.910	154.114		2.204	22.757
1836	133.608	125.421	8.187		30.944
1837	137.931	147.762		9.831	21.113
1838	112.692	116.293		3.601	17.512
1839	107.092	120.682		13.590	3.921
1840	103.705	100.442	3.263		7.184
1841	101.442	177.787		76.345	4.366

Fuentes: años 1822 a 1824, A.P.C., L.C. (se trata de asientos, a manera de balances, en el *Libro de Caja, o Mayor del Estado*, los días 31 de diciembre de cada año). El resto de los años, las mismas fuentes del cuadro 5.

Observaciones: 1. Las cifras de los años 1822 a 1824, tomadas del *Libro de Caja...*, no pueden formar parte de una serie homogénea con las de los años 1826 a 1841 porque las planillas que comenzó a dar a publicidad el gobierno provincial a partir de 1825 contienen variaciones sensibles respecto de los asientos finales de aquel libro. Estas variaciones provenían de la contabilización tardía, en las primeras semanas de cada año, de operaciones correspondientes al año anterior —generalmente pertenecientes a receptorías del interior de la provincia, cuyas cuentas llegaban con posterioridad al 31 de diciembre, fecha del asiento anual del *Libro de Caja*—.

2. El "Estado General..." correspondiente al año 1825 que reproduce el *R.O.P.C.*, I, pág. 429, contiene las cifras de las Entradas y Salidas de la capital, solamente. Esto se comprueba en una planilla, de estructura inusual, que distingue las Entradas y Salidas de cada receptoría, fechada el 18 de febrero de

1825, y que es la utilizada en nuestro cuadro. Esta planilla se encuentra en A.P.C., E.A., Leg. núm. 19, octubre-diciembre, 1826.

3. Es de notar que, a partir del año 1836, las planillas dadas a publicidad adoptan la modalidad del asiento final del *Libro de Caja* al incluir el rubro "Pagarés y deudas del comercio", y haciéndolo tanto en la columna de Entradas como en la de Salidas. Cotejándolas con los asientos similares de los *Libros de Caja*, se infiere que las cantidades de los pagarés estaban incluidas en los rubros de las Entradas por los que habían ingresado, y vueltas a anotar luego, en forma separada, para poner de manifiesto la falta de realización de esos documentos a la fecha del "Estado...", pero haciéndolo en ambas partidas para anular su efecto en el balance final. Por tal razón, prescindimos de ellas en este cuadro.

4. De acuerdo con las planillas de los años de 1836 a 1841, es claro que el rubro que figura en las Salidas como "En dinero en la Colecturía General y en las Receptorías a fin del año de...", —que también innova la forma adoptada en años anteriores y que en nuestro cuadro corresponde a la columna "Saldo en Caja"—, se compone del monto del rubro de las Entradas "Balance en la Colecturía y Receptorías a fin del año de..." (año anterior), más el superávit o menos el déficit del año. Basándonos en esta observación, procedimos a interpolar las cifras del Saldo en Caja de los años 1825 a 1834.

5. El déficit del año 1841 fue cubierto por una emisión de billetes de Tesorería respaldados por una suscripción pública (*R.O.P.C.*, IV, Ley del 23/VII/841, pág. 347).

CUADRO 16. *Ramos de entradas de la provincia de Corrientes, 1826-1841* (en pesos plata)

Años	*Aduana*	*Papel sellado*	*Diezmo*	*Patentes*	*Puertos*	*Venta propiedades públicas*	*Correos*	*Eventuales*	*Policía*
1826	49.406	3.011	3.419	3.039	437	27.220	500	10.138	
1827	56.180	5.361	3.024	2.115	763	4.025	383	16.338	
1828	28.286	4.615	12.039	1.667	384	9.515	312	22.227	
1829	70.865	5.879	6.745	1.993	335	6.174	62	23.825	
1830	72.708	5.222	18.100	2.860	413	5.140	154	5.203	4.270
1831	63.109	5.561	12.877	3.190	549	4.030	99	5.979	4.567
1832	74.702	6.121	9.203	3.389	495	190	101	8.019	6.714
1833	81.281	5.874	10.809	3.331	487	1.220	95	8.502	5.650
1834	84.158	5.520	9.517	3.643	474	15	99	38.459	7.247
1835	112.358	7.509	14.994	3.720	673		161	4.792	7.704
1836	85.750	7.370	16.558	4.166	698		145	10.476	8.456
1837	100.440	6.309	13.019	3.846	746		141	4.693	8.737
1838	71.598	6.176	13.770	3.475	522		243	9.015	7.893
1839	14.892	2.584	4.351	3.044	103		82	78.162	3.873
1840	75.417	3.764	4.567	2.345	230		—	15.169	2.214
1841	49.866	4.111	2.820	2.332	384	7.735	148	33.007	1.041

FUENTE: véase cuadro 5.

OBSERVACIÓN: a diferencia del cuadro anterior, se omiten los años 1822, 1823 y 1824 porque las normas de contabilidad eran distintas (se cambian a partir de 1825) y no permiten distinguir los ramos. También se omite el año 1825 porque la fuente utilizada (véase el punto 2 de las observaciones del cuadro 15) no distingue los ramos de Entradas y Salidas.

CUADRO 17. *Ramos de Salidas de la provincia de Corrientes, 1826-1841* (en pesos plata)

Años	*Gobierno*	*Hacienda*	*Guerra*	*Gastos extraordinarios*
1826	5.552	6.655	53.381	37.376
1827	6.850	5.330	50.797	25.784
1828	7.888	6.116	45.008	21.341
1829	6.042	7.273	49.860	36.519
1830	8.346	7.296	55.378	51.182
1831	6.714	7.164	51.200	35.354
1832	7.570	7.247	44.313	38.359
1833	6.844	8.058	53.561	43.489
1834	6.871	9.722	52.604	83.802
1835	7.604	11.168	53.977	81.365
1836	9.927	12.125	55.267	48.102
1837	10.106	10.804	64.063	62.790
1838	12.768	10.049	51.245	42.232
1839	7.622	5.656	32.334	75.070
1840	7.281	7.043	23.250	62.869
1841	13.034	13.168	133.844	17.741

FUENTE: véase cuadro 5.

CUADRO 18a. *Provincia de Corrientes, Ramos de Entradas, 1826-1841*
(en porcentajes sobre los totales)

Años	*Aduana*	*Papel sellado*	*Diezmo*	*Patentes*	*Puertos*	*Venta propiedades públicas*	*Correo*	*Eventuales*	*Policía*
1826	50,8	3,1	3,5	3,1	0,4	28	0,5	10,4	
1827	63,7	6,1	3,4	2,4	0,9	4,5	0,4	18,5	
1828	35,8	5,2	15,2	2,1	0,5	12	0,4	28,1	
1829	61,1	5,1	5,8	1,7	0,3	5,3	—	20,6	
1830	63,7	4,6	15,9	2,5	0,4	4,5	0,1	4,6	3,7
1831	63,1	5,6	12,9	3,2	0,5	4	0,1	6,9	4,6
1832	68,6	5,6	8,4	3,1	0,4	0,2	0,1	7,4	6,2
1833	69,3	5	9,2	2,8	0,4	1	0,1	7,2	4,8
1834	56,4	3,7	6,4	2,4	0,3	—	0,1	25,8	4,9
1835	74	4,9	9,9	2,4	0,4	—	0,1	3,1	5,1
1836	64,2	5,5	12,4	3,1	0,5	—	0,1	7,8	6,3
1837	72,8	4,6	9,4	2,8	0,5	—	0,1	3,4	6,3
1838	63,5	4,5	10	2,5	0,4	—	0,2	6,5	5,7
1839	13,9	2,4	4,1	2,8	0,1	—	0,1	73,9	3,6
1840	72,7	3,5	4,3	2,2	0,2	—	—	14,2	2,1
1841	49,2	4	2,8	2,3	0,4	7,6	0,1	32,5	1,0

CUADRO 18b. *Provincia de Corrientes, Ramos de Salidas, 1826-1841* (en porcentajes sobre los totales)

Años	*Gobierno*	*Hacienda*	*Guerra*	*Gastos extraordinarios*
1826	5,4	6,5	51,8	36,3
1827	7,7	6	57,2	29,1
1828	9,8	6,9	50,7	24
1829	6,1	7,3	50	36,6
1830	6,8	6	45,3	41,9
1831	6,7	7,1	51	35,2
1832	7,8	7,4	45,4	39,3
1833	6,1	7,2	47,8	38,8
1834	4,5	6,3	34,4	54,8
1835	4,9	7,2	35	52,8
1836	7,9	9,7	44,1	38,3
1837	6,8	7,3	43,3	42,5
1838	11	8,6	44,1	36,3
1839	6,3	4,7	26,8	62,2
1840	7,2	7	23,1	62,6
1841	7,3	7,4	75,2	10

Cuadro 19. *Cantidad anual de patentes de alambiques ciudad de Corrientes, 1831-1841*

Años	*Núm. de frascos* 1 a 6	7 a 10	11 o más	*Total recaudado (pesos fuertes)*
1831	14	4	3	98
1832	15	1	4	93
1833	17	2	2	76
1834	14	1	2	63
1835	7	1	3	63
1836	4	3	5	99
1837	3	3	4	83
1838	2	2	3	60
1839	1	1	4	65
1840	1	1	4	65
1841	2	1	4	67

Fuente: A.P.C., L.T.R.P.

Observaciones: hemos calculado la recaudación como si todas las patentes hubiesen sido pagadas íntegramente; pero hay algunas, muy pocas, que, por haber iniciado su actividad luego del 1 de enero, pagaron solo la parte al lapso correspondiente. Preferimos el criterio adoptado porque varían muy poco el total del año, y, de esta manera, se observa mejor el significado de las variaciones, ocultas por la escala del impuesto.

CUADRO 20. *Comercio de Corrientes con Buenos Aires, 1822-1833* (valores en pesos fuertes)

Años	*Cueros*	*Tabaco*	*Cigarros*	*Yerba*	*Suelas*	*C.nutria*	*Total*
1822	74.562	62.832	1.148	2.484	3.741	—	144.767
1823	25.498	25.083	2.625	2.945	1.398	—	57.549
1824	19.087	38.339	10.816	808	2.340	—	71.390
1825	20.548	9.183	9.189	1.162	528	—	40.610
1826	25.912	30.458	13.151	3.162	3.910	7.957	84.550
1827	11.531	3.151	1.907	887	64.747	8.393	90.616
1828	44.994	4.149	3.380	2.601	62.355	7.080	124.559
1829	161.442	11.000	8.954	2.550	15.100	4.122	203.168
1830	70.009	16.098	6.440	18.153	3.752	2.942	117.394
1831	89.875	28.347	11.587	8.490	8.595	516	147.410
1832	141.187	5.548	2.011	440	35.252	5.016	189.454
1833	114.544	11.186	5.854	—	13.244	9.067	153.895

FUENTES: cuadro tomado de Roberto Schmit, "El comercio de Corrientes a Buenos Aires", ob. cit., cuyas fuentes fueron los Manifiestos de Aduana, A.G.N., Salas III y X.

CUADRO 21. *Comercio de Corrientes con Buenos Aires, 1822-1833* (valores en pesos fuertes)

Productos	*1822-1827*	*1828-1833*
Cueros	177.138	622.072
Tabaco	150.495	76.328
Cigarros	38.830	38.226
Yerba	11.448	32.234
Suelas	76.664	138.298
C. nutria	16.350	28.743

FUENTES: véase cuadro 20.

GRÁFICO 1. *Números índice del nivel general de precios de productos pecuarios en oro, Buenos Aires, 1833-1850*

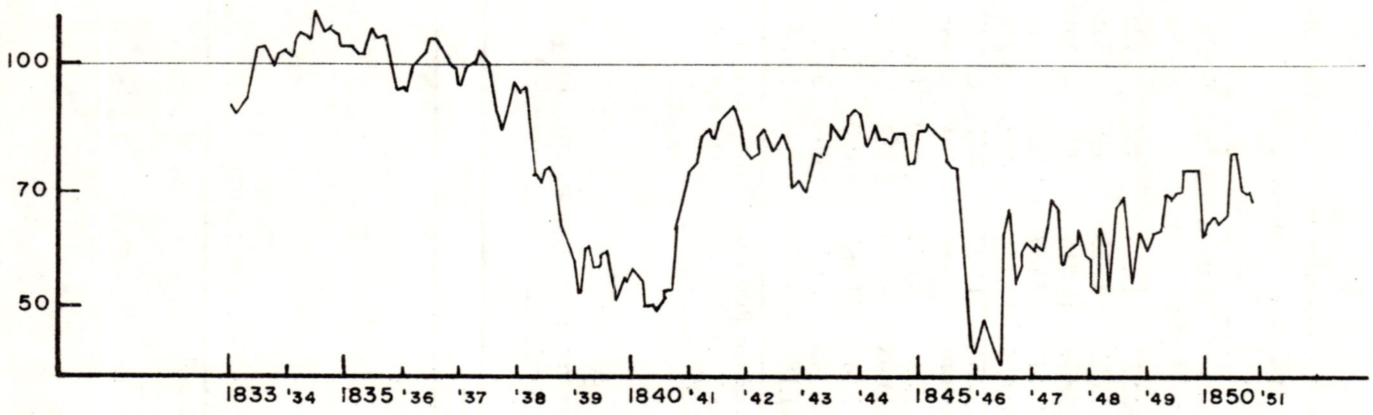

FUENTE: Julio Broide, *La evolución de los precios pecuarios argentinos en el período 1830-1850*, Buenos Aires, Instituto de Economía, Facultad de Ciencias Económicas, Universidad de Buenos Aires, 1951.

OBSERVACIÓN: escala logarítmica; 1833 = 100.

GRÁFICO 2. *Números índice del precio del cuero "de Buenos Aires" en Hamburgo, 1814-1845*

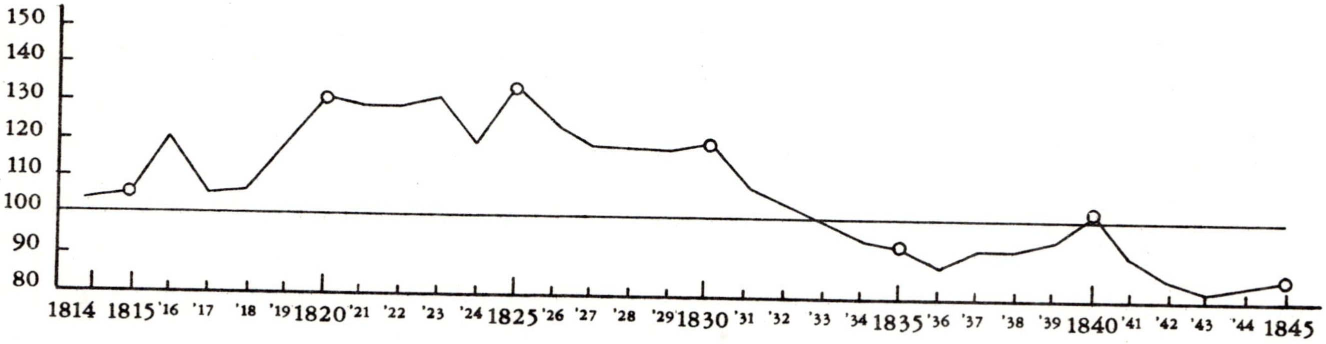

FUENTE: véase cuadro 8.
OBSERVACIÓN: 1833 = 100.

NOTAS

PRÓLOGO

[1] Cosa percibida por el ministro inglés en Buenos Aires cuando, a raíz del conflicto fronterizo de Corrientes con Paraguay en 1834 y de la indignada reacción provincial ante el insignificante apoyo militar de Buenos Aires en respuesta a la invocación de las estipulaciones del Pacto Federal, escribía a su gobierno que era de Corrientes, en conjunción con las otras provincias litorales, desde donde "...percibo pueda ser anticipado de aquí en más la más fuerte oposición a la facción de Rosas y, quizás, su derrota final". Gore a Palmerston, F. O. 6, vol. 40, 24/VII/834, f. 187. Otras referencias que indican la especial importancia concedida por Gore al asunto —"que puede conducir a importantes consecuencias para los intereses de esta República"—: Gore a Palmerston, vol. 40, 27/II y 17/IV/834 (la cita en la primera de estas dos comunicaciones, fol. 98, v).

[2] Lo que sigue en el texto es, salvo mención expresa, un resumen de los argumentos de Corrientes y de Buenos Aires tomados de los documentos incluidos en: Emilio Ravignani (comp.), *Relaciones interprovinciales, la Liga del Litoral,* tres volúmenes, Buenos Aires, Instituto de Investigaciones Históricas, Facultad de Filosofía y Letras, Universidad de Buenos Aires, 1921 —tomos XV, XVI y XVII de la colección Documentos para la Historia Argentina. Parte de estos documentos y comentarios a los mismos pueden encontrarse en las memorias de Ferré: Brigadier General Pedro Ferré, *Memoria..., octubre de 1821 a diciembre de 1842,* Buenos Aires, Coni, 1921, cap. IV y Anexos, III. Los escritos de Ferré publicados en 1833 por la provincia de Corrientes en un folleto con el título de *Cuestiones nacionales,* e incluidos en la serie editada por Ravignani, fueron reeditados por Arturo Enrique Sampay, con el agregado de un texto de Juan Simón García de Cossío —presunto autor, por otra parte, de los trabajos firmados por Ferré: Pedro Ferré, *La constitución de la nación bajo el sistema federativo,* Buenos Aires, Juárez, 1969. La provincia de Buenos Aires publicó, en su oportunidad, parte de los documentos del debate: *Colección de documentos relativos a las especies vertidas contra la benemérita provincia de Buenos Aires y su gobierno por los SS. Ferré, Marín y Leiva,* Buenos Aires, 1832. Sobre los alcances político-económicos del debate, hizo un detenido análisis y resumen Miron Burgin en *Aspectos económicos del federalismo argentino,* Buenos Aires, Solar/Hachette, 1975, cap. IX "Aranceles, emisiones y política". Respecto del interés de los constitucionalistas, véase Juan A. González Calderón, *Derecho constitucional argentino, historia, teoría y jurisprudencia de la constitución,* Buenos Aires, Lajouane, tomo I, 1930, pág. 184 y sigts.; Segundo V. Linares Quintana, *Tratado de la ciencia del derecho constitucional argentino y comparado,* Buenos Aires, Plus Ultra, 2ª ed., 1977, tomo I, pág. 375 y sigts.; Alfredo Galletti, *Historia constitucional argentina,* La Plata, Editora Platense, 1974, vol. II, cap. II, "El Pacto Federal". Sobre las circunstancias históricas del debate y diversos aspectos del mismo, la bibliografía es extensa. Véase una exposición de conjunto en la Introducción de Ravignani al tomo XV de su compilación citada más arriba, y en Enrique M. Barba, "El primer gobierno de Rosas", en: Academia Nacional de la Historia, *Historia de la Nación Argentina,* vol. VII. Respecto de las corrientes proteccionistas argenti-

nas del siglo pasado, posteriores al caso que nos ocupa, véase nuestro libro *Nacionalismo y liberalismo argentinos, 1860-1880*, Buenos Aires, Solar/Hachette, 1970, pág. 17 y sigts.

[3] El texto del famoso tratado puede encontrarse en: Instituto de Política Económica (comp.), *Tratados de comercio de la República Argentina*, Buenos Aires, Facultad de Ciencias Económicas, Universidad de Buenos Aires, 1938.

[4] Pocos documentos se podrían encontrar que sean más expresivos de esta posición del estado correntino frente a Buenos Aires —además de los comentados escritos de Ferré—, que la nota oficial dirigida a Juan Manuel de Rosas en cuanto encargado de las relaciones exteriores, en la que Corrientes manifiesta su repudio a la ocupación británica de las islas Malvinas y extiende su rechazo al conjunto de las naciones europeas. Sin llegar al tono de los periódicos de Montevideo, que prácticamente le decían burlonamente a Rosas: allí tienes tus amigos, mira cómo te tratan, el escrito de Corrientes es sutilmente irónico:

> si una nación amiga y poderosa que ha hecho siempre alarde de fidelidad y moderación, y que no ha perdido oportunidad de manifestar la cordialidad de sus sentimientos amistosos hacia la República Argentina, ha cometido un tamaño atentado como el violento despojo de que se habla, ¿qué puede esperarse ya de ella ni de las demás naciones europeas cuyos intereses son tan diversos como inconciliables con los nuestros? (...) Más si la política del gabinete de San James, no sabe medir sino sus propios intereses y su poder, es visto que mientras la República Argentina no se organice y ponga en estado de hacerse respetable a todas luces, como puede serlo a poca costa, el abuso de la fuerza con que ha procedido sobre las islas Malvinas la corbeta de guerra de S. M. Británica, tal vez no sea el último insulto inferido al pabellón argentino por parte de una nación, para quien no son nada los generosos oficios de benevolencia, con que el Excelentísimo Gobierno de Buenos Aires indica habérselo manifestado siempre en obsequio de la amistad más sincera. (Pedro Ferré a Juan Manuel de Rosas, Corrientes, febrero 28 de 1833, A. G. N., Gobierno, Corrientes, 1833-1851, 10-5-7-6. Véase el documento íntegro en el Apéndice. Hay transcripción de este documento, con algunos subrayados del editor, en Provincia de Corrientes, *Honrando el centenario de Pago Largo...*, tomo I, Corrientes, 1938.)

[5] Véase Emilio Ravignani (comp.), *La Liga del Litoral...*, ob. cit., tomo XVII, pág. 99 y sigts.

[6] Sobre la naturaleza de las tendencias nacionales y provinciales en el período, véase nuestro trabajo "Formas de identidad política en el Río de la Plata luego de 1810", *Boletín del Instituto de Historia Argentina y Americana "Dr. Emilio Ravignani"* (Buenos Aires), 3ª serie, núm. 1, 1er. semestre de 1989.

[7] Tampoco resultó verosímil la hipótesis opuesta de una conformación feudal de esta economía provincial, como se desprende de los criterios expuestos en la Introducción. Respecto de nuestro punto de vista sobre la

famosa, y viciada, opción feudalismo/capitalismo, véase nuestro trabajo *Formas de sociedad y economía en Hispanoamérica*, México, Grijalbo, 1983.

[8] Sobre el concepto de capital comercial —capital comercial y usurario— y su proyección histórica, véase la Tercera Parte de nuestro recién citado trabajo *Formas de sociedad...*

[9] Un enfoque comparativo de algunos aspectos de la organización del estado en las tres provincias puede verse en nuestros trabajos "Legalidad constitucional o caudillismo: el problema del orden social en el surgimiento de los estados autónomos del Litoral argentino en la primera mitad del siglo XIX", *Desarrollo Económico* (Buenos Aires), vol. 26, núm. 102, 1986, y "Finanzas públicas de las provincias del Litoral, 1821-1841", en *Anuario IHES*, Instituto de Estudios Histórico-Sociales, Tandil, Universidad del Centro de la Provincia de Buenos Aires, 1, 1986.

INTRODUCCIÓN. LA CUESTIÓN REGIONAL EN EL PROCESO DE GESTACIÓN DEL ESTADO NACIONAL ARGENTINO

[1] Véase una exposición sintética del problema en Tulio Halperín Donghi, *Historia contemporánea de América Latina*, Madrid, Alianza, 1969, pág. 74 y sigts.

[2] Véase un cuadro resumen del proceso en Rubén H. Zorrilla, "Estructura social y caudillismo en la Argentina, 1810-70", *Nova Americana*, 2, 1970, pág. 146; véase también Emilio Ravignani, "El Congreso Nacional de 1824-1827, La Convención Nacional de 1828-1829, Inconstitución y régimen de pactos", en: Academia Nacional de la Historia, *Historia de la Nación Argentina*, vol. VII, Primera Sección, pág. 11 y sigts.; Ricardo Zorraquín Becú, *El federalismo argentino*, Buenos Aires, La Facultad, 1939, pág. 27 y sigts. El admirable análisis, para su momento, de Juan Álvarez tiende a disminuir la fuerza de la provincia —a la que enfoca más bien como creación político-administrativa que como antigua unidad histórica—. Véase su *Estudio sobre las guerras civiles argentinas*, Buenos Aires, Eudeba, 1966, pág. 42 y sigts., donde subraya la aparición de tendencias separatistas en conglomerados de provincias, como el liderado por Artigas, la "república" de Entre Ríos y otros casos similares. Sigue en esto el enfoque, producto de la historia cercana a su época, de Joaquín V. González, en el texto que incluye como acápite al primer capítulo de la obra: "En nuestra organización nacional existen dos factores: la provincia y la región. El organismo federativo consta de estos dos órdenes de elementos: la organización política, que es absolutamente voluntaria, convencional, constitutiva y ordinaria; y la región o distribución regional, que obedece a causas de orden no voluntario, ni convencional, sino que tiene su principal fuente en la vida material...". Ob. cit., pág. 23.

[3] R. Zorraquín Becú, ob. cit., págs. 23 y 24.

[4] *Idem*, lug. cit.

[5] *Idem*, pág. 27.

[6] Respecto del papel del capital comercial en Iberoamérica, así como del problema metodológico que entraña, véase nuestro trabajo *Formas de sociedad...*, ob. cit., Tercera Parte, pág. 169 y sigts.

[7] José Carlos Chiaramonte, "La etapa ilustrada", en: Tulio Halperín Donghi (dir.), *Historia argentina, de la conquista a la Independencia*, vol. 2, Buenos Aires, Paidós, 1972, pág. 333.

[8] Véase Tulio Halperín Donghi, *Revolución y guerra, formación de una*

élite dirigente en la Argentina criolla, Buenos Aires, Siglo XXI, 1972, Primera Parte, cap. I, "El Río de la Plata al comenzar el siglo XIX", *passim.*

[9] Algunas obras recientes con información de conjunto sobre el tema: Tulio Halperín Donghi, ob. cit., lug. cit.; Susan Magden Socolow, *The merchants of Buenos Aires, 1778-1810, Family and commerce,* Cambridge, Cambridge University Press, 1978, especialmente el cap. 3, "Commerce and investment" (la autora, atraída por el caso de los "aviadores" en la minería mexicana, que no encuentra repetido en Buenos Aires, parece descuidar el papel de las "habilitaciones" de artesanos urbanos o productores agrícolas). Otra fuente posible de crédito, sin la envergadura que tuvo en otras regiones americanas, era la Iglesia —préstamos a un interés aparente del 5% anual—.

[10] Datos relativos a Tucumán, Santiago del Estero, Córdoba y Buenos Aires, en: Tulio Halperín Donghi, *Revolución y guerra,* ob. cit., págs. 19, 20 y 32. Respecto de Corrientes, además de lo contenido en este trabajo, Archivo General de la Nación, *Consulado de Buenos Aires, Actas, Documentos,* tomo II, años 1796 a 1797, Buenos Aires, 1937, pág. 520 a 525; Alcides D'Orbigny, *Viajes por la América Meridional,* Buenos Aires, Futuro, 1946, pág. 232. Respecto de Córdoba: Carlos Sempat Assadourian, "El sector exportador de una economía regional del interior argentino. Córdoba, 1800-1860. Esquema cuantitativo y formas de producción", *Nova Americana,* 1, 1978, pág. 79 y sigts.

[11] Tulio Halperín Donghi, ob. cit., págs. 18 y 25; William James Fleming Jr., *Regional development and transportation in Argentina: Mendoza and the Gran Oeste Argentino Railroad, 1885-1914,* Indiana University, Ph. D., 1976 —Xerox University Microfilms—, cap. II, "Mendoza before the railroad, 1862-1885".

[12] Véase Tulio Halperín Donghi, *Revolución y guerra,* ob. cit.

[13] Alcides D'Orbigny, ob. cit., pág. 230.

[14] Emilio Sereni, *Capitalismo y mercado nacional,* Barcelona, Crítica-Grijalbo, 1980, pág. 30 y sigts.

[15] La mejor exposición del problema está en los citados trabajos de Tulio Halperín. Sobre las operaciones del sector mercantil británico, véase, además, la información de Vera Blinn Reber, *British mercantile houses in Buenos Aires, 1810-1880,* Cambridge (Mass.), Harvard University Press, 1979, especialmente cap. 4 y sigts.

[16] Jonathan C. Brown, *A socioeconomic history of Argentina, 1776-1860,* Cambridge, Cambridge University Press, 1979, *passim,* especialmente pág. 625 y sigts. Pese a la débil argumentación polémica del autor, en la que confunde la discusión del problema de la dependencia por una arbitraria selección de los blancos de su crítica y de los términos de la discusión, y pese a la escasa atención prestada a los cambios de coyuntura a lo largo del período considerado, contiene información valiosa para reevaluar la historia del sector mercantil de la primera mitad del siglo.

[17] El arcaísmo del sector financiero y monetario ya había sido analizado en la todavía indispensable obra de Miron Burgin: *Aspectos económicos del federalismo argentino,* Buenos Aires, Solar/Hachette, 1960. Véase también datos sobre la persistencia de estas características en Luis Ossona, "Cuando el tren llegó. El impacto del ferrocarril en las economías regionales", *Todo es historia,* 169, junio de 1981, pág. 21 y sigts.

[18] La información que resumimos se basa fundamentalmente en los trabajos de Tulio Halperín Donghi, *Revolución y guerra,* ob. cit., y "De la revolución de independencia a la confederación rosista". vol. 3, de la *Historia argentina,* ob. cit., dirigida por el mismo autor. Asimismo, se incluye información complementaria correspondiente a este trabajo nuestro y a: Miron

Burgin, ob. cit.; Johnathan Brown, ob. cit.; y Carlos Sempat Assadourian, ob. cit.

[19] Tulio Halperín Donghi, "De la revolución...", ob. cit., pág. 188.

[20] *Idem*, pág. 294. Las importaciones vía Chile parecen haber declinado totalmente, con respecto a las provenientes de Buenos Aires, en el caso de Córdoba, provincia en la que, además, a partir de 1830-1835, es plenamente predominante el vuelco hacia la ruta atlántica. Véase Carlos Sempat Assadourian, ob. cit., págs. 95 y 100.

[21] Un reflejo de ese proceso, que es parte sustancial del mismo, se observa en los datos demográficos. Pese a que los cálculos de población, tanto para el total del territorio que integrará luego la República Argentina, como para las regiones, son por demás inciertos, conviene transcribir un intento de recopilación que arroja el resultado que muestra el cuadro 1.

[22] Interregno en el que no existe aún un tipo histórico de producción que pueda considerarse dominante y al que tampoco cabe aplicar la equívoca denominación de "capitalismo mercantil".

[23] Especialmente para estimar si en la aún poco investigada relación del capital comercial con la producción ganadera el capital comercial (comercial-usurario) está favoreciendo o retardando el paso a la producción capitalista, que requiere la conjunción de otras condiciones, dado que el capital comercial, si bien forma de transición a la producción capitalista, no determina por sí esa transición y aun puede obstaculizarla. Véase, al respecto, nuestro trabajo *Formas de sociedad...*, ob. cit., lug. cit.

[24] Diana Hernando, *Casa y familia: spatial biographies in 19th century Buenos Aires*, University of California, Los Angeles, Ph. D. —Xerox University Microfilms—, 1973, pág. 22 y sigts. El estudio de la autora incluye 15 de las principales familias de Buenos Aires (Casares, Pueyrredón, Sáenz Valiente, Martínez de Hoz, Cané, Guerrico, Ortiz Basualdo, Pereyra Iraola, Díaz Velez, Cano, Unzué, Campos, Pellegrini y Cambaceres), a lo largo, la mayoría de ellas, de cuatro generaciones. Más información sobre la conjunción de actividades mercantiles y pecuarias, en las citadas obras, entre otras, de Vera B. Reber, Jonhatan Brown y William James Fleming.

[25] Diana Hernando, ob. cit., pág. 34. El error de considerar el saladero como unidad productiva independiente, con el objeto de juzgar a qué tipo histórico de producción corresponde, fue también cometido por el que esto escribe en el trabajo *Manufactura, trabajo a domicilio y modo de producción capitalista*, Bahía Blanca, Departamento de Economía, mimeo, 1974, pág. 3 y sigts.

[26] Diana Hernando, ob. cit., pág. 30.

[27] No conocemos información para el período que pueda contribuir a aclarar el problema. Los aspectos financieros de la expansión ganadera, con excepción de informaciones referentes a la acción del estado provincial, han sido descuidados. Pero es indudable que el caso de Bernardo de Irigoyen quien, hacia 1852, inicia su actividad ganadera mediante una habilitación de un comerciante inglés, debe haber sido frecuente. (Sobre el caso de Bernardo de Irigoyen, véase José Carlos Chiaramonte, *Nacionalismo y liberalismo económico en Argentina, 1860-1880*, Buenos Aires, Solar/Hachette, 1971, pág. 35.) Un excelente estudio de los mecanismos de crédito en la economía rural bonaerense dedicada al ovino puede encontrarse en un trabajo que hemos conocido luego de la redacción de esta ponencia: Hilda Iris Sábato, *Wool production and agrarian structure in the province of Buenos Aires, North of the Salado, 1840's-1880's*, University College, Londres, Ph. D., 1980 (mimeo), cap. VII, especialmente pág. 262 y sigts. Si bien el énfasis del trabajo corres-

ponde al proceso de formación del sector bancario moderno, desde alrededor de 1860 en adelante, provee información sobre las prácticas mercantil-crediticias anteriores: los principales requerimientos de capital anteriores a 1860 derivaban de la necesidad de adquirir ovinos de raza para su cruza con el criollo, de las instalaciones de las explotaciones ganaderas y de la compra de tierra. "En esta etapa los fondos para inversión eran sobre todo externos al sector lanero incipiente, por lo que se generó un flujo de capitales desde otros sectores de la economía hacia la nueva rama en expansión. Este flujo resultó primordialmente de operaciones particulares, a través de las cuales ciertos capitalistas activos en otros rubros (comercio, ganadería vacuna, etc.) invertían sus ganancias en el negocio lanar. Sin embargo, como se verá más adelante, ya funcionaban ciertos mecanismos crediticios que contribuían a financiar los requerimientos de la actividad" (pág. 257). Esos mecanismos de crédito eran los desarrollados dentro del sector mercantil bonaerense: "En suma, pues, la estructura financiera de la era del lanar se desarrolló a partir de una red más o menos informal de capitalistas particulares que cumplían algunas de las funciones bancarias requeridas por la sociedad rioplatense de los años 50, hasta convertirse en un sistema institucionalizado más complejo, que combinaba bancos extranjeros y capital local con los viejos mecanismos de ahorro y préstamo" (pág. 281). "...y, si bien muy pronto comenzaron a funcionar bancos y agencias especializadas, los viejos mecanismos perduraron, compartiendo la actividad financiera con las nuevas instituciones" (pág. 261). (Nota del editor: Las citas están tomadas de la reciente edición de: Hilda Sábato, *Capitalismo y ganadería en Buenos Aires: La fiebre del lanar, 1850-1890,* Buenos Aires, Sudamericana, 1989.)

28 Bajo la cuestión del federalismo, se suele olvidar que dentro de las posturas federalistas, que se suelen comparar con el federalismo norteamericano y aun atribuir a su influencia, no está claro cuáles corresponden realmente al concepto de una organización federal del estado, y cuáles al sistema de confederación laxa características de la primera etapa de la vida independiente de las trece ex colonias del norte, entre la constitución de 1781 y la de 1788.

29 De tal manera, una vez derrotado el intento de la Constitución Unitaria de 1826 y despejado el camino para las fuerzas federales, la Convención de Santa Fe de 1828, que debía sentar las bases para suplir aquella constitución por otra federal, terminó en el fracaso por la imposibilidad de conciliar los encontrados intereses provinciales. Véase, por ejemplo, Enrique P. Barba, *Unitarismo, federalismo, rosismo,* Buenos Aires, Pannedille, 1972, pág. 72 y sigts.

30 Miron Burgin, ob. cit., pág. 67 y sigts.

31 La literatura histórica argentina y la de viajeros ha frecuentado el tema. Véase una exposición reciente en Susan M. Socolow, ob. cit., para el período colonial, y en Tulio Halperín Donghi, *Revolución y guerra,* ob. cit., para una etapa posterior.

32 Resumimos información de los capítulos siguientes de este trabajo. Conviene advertir que del vigor de las posiciones nacionalistas exhibidas por Corrientes en su enfrentamiento con Buenos Aires, no se sigue que ellas hubieran atravesado indemnes la prueba de la necesaria conciliación de intereses para la real puesta en práctica de la organización nacional. Así, en sus aranceles de 1831 Corrientes prohíbe productos de otras provincias.

33 Los criterios relativos a la condición del trabajador en la ganadería de la época varían desde considerarlo sometido a una especie de servidumbre cubierta, a definirlo como asalariado moderno. Una discusión parcial

del problema aparece en el capítulo IV de este trabajo. En cuanto al tema de los caudillos, véase Tulio Halperín Donghi, "El surgimiento de los caudillos en el cuadro de la sociedad rioplatense postrevolucionaria", *Estudios de Historia Social,* Buenos Aires, 1, 1965.

[34] Por ejemplo, sobre el carácter familiar de las variadas empresas de comercio, producción rural y, en ocasiones, industrial, que caracterizaba a la "élite gobernante" de Mendoza todavía en vísperas de la llegada del ferrocarril, véase William James Fleming Jr., ob. cit., lug. cit.

[35] Las famosas "repúblicas" —de Entre Ríos, de Tucumán, de Cuyo—, en el caso en que pasaron del estado de mero proyecto, fueron completamente efímeras.

PRIMERA PARTE. ESTUDIOS SOBRE LA ECONOMÍA Y LA SOCIEDAD DE LA PROVINCIA DE CORRIENTES, c. 1820-1840

I. La provincia de Corrientes: características naturales

[1] L. B. Mackinnon, *La escuadra anglo-francesa en el Paraná, 1846,* Buenos Aires, Hachette, 1957, pág. 101. Para la geografía de la provincia de Corrientes hemos consultado: Federico A. Daus, *Fisonomía regional de la República Argentina,* Buenos Aires, Nova, 1959; Enrique D. Bruniard, "Bases fisiogeográficas para una división regional de la Provincia de Corrientes", *Nordeste,* núm. 8 (Resistencia, Chaco), 1966; Horacio Diffrieri, *Argentina, suma de geografía,* Buenos Aires, Peuser, 1958, vol. I, cap. IV. Pero la mejor descripción —natural, social y económica— de Corrientes en el período que nos interesa es la del naturalista francés Alcides D'Orbigny: *Viajes por la América Meridional,* tomo 1, Buenos Aires, Futuro, 1946. Informaciones valiosas son proporcionadas también por J. P. y G. P. Robertson, *Cartas de Sud-América,* Primera Serie, *Andanzas por el Litoral argentino (1815-1816),* Buenos Aires, Emecé, 1946.

[2] Manuel Florencio Mantilla, *Crónica Histórica de la Provincia de Corrientes,* tomo segundo, Buenos Aires, reedición del Banco de la Provincia de Corrientes, 1972, pág. 243.

[3] A. D'Orbigny, ob. cit., págs. 118 y 128; L. B. Mackinnon, ob. cit., lug. cit. —la descripción del segundo se refiere a las tierras al sur de la capital de la provincia—.

[4] *Idem,* lug. cit.; J. P. y G. P. Robertson, ob. cit., pág. 131.

[5] A. D'Orbigny., ob. cit., pág. 125.

II. La población de la provincia entre 1814 y 1852

[1] Estos censos han sido trabajados por Ernesto J. A. Maeder, de cuyas publicaciones —véase referencias en las fuentes de los cuadros 1 y 2— tomamos las cifras globales. Prescindimos de otras cifras obtenidas por el mismo autor debido a que no han sido debidamente evaluadas las imperfecciones de los censos (véase, por ejemplo, lo que observamos en la nota 2 del cap. V, "Las industrias").

[2] Hemos calculado las tasas a partir de las cifras de Maeder. Es de notar que dentro del crecimiento de la población de las provincias argentinas entre 1809 y 1869, Corrientes posee la tasa anual más alta; véase Jo-

nathan C. Brown, *A socioeconomic history of Argentina, 1776-1860,* Cambridge, Cambridge University Press, 1979, pág. 222.

[3] Según D'Orbigny, Ferré habría calculado en 50.000 habitantes la magnitud de la población provincial (el naturalista francés estuvo en Corrientes entre marzo de 1826 y abril de 1827), cálculo que parece algo abultado confrontado con los de los censos. Pero nos interesa la reflexión de D'Orbigny sobre la densidad que esa cifra implicaba: "Si este dato es exacto, siendo la extensión de la provincia de aproximadamente 2.391 leguas marinas, habría 24 personas por legua cuadrada (unos 0.77 habitantes por km^2) mientras Francia en 1825 tenía 1.778, España 763, etc. Esta diferencia —añade— no parecerá, sin embargo, enorme, si se comparan las tierras cultivadas de Europa con los desiertos americanos donde grandes superficies pantanosas permanecen incultas..." (ob. cit., pág. 319).

[4] A. D'Orbigny, ob. cit., pág. 335; L. B. Mackinnon, ob. cit., pág. 104; J. P. y G. P. Robertson, ob. cit., pág. 91. Véase, asimismo, E. J. A. Maeder, "La ciudad de Corrientes descripta por viajeros y cronistas entre 1750 y 1828", *Nordeste,* núm. 1, 1960. Sobre los habitantes de la capital comentaba D'Orbigny: "La población de la ciudad puede calcularse en 8.000 almas, compuestas por descendientes de españoles, indios, negros, y mezclas de las tres razas. El crecimiento de la raza africana es reducido. Hay pocos negros, y en consecuencia, pocos mulatos; sin embargo, la mezcla de aquéllos con los indios guaraníes produce una hermosa raza (...). En Corrientes los indios absolutamente puros son muy raros, o por lo menos apenas se distinguen de los mestizos, con los cuales se confunden, del punto de vista de los hábitos sociales". Ob. cit., pág. 341.

[5] *Idem,* pág. 144; L. B. Mackinnon, ob. cit., pág. 161.

[6] Para 1841 es sí posible precisar la población de Caacatí, que ascendía a 1.773 habitantes. Cifra cercana a la de Goya, que había descendido, en ese año, a 1.812 habitantes. Pero los efectos de la guerra impiden dar a estas cifras mayor valor comparativo puesto que, además de la disminución de Goya, explicable por su ubicación cercana al teatro de operaciones, la población de Caacatí puede haber sido aumentada por los que se desplazaban hacia el norte para alejarse de los riesgos de las operaciones militares y de la represalia del enemigo en caso de que resultase vencedor, como ya había ocurrido en forma tan sangrienta luego de Pago Largo, en 1839.

[7] Tomados de E. J. A. Maeder, "La población de Corrientes según el censo provincial de 1833", en: Academia Nacional de la Historia, *Investigaciones y Ensayos,* Buenos Aires, núm. 8, 1970, pág. 324 y sigts.

[8] "...hoy, gran número de extranjeros, especialmente franceses, se han establecido en la provincia. Es cierto que, durante la guerra de Buenos Aires con el Brasil, ha podido atribuirse esa emigración al temor de las levas forzosas que hacía Buenos Aires para conseguir soldados", A. D'Orbigny, ob. cit., pág. 326. En cuanto a los italianos, según el cónsul sardo en Buenos Aires, eran el grupo más numeroso de los nativos de países europeos. Calculaba en más de 8.000 los súbditos del rey de Cerdeña establecidos en el Río de la Plata. Más de 3.000 estaban dedicados a la navegación de cabotaje, con más de 600 pequeños navíos de su propiedad, aunque con pabellón argentino. Muchos también se habían establecido en el interior de Buenos Aires y otras provincias del Litoral. Estas referencias están formuladas en 1838 y se refieren, fundamentalmente, a marinos genoveses, súbditos de la monarquía sarda. La presencia de la marina genovesa era también importante en el comercio exterior rioplatense, y, entre las razones que la explican, era esencial el papel de intermediarios entre el

comercio español y el argentino y uruguayo: la marina sarda transportaba al Río de la Plata las mercancías españolas que seguían teniendo consumo allí, aunque afectado por la ruptura de relaciones derivada de la independencia de las ex colonias hispanoamericanas. Piccolet d'Hermillon a Solar de la Marguerite, Buenos Aires, núm. 18, 16/v/837 y núm. 33, 10/vi/838, A. S. T., Sezione Corte, Materie Politiche, Consolati Nazionali, Buenos Ayres, Mazzo 1, 1835-1841. Asimismo: "Memoria sopra la Reppubblica Orientale dell'Uruguay, 1835", en M. Pezzi a Solar de la Marguerite. *Id.*, Negoziazioni, Uruguay, 1835-1843. Véase, asimismo, Clifton B. Kroeber, *La navegación de los ríos en la historia argentina, 1794-1860,* Buenos Aires, Paidós, 1968, págs. 118, 238 y 239.

III. Comercio, mercado y transportes

[1] Partes de este capítulo fueron ya publicadas en "Mercado de mercancías, mercado monetario y mercado de capitales en el Litoral argentino de la primera mitad del siglo XIX: el caso de la provincia de Corrientes", *Siglo XIX* (Monterrey, México), año II, núm. 4, 1987.

[2] "Informe del diputado por Corrientes, Dn. Isidoro Martínez y Cires", *Telégrafo Mercantil, Rural, Político-Económico e Historiográfico del Río de la Plata (1801-1802),* reimpresión facsimilar por la Junta de Historia y Numismática Argentina, tomo VI, año 1801, Buenos Aires, 1914, pág. 368, número del 22/VIII/801; Informe del alcalde provincial, José J. de Goytía, al gobernador Blanco, Batel, 19/II/822, A. P. C., *Documentación histórica, años 1821-y-1822,* Corrientes, 1928, pág. 156.

[3] A. D'Orbigny, ob. cit., pág. 324.

[4] J. P. y G. P. Robertson, *Cartas...*, ob. cit., pág. 97.

[5] Véase los aranceles eclesiásticos para bautismos, casamientos, y entierros: Ley del 22/v/827, *R. O. P. C.*, II, pág. 112.

[6] Cuentas de León Spalding, A. P. C., P. P., Leg. único.

[7] *R. O. P. C.*, II, pág. 49.

[8] Cuentas de León Spalding, asiento de venta de 41 cabezas de ganado vacuno a cambio de tabaco y miel, uno de los negocios por trueque asentados en sus cuentas: A. P. C., P. P., Leg. único; Correspondencia de José Cayetano Fernández con José Fontenau, setiembre de 1834 a noviembre de 1835 (pago de efectos diversos, hecho en parte con metálico y en parte con productos ganaderos de San Antonio del Palmar, al comerciante residente en Corrientes), en "Fernández, José Cayetano, Concurso", A. P. C., E. A., Sec. Judicial, 1835, Leg. núm. 83, Expdte. Civil 2253.

[9] Reglamento Provisorio Constitucional (1821), y Ley Constitucional (1824), *R. O. P. C.*, I, págs. 25 y 247; Ley del 22/I/830, íd., II, pág. 359.

[10] J. P. y G. P. Robertson, ob. cit., pág. 195 y sigts.; A. D'Orbigny, ob. cit., pág. 232. En la obra de los Robertson se ilustra la situación privilegiada del habilitador frente al productor: los productores "...encontraban más cómodo llevar sus pocos cueros a Goya que viajar con ellos a Corrientes. Nada sabían de números, cuentas, medidas o pesas...", ob. cit., pág. 178.

[11] A. D'Orbigny, ob. cit., págs. 158 y 321; J. P. y G. P. Robertson, ob. cit., lug. cit.; Decto. del 19/x/829, *R. O. P. C.*, II, pág. 344; Oficio de Teófilo Yusi, Belén, 29/I/812, C. R. B., I, 30, 26, 89. Este personaje, al que parece habérsele confiado la misión de ayudar al pueblo de Belén, en Paraguay, ofrece una versión interesante de las habilitaciones: dado el infeliz estado de la población de Belén, consulta si la podrá "fomentar y auxiliar" con sus "propios intereses" para que sus habitantes puedan emprender algunos trabajos

útiles, "llevando una cuenta exacta —agrega— a fin de que se me pague con preferencia, como es debido a todo Habilitador...".

[12] Dectos. del 19/x/829 y del 23/VIII/833, *R. O. P. C.*, II, pág. 344, y III, pág. 191, respectivamente.

[13] Archivo General de la Nación, *Consulado de Buenos Aires, Actas, Documentos,* tomo II, años 1796 a 1797, Buenos Aires, 1937, pág. 520 y sigts. Estos comerciantes, al acusar a sus adversarios, ocultan una clave de su propio negocio menos defendible, pues declaran —en aparente aflicción por la suerte de los productores: "...cómo ha de poder conducir a los parajes prefijados, el poble labrador o hacendado, los frutos de sus cosechas y ganados desde las distancias en que se halla, cuando los gastos de conducción exceden por lo común el precio que por ellos reporta". El argumento pasa por alta el gravamen que significa para esos productores el recargo de precios de las mercancías que reciben del comerciante. *Ídem,* lug. cit.

[14] *R. O. P. C.*, I, pág. 357.

[15] Ley de arancel y reglamento general de aduanas, 26/I/825, *ídem,* pág. 354; Ley del 17/VI/825 —que habilitaba al puerto de Bella Vista para las operaciones de carga y descarga—, *ídem,* pág. 375. La exclusividad de esos tres puertos volvió a ser ratificada por decreto del 17/XII/829. *Ídem,* II, pág. 328. El puerto más importante, luego del de Corrientes, era el de Goya, sobre el que explicaba D'Orbigny: "Goya no creció realmente hasta 1812, porque, esperando que las leyes provinciales se sancionaran, ese lugar empezó por servir de puerto a las mercaderías extranjeras y para la exportación de los numerosos productos de estas comarcas, lo que determinó que, en 1823, se le diera el título de ciudad y fuera el segundo puerto de la provincia. El comercio es allí tan libre como en Corrientes. Gran número de comerciantes se establecieron para embarcar los cueros del abundante ganado que cubre las orillas de los tres grandes ríos vecinos y debido a la concentración de los productos de los tabacales, en medio de los bosques de palmeras yatais, que se extienden desde allí hasta Caacaty [...]. Todo anuncia que Goya será muy importante por su comercio, siendo, por derecho, la salida de todos los productos de las regiones australes de ese país, tan ricas en establecimientos donde se cría ganado [...]. Hay numerosos negocios atendidos por extranjeros e indios". Ob. cit., pág. 374.

[16] Decto. del 30/VII/830 y Ley del 11/XII/830, págs. 393 y 381, respectivamente.

[17] A. D'Orbigny, ob. cit., pág. 320. Del mismo autor: "Se fabrica en Córdoba la mayoría de los ponchos de lana usados en Corrientes; son más o menos finos y generalmente grises con rayas rojas y azules. Hay también de otros colores y de distintas telas. Los colores más usados son el azul, el rojo y el verde. Las mujeres hacen en Corrientes ponchos de lana, adornados de vivos colores y que son de una gran solidez. Se emplean como mordentes el alumbre y los orines putrefactos. Ellas tejen también ponchos de algodón, de un tejido muy cerrado y casi impermeable, rayado alternativamente de blanco y azul". *Ídem,* pág. 355. Respecto de los aranceles aduaneros que regían en Corrientes, véase, más adelante, el cap. VI, en la Segunda Parte.

[18] Cuentas de León Spalding, Cuentas de peones, A. P. C., P. P., Leg. único; "Razón [...] de los efectos que introdujo con guía de Buenos Aires Don Baltasar Forman", Goya, 20/III/833, *ídem,* E. A., 1833, Leg. 38. Este documento, representativo del conjunto, permite distinguir con seguridad el origen de cada producto, pues lo clasifica a los efectos de aplicarles los

distintos aranceles correspondientes a mercancías rioplatenses y extranjeras.

[19] L. B. Mackinnon, ob. cit., pág. 119.

[20] Correspondencia de José Cayetano Fernández con José Fontenau, cit., San Antonio del Palmar, enero 1 y enero 20 de 1835.

[21] Establecimos este porcentaje comparando las cifras del libro de Introducciones y Extracciones. —A. P. C., L. V., Leg. núm. 1—, correspondiente al puerto de la ciudad de Corrientes, con la balanza comercial de la provincia.

[22] El estado de conservación de las guías en el archivo provincial, fuente que hubiera permitido establecer el valor de las mercancías importadas, desaconsejaba su uso. En cambio, como se verá enseguida, pudieron utilizarse guías del A. G. N. para una reconstrucción parcial del valor de las exportaciones de la provincia. Por otra parte, no nos pareció conveniente, para establecer el valor de esas exportaciones, utilizar las series de precios pecuarios elaboradas por Julio Broide (*La evolución de los precios pecuarios argentinos en el período 1830-1850*, Buenos Aires, Instituto de Economía, Facultad de Ciencias Económicas, Universidad de Buenos Aires, 1951) pues corresponden, en el caso de los cueros, a una medida y una calidad del producto —la *pesada* de 35 libras y la *mejor calidad* de cueros de buey— que torna muy incierta su aplicación a las cifras de nuestro cuadro, correspondientes a unidades y sin especificación de calidad, aspecto, este último, que hace también riesgosa la conversión de unidades a pesadas. Por otra parte, las series de Broide no incluyen suelas y solo nos servirían para seis años de astas, y para los tres de tasajo que registró el comercio exterior correntino en el período.

Respecto de las medidas de peso utilizadas entonces en Buenos Aires, escribía Senillosa:

> Los cueros vacunos y caballares
> se venden al tirar o por piezas, o al peso constando la pesada de 35 libras si son secos y 60 libras si son salados. Los cueros vacunos secos menores de 18 libras se consideran como becerros o de desecho. Los cueros de vaca pesan regularmente de 21 a 23 libras, si son cueros secos, y de 56 a 60 si son cueros salados. Los cueros de novillos secos pesan, término medio, de 28 a 33 libras, y de 70 a 80 si son salados. (Felipe Senillosa, *Memoriä sobre los pesos y medidas escrita... en 1835*, Buenos Aires, 1876, pág. 48.)

[23] Fue realizada por el Lic. Roberto Schmit para nuestro Seminario en la Facultad de Filosofía y Letras de la Universidad de Buenos Aires. Véase Roberto Schmit, "El comercio de Corrientes a Buenos Aires, 1822-1833", inédito (Tesis de Licenciatura, Facultad de Filosofía y Letras, Universidad de Buenos Aires), trabajo del que extraemos los datos utilizados.

[24] Vins de Paysac a le Duc de Broglie, Buenos Aires, 31/VII/834, Quay d'Orsay, *Correspondance Commerciale*, vol. 1 bis, 1830-1835, núm. 5, fol. 402, v.

[25] Escogimos la serie en pesos oro porque reflejaría mejor la situación de las exportaciones de Corrientes, provincia en la que no existía papel moneda ni se aceptaba el de Buenos Aires.

[26] Tulio Halperín Donghi, "La expansión ganadera en la campaña de Buenos Aires (1810-1852)", *Desarrollo Económico*, vol. 3, núms. 1-2, 1963, pág. 61 y sigts.; Alfred Jacobs y Hans Richter, *Die grosshandelpreise in*

Deustchland von 1792 bis 1934, Hamburgo, Berlin Hanseatische Verlaganstalt, 1935, pág. 68.

[27] Es posible que la discordancia con la serie de Broide en 1838-1840, se deba a la escasez del producto en Europa, derivada del conflicto de Buenos Aires con Francia y el bloqueo francés del Río de la Plata.

[28] M. F. Mantilla, ob. cit., pág. 202. El dato coincide con el de los Robertson: ob. cit., pág. 74.

[29] Comunicación del gobierno de Mendoza al de Buenos Aires, del 7/I/835, en Hamilton a Wellington, 4/II/835, P. R. O., F. O. 6, núm. 15, folios 133 a 135. Se trata de una nota del gobernador Molina a Rosas en la que exhibe el déficit de la balanza, describe la abultada salida de metálico que ha reducido el comercio, afirma el trueque practicado en los primeros tiempos del poblamiento de la provincia, y señala: "Una situación semejante, aleja indefinidamente la época tan deseada de poder constituirnos; siendo éste otro de los males de gravedad que es preciso prevenir". Se trata de una de las presiones que llevaron a la ley de aduanas de 1835. Rosas remitió la nota a la Cámara de Representantes para su consideración.

[30] "Cuenta de venta y gastos de 110 cueros vacunos que de parte del Estado de la provincia de Corrientes remitió a mi consignación con fecha 5 de mayo el Sr. Colector General, y 1.200 dichos que remitió el Receptor de Alcabalas de la Villa de Goya en la Goleta Cincinati con fecha 20 de mayo pasado", Buenos Aires, 19/VII/837, firmado por el consignatario Remigio G. Moreno, A. P. C. E. A., 1837. El promedio de peso de los cueros era de 31,18 libras cada uno, lo que los colocaba en la cotización más alta de mercado: 35 a 36 pesos papel por pesada, según *La Gaceta Mercantil,* o un promedio de 35,44 pesos en julio y 36 pesos papel en agosto, según la serie de Julio Broide, ob. cit., pág. 41 (cuadro 16). Los cueros del gobierno de Corrientes habían sido vendidos por su consignatario, al mejor precio que pudo obtener, a un promedio de 30,89 pesos papel por pesada de 35 libras.

[31] Lucía Salas, *Una formación social latinoamericana. El Uruguay comerciante, pastoril y caudillesco,* tomo I, Economía, cap. I (en prensa; manuscrito consultado gracias a la gentileza de la autora). Corrientes había intentado restablecer la antigua relación directa sin control de Buenos Ai-
guayo al resto de las provincias argentinas en cuanto a derechos de aduana.
res: una ley del 19/I/830 —núm. 249—, asimilaba el nuevo estado uru-
El Congreso correntino se escudaba en "...la soberanía ordinaria y extraordinaria que inviste...", aunque añadía: "...y mientras no acuerde otra cosa la República Argentina reunida en cuerpo nacional...". *R. O. P. C.*, II, pág. 357.

[32] Antônio Manuel Correia da Câmara a [Domingos José de Almeida?], Cacequi, 26/X/838, Coleção Alfredo Varela, *Anais do Arquivo Histórico do Rio Grande do Sul,* Porto Alegre, vol. 6, 1983, pág. 64; Spencer L. Leitman, *Raízes sócio-econômicas da Guerra dos Farrapos,* Río de Janeiro, Graal, 1979, págs. 36, 91 y sigts.

[33] Sobre los aranceles de Corrientes, A. P. C., *Documentación Histórica...,* ob. cit., Arancel de 1822, pág. 281; Arancel de 1825, *R. O. P. C.*, I, pág. 347; Ley núm. 227 del 28/I/829, ídem, II, pág. 309. Sobre el comercio exterior riograndense, "Mapa de exportação das produções da Provincia", A. H. R. G. S., Órgãos Fazendários, 22.1., Órgãos Arrecadadores, Alfândega, Rio Grande, 1º maço, 1827 y 1828; Guilhermino Cesar, *O contrabando no sul do Brasil,* Porto Alegre, U. C. S. E. S. T., 1978, pág. 75; Elmar Manique da Silva, "Ligações externas da economia gaúcha (1736-1890), en: María Antonieta Antonacci y otros, *R. S.: Economía y Política,* Porto Alegre, Mercado Aberto, 1979, págs.

67 y 71; "Regulamento das Coletorias do Estado" y documentos anexos, Piratini, 14/VIII/838, en: Coleção Alfredo Varela, *Anais...*, ob. cit., vol. 5, 1981, pág. 86 y sigts.

[34] Fundação de Economia e Estatística, *De província de São Pedro a Estado do Rio Grande do Sul, Censos do R. S.: 1803-1950,* Porto Alegre, 1981, pág. 60 (Quadro da população nacional livre da provincia de S. Pedro do Rio Grande do Sul em 1846, organisado pelo encarregado da Statistica, segundo as listas parochiaes e de delegados da mesma provincia).

[35] G. Cesar, ob. cit., pág. 57; E. Manique da Silva, ob. cit., pág. 75; S. L. Leitman, ob. cit., págs. 36 y 54.

[36] Sobre los pasos para el contrabando sobre el río Uruguay: A. M. Correia da Câmara a [Domingos José de Almeida], Cacequi, 26/X/838, Col. A. Varela, *Anais...*, ob. cit., vol. 6, pág. 60. En cuanto al contrabando de esclavos, es aludido en una Provisión de la Junta de Fazenda Nacional del 29/VIII/832 que reclamaba el cobro de la sisa, citada más arriba: A. H. R. G. S., Órgãos Fazendários, Órgãos Arrecadadores, Officios, 1832, Alfândega em São Borja, núm. 229, 1/XII/832. Por parte de Corrientes, el contrabando motiva medidas de control del tráfico exterior, que más adelante analizamos. Por ejemplo, el Decto. del 30/VII/830 alude al tráfico ilegal por las rutas del sureste de la provincia: *R. O. P. C.*, II, pág. 393. En cuanto a la intervención de la justicia: Indagatoria sobre contrabando de Caballos, A. P. C., E. A., Sec. Judicial, 1833; Sumario perteneciente a la causa de Francisco José Lobato: contrabando de caballos para la otra banda del Uruguay, *ídem,* 1831.

[37] Estanislao José de Freitas a José Antonio Pimenta Bueno —presidente de la Provincia—, Porto Alegre, 16/III/850, A. H. R. G. S., Órgãos Fazendários, Órgãos Arrecadadores, Alfândegas, São Borja, 1850.

[38] Néstor F. Ortega, "El tráfico fluvial entre Buenos Aires y Paraguay a fines del siglo XVIII", *Trabajos y Comunicaciones* (La Plata), núm. 1, pág. 134.

[39] *Ídem,* pág. 135.

[40] Juan Antonio a Manuel Ayres, Corrientes, 24/XII/829, A. P. C., P. P., Leg. único, Papeles de los Ayres.

[41] M. Burgin, ob. cit., pág. 161.

[42] Juan Antonio a Manuel Ayres, Corrientes, 24/XII/829, A. P. C., P. P., Leg. único, Papeles de los Ayres; Cuentas de León Spalding, *ídem*; W. Parish, ob. cit., pág. 367 y sigts.

[43] Patentes de Navegación, A. P. C., L. T. R. P.; véase también C. B. Kroeber, ob. cit., cap. IV, "Los barcos", para informaciones sobre los tipos de embarcaciones de la época.

[44] El promedio del pago por embarcación desde 1827 hasta 1831 fue de 4,2 pesos fuertes, mientras que entre 1832 y 1838 fue de 6,4. Observando el impuesto fijado a cada categoría de buques según su tonelaje (3 pesos a las de 6 a 12 toneladas, 5 a las de 13 a 25, 6 a las de 26 a 45, y 8 pesos a las de 46 a 65 toneladas, impuesto que no fue variado a lo largo de esos años), se infiere que el paso de uno a otro promedio traduce esa duplicación del tonelaje promedio por viaje, consignada en el texto.

[45] Sobre la participación italiana en la navegación de la época, véase más adelante el Apéndice II, *Los marinos sardos en la navegación rioplatense.*

[46] A. D'Orbigny, ob. cit., pág. 334.

[47] Respecto de la difusión de la letra de cambio en Buenos Aires, véase

Samuel Amaral, "Comercio y crédito: el Banco de Buenos Aires (1822-1826)", *América* (Buenos Aires), núm. 4, año II, 1977.

[48] Entre los préstamos de cierta magnitud: Pedro Leoncio Cabral presta a Machado 250 pesos plata al 6% anual sobre hipoteca de la chacra; Rolón recibe de Pedro Ferré 100 onzas de oro al 6%, con hipoteca; Isasa recibe de los herederos de Juan Francisco Cabral 1794 pesos con hipoteca; (Pedro) Ferré presta a Juan Oporto y A. Pacheco 8.500 pesos plata, con hipoteca. Protocolos de varios escribanos, A. P. C., E. A., Sección Judicial, 1835.

[49] Pedro Somellera, *Principios de Derecho Civil (curso dictado en la Universidad de Buenos Aires en el año 1824)*, Buenos Aires, Instituto de Historia del Derecho Argentino, Facultad de Derecho y Ciencias Sociales, 1939, pág. 223; José María Álvarez, *Instituciones de Derecho Real de Castilla y de Indias*, tomo II, México, Universidad Nacional Autónoma de México, 1982, Libro III, págs. 40 y 100.

[50] Véase, al respecto, nuestro trabajo *Formas de sociedad y economía en Hispanoamérica*, México, Grijalbo, 1984, pág. 180 y sigts.

[51] Hemos tratado ya de las compañías formadas por Spalding para la venta de productos agrarios —compañía de corta duración—, y para la explotación de una tienda. Eran frecuentes también, entre otras actividades, en la explotación agropecuaria, en el comercio exterior —fuese para actuar como remitentes o como consignatarios—, y para explotar el transporte fluvial —fletes— en diversos tipos de embarcaciones, según consta en protocolos de escribanos, en testamentarías y en otras fuentes del archivo provincial. Respecto de las prescripciones jurídicas, véase J. M. Álvarez, ob. cit., pág. 179 y sigts.

APÉNDICE 1: EL CONFLICTO CON PARAGUAY

[1] A comienzos de 1823 el gobernador de Entre Ríos informaba al de Buenos Aires que la invasión paraguaya de diciembre del año anterior buscaba destruir, como había ocurrido otras veces, los yerbales misioneros: Lucio Mansilla a Martín Rodríguez, A. G. N., Gobierno, Entre Ríos, 1820-1825, X-5-4-5. Asimismo, la prisión de Bompland en 1821 y su larga reclusión en Paraguay, tuvieron relación con el temor del Dr. Francia a que las investigaciones botánicas del científico francés pudiesen contribuir a afectar la preeminencia paraguaya en el mercado de la yerba mate. Bompland fue detenido en Encarnación, sobre la margen sur del Paraná, cuando llevaba adelante sus observaciones sobre la flora local.

[2] C. V. R. B., 407, I, 30, 2, 6, núm. 8, José León Ramírez, Delegado de Itapúa, a José Gaspar Ramírez de Francia, 3/VIII/830; A. H. R. G. S., 22. Órgãos Fazendários, 22.1, Órgãos Arrecadadores, Alfândegas, São Borja, 1832, documentos núm. 197 y 215, Oficios del Administrador y Tesorero de la Aduana de San Borja a la Junta de Hacienda Nacional de Río Grande del Sur, 15/III y 1/IX/832. El primero de estos documentos se refiere a dos comerciantes portugueses, llegados con sus facturas, Rivera y Payba, que "dijeron que venían de Buenos Ayres", de donde habían salido el 16 de junio de 1830. Como tenían información sobre "aquellos lados", Ramírez les tomó declaración y se la envió a Francia. Los otros dos documentos contienen una consulta del funcionario de San Borja sobre qué tipo de impuesto debía aplicar a las cargas —dice el primero de ellos— despachadas a San Borja, desde Itapúa, para Buenos Aires, y a las que hacen el trayecto inverso; "Estes commerciantes trajem de Itapua generos, que aqui depositao'

em armazens á espera de que o Uruguai tome agua para serem remettidas a Buenos Aires, d'onde revertem como o producto em fazendas, e aquí depostáo para seguirem para o Paraguai em occasiao opportuna...". El otro documento insiste en la consulta: vienen embarcaciones con cargamento de Buenos Aires, informa, para seguir luego a Itapúa, donde no son admitidos sin despacho brasileño. Los comerciantes entendían que no debían abonar derecho alguno pues no desembarcaban nada en territorio riograndense. Lo mismo ocurría con los productos paraguayos que pasaban por San Borja. Los propietarios de la mayoría de las embarcaciones eran de esta población brasileña y lo mismo los comerciantes.

Otros documentos con referencias al tráfico Itapúa-San Borja: Oficio del Comandante Geral da Fronteira e Departamento das Missôes, José Pedro Cezar al subdelegado de Gobierno de Paraguay, José Norberto Otellado, San Borja, 1/II/823, C. R. B., I, 30, 21, 86 (expresa el deseo de los habitantes de San Borja de tener estrechas relaciones mercantiles con Itapúa). J. L. Ramírez a Francia, Itapúa, 28/x/829, *ídem*, 407, I, 30, 2, 6, núm. 3. J. L. Ramírez a Francia, Itapúa, 3/VIII/830, *ídem*, núm. 9. J. L. Ramírez a Francia, Itapúa, 1830, *ídem*, núm. 11. Las mercancías paraguayas mencionadas son: ganado en pie, vacuno y equino, tabaco, yerba mate. Entre las introducidas al Paraguay figuran paño de la estrella, bayetas y "demás géneros blancos".

[3] Sobre el entredicho con los comerciantes brasileños: "En representación hecha al Gobierno por D. Amaro José Vieira natural del Brasil, por sí y a nombre de los negociantes brasileños que tienen sus negociaciones en Itapúa, ha recaído el Decreto...", etc., de fecha 15/I/833, A. P. C., E. A., Leg. 38, 1833. Las disposiciones relativas a la yerba mate: Ley núm. 323 del 29/x/832, que autoriza el beneficio de la yerba mate, Decto. del 9/XI/823, reglamentándola y Decto. del 1/II/833, que prohíbe la introducción de yerba mate. *R. O. P. C.*, III, págs. 103, 140 y 187, respectivamente (la prohibición fue anulada en enero del año siguiente: Ley núm. 338 del 23/I/834, *ídem*, pág. 224).

[4] Véase H. F. Gómez, *Historia de la Provincia de Corrientes, desde el Tratado...*, ob. cit., "La guerra con el Paraguay", pág. 181 y sigts.

[5] Gore a Palmerston, 24/VII/834, P. R. O., F. O. 6, v. 40, núm. 14, f. 187. Sobre el mismo asunto: *ídem*, núm. 4, 27/II/834, y núm. 5, 17/IV/834.

[6] "Manifiesto...", del 12/XI/827, *R. O. P. C.*, II, pág. 176 y sigts. Las incidencias en torno a la provincia de Misiones y a la actuación de sus "gobernadores", como Félix de Aguirre, son numerosas. Un resumen de ellas puede verse en las historias provinciales citadas, especialmente en la de H. F. Gómez.

[7] John Hoyt Williams, *The Rise and Fall of the Paraguayan Republic, 1800-1870*, Austin, The University of Texas, Institute of Latin American Studies, 1979, pág. 67 y sigts.

[8] *Ídem*, pág. 78. Antes de agravarse las tensiones, desde la ciudad de Corrientes se hacía un comercio esporádico, muy limitado, con la capital paraguaya, sujeto a las ocasionales autorizaciones que debían ser personalmente concedidas por el Dr. Francia. Cuando este "...abre sus puertos —informa D'Orbigny— y anuncia al gobernador de Corrientes que desea mercaderías, esta circunstancia brinda la oportunidad de colocar productos a los negociantes correntinos, que cargan inmediatamente barquichuelos chatos o chalanas, que despachan al Paraguay; género de comercio lo bastante original como para que hable de él en detalle. Esos barquichuelos no pueden conducir a los mismos interesados; deben ser censados como pertenecientes a los correntinos y no a los de Buenos Aires, porque en tal caso serían

confiscados en provecho del Dr. Francia, que detesta a los últimos. Se pone como propietario a un joven de Corrientes, con instrucciones para la venta. Es necesario que este y sus marineros sepan hablar bien el guaraní, porque el desconocimiento de ese idioma los haría sospechosos de ser de Buenos Aires". A. D'Orbigny, ob. cit., I, pág. 321.

Apéndice 2: los marinos sardos en la navegación rioplatense

[1] Lo que sigue es parte de nuestro trabajo "Notas sobre la presencia italiana en el Litoral argentino en la primera mitad del siglo XIX", publicado en Fernando J. Devoto y Gianfausto Rosoli (comps.), *L'Italia nella società argentina,* Roma, Centro Studi Emigrazione, 1988.

[2] Niccolò Cuneo, *Storia dell'emigrazione italiana in Argentina, 1810-1870,* Milán, Garzanti, 1940; Ignazio Weiss, *Carlo Alberto e Juan Manuel de Rosas, Contributo alla storia delle relazioni diplomatiche fra il Regno di Sardegna e la Confederazione Argentina,* Módena, Società Tipografica Modenese, 1951; Eugenia Scarzanella, *Italiani d'Argentina, Storie di contadini, industriali e missionari italiani in Argentina, 1850-1912,* Venecia, Marsilio Editori, 1983. También contiene información sobre el tema Jorge F. Sergi, *Historia de los italianos en la Argentina,* Buenos Aires, Il mattino d'Italia, 1940.

[3] Tulio Halperín Donghi, "Rosismo y restauración europea en los informes del cónsul sardo en Buenos Aires, Baron Henri Piccolet d'Hermilion (1835-1848)", *Revista de Historia de América,* núms. 37-38, 1954, págs. 205 a 254. Otros trabajos sobre distintos aspectos del tema: Salvatore Candido, "La emigración política italiana a la América Latina (1820-1870)", *Jahrbuch für Geschichte von Staat, Wirtschaft und Gesellschaft Lateinamerikas,* 1976; Mario C. G. Nascimbene, "Orígenes y destinos de los italianos en la Argentina (1835-1970)", en: Francis Korn, *Los italianos en la Argentina,* Buenos Aires, Fondazione Agnelli, 1983; Isidoro J. Ruiz Moreno, "Comienzo de las relaciones entre Italia y Argentina", *ídem.* Algunas referencias también en: Clifton B. Kroeber, *La navegación de los ríos en la historia argentina,* Buenos Aires, Paidós, 1968, caps. V y VII, y en: Jonhatan Brown, *A socioeconomic history of Argentina, 1776-1860,* Cambridge, Cambridge University Press, 1979, pág. 114.

[4] "...essendo i Sudditi della M. S. quei che in maggior numero abitano questo Paese, comparativamente a quei della altre nazione Europee...", Picolet d'Hermilion a Solar de la Margarite, Buenos Aires, 16/V/837, Archivio di Stato, Sezione Corte, Torino, Materie Politiche, Consolati Nazionali, Buenos Ayres, Mazzo 1, 1835-1841, "Documenti intorno alla recognizione dell' independenza della Confederazione Argentina per parte de S. M. il Re de Sardegna..." etc., 1837-1838.

[5] Picolet d'Hermilion a Solar de la Margarite, Buenos Aires, 3/VII/836, Archivio di Stato..., ob. cit.; *ídem,* Rapporto sul commercio sardo colla Confederazione Argentina e la Banda Orientale /Sud America/ ridatto da Carlo Belloc, Vice Console di 1ª Categoria gia attaccato al Consolato di Buenos Aires, Genova 10 febbraio 1851, Buenos Ayres, Mazzo 1, 1835-1851.

[6] Sobre la composición por nacionalidad de la población extranjera residente en el territorio de la Confederación Argentina, no existen cifras confiables. Sus características se observan en otro tipo de fuentes, como los relatos de viajeros, y en otras cuyas referencias efectuamos a lo largo de

este trabajo. Respecto del Uruguay, datos sobre la inmigración entre 1833 y 1842 indican que la cantidad de italianos arribados en ese período alcanzaba a 8.045, mientras que los franceses fueron 13.922 y los españoles 9.611: Martha Marenales Rossi et Guy Bourde, "L'inmigration française et le peuplement de l'Uruguay (1830-1860)", *Cahiers des Ameriques Latines,* núm. 16, 1977, pág. 13.

[7] Niccolò Cuneo, ob. cit., caps. III y V, pág. 47 y sigts., y 85 y sigts. Cuneo tiende a circunscribir demasiado el aumento de la inmigración sarda al ámbito de la política de Rosas. La necesidad de incorporar extranjeros a la navegación fue un fenómeno más general. Véase, por ejemplo, el rechazo a un pedido de monopolio de la construcción de buques en favor de nativos en otra provincia rioplatense: Ley del 31/VII/833, *Registro Oficial de la Provincia de Corrientes,* tercer tomo, años 1831-1837, pág. 161. En los considerandos de la ley se lee: "...se han poblado los puertos de astilleros; invirtieron los mismos extranjeros sus capitales, y aun su trabajo personal, en la adquisición de embarcaciones...". En cuanto a la deserción de marineros, se trata de un viejo problema que afectaba no solo a las naves italianas, y que muchos observadores atribuían a la facilidad de la subsistencia en las campañas rioplatenses en comparación con la dureza del trabajo a bordo. L. A. de Boungainville, *Viaje alrededor del mundo,* Madrid, Espasa-Calpe, 1935, I, pág. 55.

[8] "...chi si trasportasse al suburbio di Buenos Aires denominato la Bocca, vi vedrebbe con senso d'amor di patria profondamente soddisfatto, una piccola citta di 2000 in 2500 anime, esclusivamente popolata di Liguri, cioe Carpentieri, Calafatti, fabbri ferraj, Lignoioli, Velieri, cordaj, Pristinay, e fabbricanti di biscotto, galetta, osti, cafetieri, Pizzicagnoli, Beccaj, Merciaj, Sarti, Calzolaj, quasi intieramente composte d'uomini adulti, e si crederebbe per incantesimo, udendo il dialetto genovese generalmente usatovi, trasportato sul littorale della solerte Liguria". Rapporto, ob. cit.

[9] "...sulla piazza d'erbe in Buenos Aires chi sa parlare od ittaliano od uno dei dialetti usati negli stati di terra firma di S. M. Sarda puo dispensarse dal sapere lo spagnuolo". Rapporto..., ob. cit. Respecto de la magnitud relativa de cada grupo laboral, el informe agrega que después de los marinari, costruttori di navi e coltivatori (que forman las 7/10, 9/10 y 6/10 de los que existen en toda la Confederación Argentina), vienen: los pristinaj (marineros), los pizzicagnoli (pulperos), los bettolieri (fonderos), los facchi (changadores), los braccianti giornalieri (peones), los muratori (albañiles), fabbri ferraj (herreros), lattaj o peltraj (hojalateros) —de los que acota que son todos sin excepción sardos nativos de la riviera del lago Mayor— y, en fin, los numerosos "merciaj ambulanti" (mercachifles), sin hablar de cafettieri, mercanti e sensali (corredores) que son numerosísimos y de los cuales muchos poseen establecimientos comerciales y no pocos propiedad inmobiliaria (fincas) de un valor considerable y que representan en la ciudad de Buenos Aires 1/3 de los individuos de cada una de las citadas profesiones.

[10] Rapporto..., ob. cit. Sobre el envío de dinero a Italia, agrega, se puede considerar que los 33 navíos sardos entrados en 1850 partieron hacia Génova, luego de dos o tres meses de estadía, con una carga doble de la traída, dos tercios de cuyo valor la componían los envíos de cerca de 20.000 proletarios ligures establecidos en el Río de la Plata a sus familiares. Calcula, también, que "...sonvi pure 200 a 300 negozianti, armatori e costruttori di opere navali, tutti godenti di buon credito, ed aventi una comoda ed onorevole posizione commerciale". Lo notable es que, mientras en 1822 había dos buques sardos en el cabotaje desde Brasil a Buenos Aires, en 1850

1851 eran 18, además de otros dos toscanos. Por otra parte, mientras en 1810-1818 no había ningún buque sardo en la navegación de ultramar hacia Buenos Aires, en 1819 hay uno, en 1822, seis, y en 1850-1851 hay 45: C. B. Kroeber, ob. cit., cuadro 4, pág. 226, cuadros 2 y 3, págs. 224 y 225.

[11] "Memoria sopra la Reppubblica Orientale dell'Uruguay, 1835", por el Agente Consolare di S. M. Sarda, M. Pezzi, Montevideo, 20/I/836, M. Pezzi a Clemente Solaro Conte della Margarita, Archivio..., cit., Materie Politiche, Negoziazioni, Uruguay, 1835-1843.

[12] Beatriz Bosch, "Notas sobre navegación fluvial, 1843-1853", Academia Nacional de la Historia, *Investigaciones y Ensayos,* Buenos Aires, núm. 19, 1975, pág. 335.

[13] "Stato degli articoli introdutti in Montevideo per consumazione nell' anno 1836, e loro importare calcolato sopra estimo di Dogana", Montevideo, il 1mo. Gennajo 1837, Archivio..., cit., *ídem,* Consolati Nazionali, Montevideo, 1836-1850; Piccolet a Solaro de la Margarite, Montevideo, 1/III/837, Archivio..., cit., *ídem,* Consolati Nazionali, Montevideo, Mazzo 1, 1836-1850.

[14] Vins de Peyssac a Broglie, Buenos Ayres, 31/VII/834, Archives des Ministere des Affaires Etrangeres, París, Correspondance Commerciale, v. 1 bis, 1830-1835, núm. 5, f. 403, v.

[15] Véase en el citado trabajo de Beatriz Bosch sobre la navegación fluvial de la época, la lista de italianos de Entre Ríos y Santa Fe cuyas familias tuvieron posterior notoriedad en diversos aspectos de la vida del país (pág. 336).

[16] Ernesto J. A. Maeder, "La población de Corrientes según el censo provincial de 1833", *Investigaciones y Ensayos* (Buenos Aires), núm. 8, 1970, pág. 322.

[17] Protocolos del escribano José Francisco Atienza, 1837 a 1842, Archivo General de la Provincia de Corrientes, Tribunales.

IV. La producción agropecuaria

[1] J. P. y G. P. Robertson, *Cartas...,* ob. cit., I, pág. 74 y sigts; A. D'Orbigny, ob. cit., pág. 402, refiere similar situación en Entre Ríos.

[2] Los "Manifiestos..." de las haciendas eran efectuados por sus propietarios ante el juez de policía —en el caso de los del departamento de la capital— o ante los comandantes militares —los del resto de la provincia—. Se trata de una obligación impuesta por las leyes 165, del 26/VI/827, y 205, del 1/VII/828, y sus respectivos decretos reglamentarios del 1/VII/827 y 5/VII/828 (*R. O. P. C.,* II, págs. 117, 167, 241 y 270, respectivamente), que organizaban el régimen de policía de la provincia. El manifiesto tenía por objeto la determinación del impuesto a pagar por cada hacendado, según las escalas fijadas por la ley de 1827 y modificadas por la de 1828 (modificación que variaba el monto del impuesto y extendía su alcance al ganado equino y al ovino). Esta naturaleza de la fuente hace sus datos sospechosos de inexactitud por la inferible tendencia de los declarantes a aminorar el peso del impuesto ocultando la real magnitud de sus haciendas. Es presumible, entonces, que la existencia ganadera de la provincia fuese mayor que la mostrada por el cuadro. En cuanto al brusco aumento que se observa comparando el primero de los años del cuadro con el cálculo de D'Orbigny, es posible explicarlo por los grandes arreos de ganado tomados a los brasileños durante la guerra, según lo comentado más adelante. Hacia 1825, como dato de interés comparativo, la existencia ganadera de Entre Ríos era calculada

por su gobernador en 50.000 a 60.000 vacunos y 6.000 a 8.000 equinos (León Sola al ministro de Guerra del Poder Ejecutivo Nacional, Paraná, 27/VIII/825, A. G. N., Gobierno, Entre Ríos, 1820-1825, x, 5, 4, 5).

[3] "Expedientes de Saladerías", A. P. C., E. A., 1833, Leg. nº 38; Ley 344 del 31/x/834, que reglamenta las exportaciones de ganado y el establecimiento de saladeros, *R. O. P. C.*, III, pág. 229; Ley 355 del 27/I/835 sobre fomento de saladeros, *ídem*, pág. 268.

[4] Decreto del Cabildo del 9/IX/822, que suspende el abastecimiento de carne de la ciudad, encomendado a una sola persona, y declara que podían actuar los antiguos abastecedores, *R. O. P. C.*, I, pág. 132; también: Decto. del 5/VII/827, *ídem*, II, pág. 165 (el decreto fijaba el precio de la carne).

[5] A. D'Orbigny, ob. cit., pág. 166; las observaciones de Mackinnon son similares: "Ahora quiero mencionar unos pocos de los usos a que he visto aplicados los referidos cueros. Las hamacas en que la gente duerme, son de cuero cortado a manera de los cortes de un rompecabezas, que después se extienden como una red o malla y que resulta una cama limpia, fresca y cómoda. La leche que se saca de las vacas se recibe y se guarda en unos aparatos de cuero hechos con estacas, de la forma de un gran cubo o tonel pequeño, con cabida para diez y seis a veinte galones. Las casas, lo mismo que las carretas, están cubiertas con cueros. Los caños por donde corre el agua de los tejados y azoteas son de cuero. Los noques para curtir pieles son de cuero estirado, como los cubos para leche ya mencionados, y tienen adentro otros cueros sometidos al proceso de encurtido. En todo lo que tenga relación con los arreos del caballo se emplea el cuero. Las vigas y los sostenes en las casas están siempre atados con lonjas de cuero. Las puertas y las ventanas, y a veces hasta las paredes, están formadas por cueros unidos unos con otros; en resumen, casi todo lo que allí se ve es de cuero". Ob. cit., pág. 101.

[6] Woodbine Parish, *Buenos Aires y las provincias del Río de la Plata*, Buenos Aires, Hachette, 1958, págs. 329 y 330.

[7] José María Roxas a Ferré, 18/x/826; Ferré a Juan Pedro de Aguirre y Compañía, 2/II/826 y 7/VIII/826, Correspondencia y documentación de Cristobal de Aguirre, B. P. B. A., A. P. J. P. A., 031-6-5, doc. 16. En Corrientes se formó una sociedad entre Pedro Ferré, dos de los Cossío, Tomás Isasi y Francisco Meabe, para explotar el negocio, "Contrata entre D. Pedro Ferré, D. José V. García de Cossio y D. Francisco Meabe para la plantación del café", Corrientes, 12/VI/830, A. P. C., P. E., Protocolos del escribano Teodoro Gauna. Sobre este proyecto fracasado, véase también Juan Pujol, "Provincia de Corrientes, Las Lomas (fragmento inédito)", *La Revista de Buenos Aires*, tomo VIII, 1865 (reimpresión 1913) (la cita en pág. 228).

[8] A. D'Orbigny, ob. cit., pág. 325.

[9] *Idem*, pág. 17.

[10] *Idem*, pág. 138.

[11] J. P. y G. P. Robertson, ob. cit., pág. 132.

[12] Félix de Azara, "Viajes inéditos de Don Félix de Azara, desde Santa Fe a la Asunción, al interior del Paraguay y pueblos de Misiones", *Revista del Río de la Plata* (Buenos Aires), tomo I, 1871, pág. 389 y sigts.

[13] A. D'Orbigny, ob. cit., pág. 138.

[14] *Idem*, pág. 376. Se refiere a la zona cercana al río Santa Lucía. Véase, también, referencias a las zonas aledañas a Itatí, Yataití Guazú, Ensenadas, Saladas y Caa-Caty: págs. 187, 266, 125 y 126, y 223, respectivamente.

[15] *Idem*, pág. 173.

[16] *Idem*, págs. 121 y 233; F. de Azara, ob. cit., págs. 386 y 389. Véase,

más adelante, la legislación de fomento a la producción de aguardientes, y sus resultados. Los inventarios de bienes contenidos en las testamentarías muestran también la combinación de ganadería y agricultura: entre otros, Inventario de bienes del Testamento de León Martínez de Ibarra (con dos lugares de estancia y una chacra, ganado, productos ganaderos, trapiches, bateas para miel, 100 varas de lienzo de algodón, etc.), A. P. C., E. A., Sección Judicial, 1823; Juicio Sucesorio del Dr. Felipe Díaz Colodrero, Inventario de bienes (con una legua de chacra, dos lugares de estancia, etc.), *ídem*, 1835; asimismo, juicio de partición de bienes de Juan Ponce y Petrona Ballejo (ganadería y frutales), *ídem*, 1827.

[17] Los datos no son muy útiles: en la cantidad *per capita* de algunas categorías, como la de militares, clero y hasta mayordomos, pesan excesivamente algunas pocas fortunas individuales que pueden provenir de actividades de otro tipo por parte de sus poseedores, como está advertido en la fuente (E. J. A. Maeder, "Demografía y potencial humano...", ob. cit., págs. 159 y 160). Además, el promedio está hecho sobre la suma de los que declararon poseer bienes, que es algo menos de la mitad del total, y con prescindencia del 41,2% de los declarantes de bienes que no tenían profesión declarada (especialmente mujeres). Por último, hay que tener presente que las cifras no refieren realmente a bienes realizables, sino a estimaciones del valor de propiedades inmuebles y productos. *Ídem*, págs. 158 y 155.

[18] A. D'Orbigny, ob. cit., págs. 121 y 122.

[19] *Ídem*, pág. 159; L. B. Mackinnon, ob. cit., pág. 153.

[20] Sobre una de las mayores estancias de la provincia, puntualiza D'Orbigny: "En los alrededores de Buenos Aires estas estancias tienen a veces treinta a cuarenta mil cabezas de ganado, distribuidas en diversos rebaños. La del Rincón de Luna, que voy a describir como modelo de las estancias de la provincia de Corrientes, sólo poseía seis mil vacas, bueyes y toros, sin contar los animales de otra especie, como caballos, en número de doscientos aproximadamente, y unos ochocientos a mil lanares". Ob. cit., pág. 154. Sobre la afirmación de los Robertson, véase su obra *Letters on Paraguay*, Londres, vol. I, 1838, pág. 290 y sigts.

[21] J. P. y G. P. Robertson, ob. cit., I, pág. 249. Las cuentas de León Spalding en: A. P. C., P. P., Leg. único. Las informaciones recién utilizadas, así como las que usamos en adelante, están extraídas de distintos asientos de esa contabilidad. (Un hermano de León Spalding, David, que participaba en sus negocios como se menciona más adelante, llegó al Río de la Plata con las fuerzas de la primera invasión inglesa en 1806. Hay referencias a David Spalding como "el sargento escocés", desertor del ejército de Beresford, y establecido en Paraguay o Corrientes, en otra obra de los Robertson: J. P. y G. P. Robertson, *La Argentina en la época de la revolución, Cartas sobre el Paraguay*, Buenos Aires, La Cultura Argentina, 1920, págs. 102 y 251.)

[22] *Acuerdos del Viejo Cabildo de Itatí*, Archivo de la Provincia, Corrientes, 1930, pág. 49; *Telégrafo Mercantil, Rural, Político-Económico e Historiográfico del Río de la Plata (1801-1802)*, Reimpresión facsimilar por la Junta de Historia y Numismática Argentina, tomo VI, año 1801, Buenos Aires, 1914, pág. 49; J. P. y G. P. Robertson, ob. cit., pág. 199; A. D'Orbigny, ob. cit., págs. 122 y 159.

[23] A. D'Orbigny, *ídem*, págs. 159 y 160.

[24] *Ídem*, lug. cit.

[25] Decreto del 12/XI/825, que reglamenta los contratos de trabajo, *R. O. P. C.*, I, pág. 423; Decto. del 4/II/826, que autoriza a todo ciudadano a

aprehender a los vagos y malentretenidos, *ídem,* II, pág. 36; y otros. Véase más adelante, en el capítulo sobre la política económica del gobierno correntino, una información más detallada.

[26] Oficio de Gaspar López al Gobernador, A. P. C., C. O., Leg. núm. 22, abril-junio 1826.

[27] Papeles de los Ayres, A. P. C., P. P., Leg. único.

[28] A. P. C., E. A., Leg. núm. 25, setiembre-diciembre de 1828.

[29] *Idem,* lug. cit.

[30] Cuentas de León Spalding, A. P. C., P. P., Leg. único.

[31] Este concepto del endeudamiento como medio de retención de la mano de obra no contempla los casos en que la deuda inicial no era exigida por el peón. Silvio Zavala, "Orígenes coloniales del peonaje en México", *El Trimestre Económico,* vol. X, 1944, pág. 728 y sigts., y Françoise Chevalier, *La formación de los latifundios en México,* México, Fondo de Cultura Económica, 1976, pág. 338 y sigts., proveen la forma clásica de interpretación del endeudamiento como base de la servidumbre del peón. Posteriormente, el enfoque del peonaje ha sufrido variaciones a partir de los trabajos de Ch. Gibson, quien ha observado que en muchos casos el endeudamiento inicial era una exigencia del peón, y que obtenerlo o no dependía de las condiciones de su posición negociadora —Ch. Gibson, *Los aztecas bajo el dominio español (1519-1810),* México, Siglo XXI, 1967, pág. 254 y sigts. Véase también William B. Taylor, *Landlord an peasant in colonial Oaxaca,* Stanford University Press, 1972, pág. 143 y sigts. Claude Morin —*Michoacán en la Nueva España del siglo XVIII, Crecimiento y desigualdad en una economía colonial,* México, Fondo de Cultura Económica, 1979—, muestra en cambio que la política de la hacienda era endeudar al trabajador cuando por su calidad, en condiciones de escasez de mano de obra, le interesaba retenerlo, y en caso contrario, endeudarse con él. Otro trabajo, sobre la región mexicana de Tlaxcala, muestra que la deuda, como en el segundo de los casos de Morin, también retiene al *gañán,* quien perdería lo que le deben si abandonase la hacienda —Isabel González Sánchez, "La retención por deudas y los traslados de trabajadores tlaquehuales o alquilados en las haciendas, como sustitución de los repartimientos de indios durante el siglo XVIII", *Anales del Instituto Nacional de Antropología e Historia,* México, tomo XIX, núm. 48, 1966, pág. 247 y sigts. Para una revisión de conjunto del tema, véase Eric Van Young, "Mexican rural history since Chevalier: the historiography of the colonial hacienda", *Latin American Research Review,* vol. XVIII, núm. 3, 1983, pág. 23. Asimismo, véase una discusión del tema en nuestro libro *Formas de sociedad y economía en Hispanoamérica,* México, Grijalbo, 1984, pág. 235 y sigts.

[32] También en la ciudad el endeudamiento era exigido por el peón y no solía ser devuelto. Véase las quejas del Cabildo sobre el "abuso corrompido" con que se han burlado de sus patrones los asalariados al pedirles sueldos adelantados y no devolvérselos: Acta núm. 11 del 17/II/823, *R. O. P. C.,* I, pág. 179.

[33] J. J. Bialet Massé, *Informe sobre el estado de la clase obrera en el interior de la República,* Buenos Aires, 1904, tomo 1, pág. 379.

[34] Véase el Bando del Alcalde de la Santa Hermandad de Chascomús, de 1808, en Julio V. González, *Historia Argentina. La era colonial,* Buenos Aires, Fondo de Cultura Económica, 1957, pág. 178 y sigts.

[35] J. J. Bialet Massé, ob. cit., lug. cit.

[36] Este uso del término está implícito en una de las acepciones recogidas en el Diccionario de la Real Academia Española: *"Poblar"* [...] 2. Ocu-

par con gente un sitio para que habite o trabaje en él". Real Academia Española, *Diccionario de la Lengua Española,* Madrid, 1970. En algunos documentos transcriptos o aludidos por Mario Góngora se observa un uso similar en Chile, en el siglo XVIII: Mario Góngora, *Origen de los "inquilinos" de Chile Central,* Santiago de Chile, Ed. Universitaria, 1960, págs. 42, 49 y 119. En la provincia de Entre Ríos, hacia la época de la que nos estamos ocupando, se utiliza, en documentos notariales, el concepto de *población* para designar las construcciones efectuadas en un establecimiento rural: "...sin que pueda obligar a la propietaria [el poblador] a que le abone ni población ni algún beneficio que haya en el terreno...", Contrato entre Dña. Manuela Araujo y el Natural Juan José Blas Zarrain, Concepción del Uruguay, 4/IX/826, F. 143, v., A. P. E. R., Hacienda VIII, Protocolos de Escribanos, Concepción del Uruguay, 1828-1836, marzo 9. Asimismo: "Concluido el plazo quedarán todas las poblaciones a beneficio del mismo establecimiento...", Compromiso de arrendamiento núm. 80, Concepción del Uruguay, 31/I/835, F. 124, *ídem.* Otro testimonio más claro aun de este uso del concepto, similar al que señalamos en Corrientes aunque con un matiz distinto al limitarse a las instalaciones de la propiedad rural, lo tenemos en la siguiente cláusula de un contrato: "...no permitirá el arrendatario que otra persona se introduzca con su permiso o sin él, ni levantará más población que las que necesite en sus trabajos..." y: no podrá disponer de los montes, el arrendatario, para "...cortes de leña, postes ni maderas, a menos que no sea para utilidad y en beneficio de la misma población...", Contrato de arrendamiento núm. 46, Concepción del Uruguay, 1833, cláusulas 5ª y 3ª, F. 75, *ídem.*

37 A. D'Orbigny, ob. cit., pág. 235.

38 Véase Mario Góngora, ob. cit. De las formas descritas por Góngora, la más cercana al caso que nos ocupa es la de los préstamos (pág. 33 y sigts., especialmente pág. 44, y pág. 105 y sigts.), no así la del inquilinaje, más desarrollada en cuanto a las obligaciones mutuas y que aparece a raíz de la creciente valorización del cultivo (pág. 46). También de Mario Góngora: *Studies in the colonial history of Spanish America,* Cambridge, Cambridge University Press, 1975, pág. 154. Véase, asimismo, las observaciones de Magnus Mörner en *El colonato en la América meridional andina desde el siglo XVIII. Informe preliminar,* Estocolmo, Instituto de Estudios Ibero-Americanos, 1970, págs. 3 a 6. Mörner retoma el término colonato para designar las numerosas formas que concibe como variantes de una relación básica: la recompensa del trabajo mediante la concesión del usufructo de una parcela, formas que, señala, no son privativas de América pues se encuentran también en la historia moderna del norte y del oriente europeo o en la del Africa negra. Mörner extiende mucho la acepción del término considerando que los límites entre colonato y arrendamiento son borrosos. Posiblemente un buen punto de partida para un intento de establecer algunas distinciones consista en agrupar aquellas formas, como la que estudiamos, en que el propósito fundamental en la concesión del usufructo de la parcela es el asegurarse provisión inmediata o futura de mano de obra, mientras que, en otros casos como los de las formas variadas de arrendamiento, el objetivo es la percepción de la renta; claro está que sin dejar de advertir que, con excesiva frecuencia, ambos propósitos se superponen y que en ambos casos abundan las variaciones en cuanto a retribución del trabajador y a obligaciones suyas. Así, en México, desde el siglo XVI hay casos en que se unen ambos propósitos y otros, en el siglo XVII en que mediante una renta simbólica ($ 1 por año), o incluso sin ella, el objetivo es el de asegurar mano de obra (véase François Chevalier, ob. cit., págs. 349 y 350). De todos

modos, lo cierto es que cualquiera de esos rasgos pueden encontrarse en momentos históricos diversos y hasta en los comienzos de un desarrollo capitalista, como en la Rusia de los años finales del siglo XIX (véase V. I. Lenin, *El desarrollo del capitalismo en Rusia,* Moscú, Progreso, 1974, págs. 196 y 197, sobre los llamados "arriendos de pago en trabajo y naturales": respecto de ellos, distingue los que tienen el propósito de ceder a otra persona la hacienda a cambio de una renta, de los que contribuyen a la explotación por cuenta propia de la hacienda mediante la función de proporcionar mano de obra).

[39] Es decir, no solo en el sentido de libertad jurídica o movilidad espacial, sino también "libre" de la propiedad de los medios de producción, en el sentido, metafóricamente expresado, de privación de esa propiedad.

[40] Observaciones ya efectuadas hace tiempo por Maurice Dobb, *Estudios sobre el desarrollo del capitalismo,* Buenos Aires, Siglo XXI, 1971, pág. 275 y sigts.

[41] Véase Tulio Halperín Donghi, *Hispanoamérica después de la Independencia,* Buenos Aires, Paidós, 1972, pág. 195 y sigts.

[42] J. P. y G. P. Robertson, ob. cit., págs. 72 y 73, 172 y sigts.

[43] Decreto del 12/XI/825, *R. O. P. C.*, I, pág. 423.

[44] Decreto del 19/X/829, pág. 344, *idem,* II, pág. 344; Decto. del 23/VIII/833, *idem,* III, pág. 191. Véase más adelante, en la Segunda Parte, el parágrafo sobre orden social y represión a la "vagancia".

[45] "Antonio Díaz de Vivar vende al Coronel Vicente Ramírez dos esclavos", Protocolos de José Francisco Atienza, A. P. C., P. E., 1838; Acuse recibo de una Provisión de la Junta de Fazenda Nacional, del 29/VIII/832 que previene sobre contrabando de "escravos moros" y reclama el cobro de la Sisa, A. H. R. G. S., Alfândega em São Borja, Officios..., 1832, documento núm. 229: el documento no indica específicamente que el contrabando tuviese por destino a Corrientes, pero la provincia era uno de los destinos del tráfico ilegal riograndense y São Borja un punto clave para el control del tráfico con Corrientes.

[46] Recibos del pago de alcabalas, A. P. C., E. A., Legs. núm. 25, setiembre-diciembre de 1828, núm. 27, mayo-diciembre de 1829, y núm. 33, setiembre-diciembre de 1831, respectivamente. No hemos encontrado otros que uno del año 1834 por 250 pesos, y otro de 1835 por 200: *idem,* Legs. núm. 44 noviembre-diciembre de 1834, y núm. 83, expediente 2255, 1835.

[47] "Salcedo, Petrona (esclava), solicita su libertad", A. P. C., T., 1825, expediente Civil. La esclava impugna el precio que su ama le ha fijado —550 pesos fuertes—, por considerarlo muy alto, y dos tasadores proceden a examinar la calidad física y aptitudes de la demandante. El juez, atendiendo a la discrepancia de los tasadores —uno la tasó en 280 pesos y el otro en 380—, nombra un tercer tasador, quien fija el precio de 260 pesos plata, precio que el juez hace suyo en un dictamen que es interesante transcribir: "...el Juzgado atendidas las circunstancias de la edad de la criada, de que por la ley de libertad no hay ya vientres (*sic*), la razón de libertad que reclama el derecho natural, adhiriéndose a los doscientos sesenta pesos que la aprecia el (tasador) tercero: ordena a la ama Da. María Ignacia Salcedo que éste es el único valor líquido que puede exigir a su criada...". El fallo tiene fecha 20/X/825.

[48] Aunque pueden encontrarse casos, como el de dos explotaciones, una ganadera y otra agropecuaria, en 1823, que contaban con 16 y 10 esclavos, respectivamente. Testamento de León Martínez de Ibarra, A. P. C., T., Expediente Civil, 1823.

V. Las industrias

[1] Los censos citados, en A. P. C., C. P.

[2] Algunos de los datos utilizados al comienzo de este capítulo, relativos a las artesanías, los hemos tomado de los trabajos de E. J. A. Maeder, ya citados. Hemos preferido no utilizar, en cambio, por los motivos recién expuestos, la estructura ocupacional que construye con los datos de ocupaciones de los censos. Para tomar un ejemplo de la no validez de la estructura ocupacional obtenida con esos datos, observemos que el censo de 1833 no consigna ningún trabajador del tabaco, pese a que la la provincia exportó en ese año 935 petacones y 13 sacos de tabaco, y las exportaciones de cigarros fueron de 1.050 barricas, 559 cajones, 183 bultos —además de cantidades pequeñas de otras medidas (las fuentes de estos datos son las mismas que las de los cuadros 6 y 7, y valen especialmente para ellas las observaciones previas a esos cuadros. Asimismo, no es posible hacer un análisis de una economía tradicional como esta, sin advertir que la existencia de solo tres tejedores en 1814 y ninguno en 1820, así como de ningún hilandero en ambos años —excepto las 29 hilanderas indígenas de Itatí—, denuncia un problema de especial magnitud en los datos manejados, esto es, el problema de las limitaciones de la información censal para reflejar ciertos aspectos esenciales de una economía como la de la provincia, basada en la amplia vigencia de la producción doméstica y del trabajo femenino y, consiguientemente, la incongruencia de las categorías de análisis sectorial —"sector primario", "secundario" y "terciario"— con esa realidad.

[3] Alcides D'Orbigny, ob. cit., págs. 324, 327, 355 y sigts. Pero en Itatí, antiguo pueblo guaraní, la producción de tejas y ladrillos, la de sombreros de hoja de palmera y la de sillas de montar y recados, estaba en manos masculinas, en las que asimismo recaía la escasa producción de azúcar. No debemos olvidar, por otra parte, que el trabajo del cuero, sobre el que ya hemos dado referencias, era habilidad característica de la población masculina en todo el Río de la Plata.

[4] Informe de Juan García de Cossío —diputado por Corrientes— al Real Consulado de Buenos Aires, 3 de noviembre de 1796, Archivo General de la Nación, *Consulado de Buenos Aires, Actas, Documentos*, tomo II, años 1796 a 1797, Buenos Aires, 1937, págs. 270 y 271; A. D'Orbigny, ob. cit., pág. 325. Al respecto, es útil un cotejo de precios con las suelas de otras provincias: el 12/II/823, un periódico de Buenos Aires, en su informe sobre los precios del día, anotaba: suelas de Corrientes, por mayor, 7 pesos y 2 reales; de Tucumán, *idem*, 36 a 37 reales [4 pesos y 4 a 5 reales]. Otra información similar correspondiente al 12/IV/1818: suelas de Corrientes, de 27 a 30 reales cada una; de Santa Fe y Bajada [del Paraná], de 25 a 27 reales; de Córdoba y Tucumán, de 22 a 24 reales. Datos tomados de Félix de Ugarteche, *Las industrias del cuero en la República Argentina*, Buenos Aires, 1927, pág. 25. Asimismo, según las cifras publicadas por *La Gaceta Mercantil* de Buenos Aires, el precio de las suelas de Tucumán, entre agosto de 1831 y enero de 1834, llegaba al 55%, aproximadamente, del de las de Corrientes.

[5] *Correo de Comercio*, Buenos Aires, tomo I, núm. 25 del 18/VIII/810, pág. 187; A. D'Orbigny, ob. cit., págs. 325 y 327.

[6] [J. J. M. Blondel] *Almanaque político y de comercio de la ciudad de Buenos Aires para el año de 1826*, Buenos Aires, reimpresión facsimilar por Ediciones de la Flor, 1968, pág. 287.

[7] "Informe del Diputado al Consulado por Corrientes, Dn. Isidoro Martínez y Cires", ob. cit., lug. cit.

[8] Bartolomé Varela y Montoto, diputado por Corrientes, al Consulado de Buenos Aires, 3 de agosto de 1804, A. G. N., *Consulado,* S. XIX, 4-6-4, documento núm. 41; *Correo de Comercio,* ob. cit., lug. cit.; J. P. y G. P. Robertson, ob. cit., pág. 271; "Oficio del Intendente Mestre al Superintendente Francisco de Paula Sanz", cit. en Edberto Oscar Acevedo, *La Intendencia de Salta del Tucumán en el Virreinato del Río de la Plata,* Mendoza, 1963, pág. 239. Sobre los riesgos en la navegación del Paraná, consultar también Néstor F. Ortega, "El tráfico fluvial entre Buenos Aires y Paraguay a fines del siglo XVIII" en *Trabajos y Comunicaciones* (La Plata, Instituto de Investigaciones Históricas, U. N. L. P.), núm. 1, 1950. Según Azara, a fines del siglo XVIII el viaje entre Buenos Aires y Asunción solía insumir 11 meses; entre Corrientes y Buenos Aires podía llevar unos 40 días a la ida, río abajo, y unos tres meses al retorno, río arriba (ob. cit., pág. 135).

[9] Sobre el traslado de los dos técnicos: Facultad de Filosofía y Letras de la Universidad Nacional de Buenos Aires, *Documentos para la Historia Argentina,* tomo VI, *Comercio de Indias, Comercio Libre (1778-1791),* Buenos Aires, 1915, págs. 405 y 437. Sobre la curtiembre de Tomás Salas: *Telégrafo Mercantil,* ob. cit., lug. cit.

[10] Informe de Juan García de Cossío, ob. cit.; *Telégrafo Mercantil...,* ob. cit., lug. cit.; *Acuerdos del viejo Cabildo de Itatí,* Corrientes, Publicación del Archivo de la Provincia, 1930: las referencias comienzan con el acuerdo del 25 de setiembre de 1799 —pág. 30— y se extienden a lo largo de las actas.

[11] *Correo de Comercio,* ob. cit., lug. cit.

[12] La ley que fijaba el impuesto era de fecha 1/VII/828, con adiciones reglamentarias del 27/VI/829. Sin embargo, la utilidad de esta fuente para medir la evolución de cada empresa es limitada. Ello se debe al efecto de una disposición de 1829 que permitía seguir pagando en años posteriores la misma cantidad abonada el primer año, es decir, según el monto del capital declarado en su primer pago. De modo tal que varias curtiembres abonan el mismo monto de impuesto a lo largo del período, pese a que es probable suponer en ellas un sensible crecimiento entre 1831 y 1835, como enseguida veremos. La disposición mencionada, en Ley núm. 204 del 1/VII/828, Decreto reglamentario del 7/VII/828, y Ley núm. 232 del 27/VI/829 modificatoria de los anteriores, *R. O. P. C.,* II, págs. 240, 271 y 316.

[13] A. P. C., L. T. R. P.

[14] Especialmente la Ley núm. 275 del 4/I/831, que prohíbe "la introducción de ropas y calzados hechos y la de cinchas, jergas, ponchos y sobrecamas de algodón". Esta y las otras leyes, en *R. O. P. C.,* III, págs 9, 10 y sigts.

[15] A. P. C., C. P., Leg. núm. 2, 1820.

[16] *Idem,* Legajos núms. 3 (1825-1827), 4 (1828-1832), 5 (1833-1834) y 6 (1835-1837).

[17] *Idem,* Leg. núm. 4 (1828-1832), padrón de 1832.

[18] "Solicitudes Diversas, 1833", A. P. C., E. A., Leg. núm. 38, 1833, marzo-mayo; las apreciaciones sobre la crisis, en la petición de Ramón Galarraga fechada en 1836 —pese a su inclusión, con otros documentos similares, en el legajo de 1833—. Respecto del problema creado por el agotamiento de los montes de curupay, hay información muy anterior sobre la preocupación existente. Así, en 1824 se efectuaron tentativas de reemplazar el curupay por cáscaras de quebracho y urunday: Raymundo Molina solicitó privilegio exclusivo para su "nuevo descubrimiento" en diciembre de 1824. En

su alegato afirma que desde 1820 preocupaba el alza del precio de la cáscara del curupay por su progresiva escasez, y la posibilidad de su agotamiento. Añadía que ya se sentía el efecto de la competencia de los curtidos de Córdoba y del extranjero. En favor de su innovación, alega que el curtido con quebracho y urunday tendría un costo de 4 reales en cáscaras, mientras que el hecho con la mezcla de inga y timbó con curupay, no menos de 7 u 8 reales. Alegatos de Raymundo Molina, de (¿setiembre?) de 1824 y del 10/XII/824, A. P. C., E. A., 1824, Leg. núm. 13. Carecemos de información posterior sobre el efecto de la tentativa de Molina.

[19] Alrededor de un año y medio, y a veces más: F. de Ugarteche, ob. cit., pág. 176.

[20] Julio Broide, ob. cit., cuadro 30, pág. 66. Es de advertir que, pese a que era cierta el alza del precio local de los cueros "al pelo" por lo menos en 1834 —puesto que obligó al gobierno de la provincia a reprimir la matanza de ganado para extracción del cuero por parte de pequeños vendedores estimulados por ese aumento—, hacia el año siguiente, 1835, la situación debió ser distinta, al influjo de la baja señalada. Sobre el alza de precios de cueros "al pelo" en Corrientes: Decto. del 14/XI/834, *R. O. P. C.*, III, pág. 247.

[21] Sobre este control del comercio exterior, véase más adelante el capítulo sobre la política económica. El mensaje del gobernador Atienza del 6/XII/836, al abrir las sesiones del Congreso General, en *R. O. P. C.*, III, La cita en pág. 374.

Un despacho del cónsul británico a Palmerston confirma también la baja de los precios de productos rioplatenses en Inglaterra: las importaciones de productos británicos, señala, han aumentado en 1835 en £ 40.000, pero las exportaciones a Inglaterra han caído en mucho mayor proporción, caída que debe atribuirse a los muy bajos precios de los productos rioplatenses en Gran Bretaña durante el año. Griffiths a Robertson, núm. 5, 1/VI/836, P. R. O., F. O. 6, v. 54, fs. 25 y 25 v.

[22] Cit. por Enrique Wedovoy, *La evolución económica rioplatense a fines del siglo XVIII y principios del siglo XIX a la luz de la historia del seguro*, Universidad Nacional de La Plata, La Plata, 1966, pág. 216.

[23] A. P. C., "Solicitudes diversas", cit., lug. cit.; *ídem*, S. T. P. E., Protocolos del Escribano José Francisco Rolón, "Escritura de cancelación que otorga Don Juan Asensio Virasoro a fabor de Don Ramón de Galarraga", 13 de enero de 1827; *ídem*, L. T. R. P., cit., lug. cit.

[24] *Gaceta de Buenos Aires (1810-1821)*, reimpresión facsimilar dirigida por la Junta de Historia y Numismática Americana..., tomo V, 1817-1819, Buenos Aires, 1914, pág. 236 (núm. 41 del 18/X/817).

[25] Datos tomados de Enrique Wedovoy, ob. cit., pág. 202 y sigts. y de A. P. C., T. R. G., guías del 12/I/826 y del 11/II/831.

[26] A. P. C., L. T. R. P., lug. cit.; A. P. C., S. T. P. E. Protocolos del escribano Teodoro Gauna, año 1837, "Escritura de Compañía".

[27] *Idem*, "Escritura de Compañía", 30 de diciembre de 1831.

[28] *Idem*, "Escritura de venta de una curtiembre...", año 1835. La falta de varios folios del expediente impide conocer detalles de la venta; A. P. C., L. T. R. P., lug. cit.; A. P. C., T. R. G., 1830 a 1841, guía del 11/II/831.

[29] A. P. C., T. R. G., guías del 24/VII/830 y del 8/I/829; ídem, S. T. P. E. Protocolos del escribano José Francisco Atienza, 1838 (?).

[30] *R. O. P. C.*, I, pág. 357 —según el cap. XIV de la Ley núm. 88 del 26/I/25, que establece los aranceles y el reglamento general de aduanas de la provincia—.

[31] Enrique Wedovoy, ob. cit., lug. cit.

[32] Manuel F. Mantilla, ob. cit., pág. 155.

[33] A. P. C., C. P., Legas. 2, 4 y 5; *ídem*, L. T. R. P.

[34] Una descripción del proceso de trabajo en las curtiembres rioplatenses del siglo pasado puede verse en Félix de Ugarteche, ob. cit., pág. 97 y sigts. y 175 y sigts.

[35] Véase, por ejemplo, el trabajo de Witold Kula, "Le manifatture signorili in Polonia nel XVIII secolo", *Quaderni Storici*, núm. 21, 1972. Las manufacturas estudiadas por Kula son consideradas por este como feudales y no como capitalistas, pese a poseer, desde el punto de vista de su magnitud y organización técnica, mayor semejanza con las manufacturas capitalistas (tal como surge del análisis de Smith, Marx o Mantoux) que aquellas pertenecientes a propietarios burgueses polacos (que se asemejaban, más bien, a un "establecimiento artesanal agrandado") (ob. cit., pág. 1053). Por lo demás, el caso de las curtiembres correntinas difiere fuertemente del de las manufacturas polacas, inmersas en la economía feudal de la gran propiedad agraria de aquella época.

[36] A. D'Orbigny, ob. cit., págs. 322 y 323.

[37] Véase el mapa de la provincia, correspondiente al lapso 1811-1895, en: Academia Nacional de la Historia, *Actas Capitulares de Corrientes*, edición a cargo de H. F. Gómez, Buenos Aires, 1941, tomo I, lámina 3.

[38] Un comerciante expulsado de la provincia por haber participado en el levantamiento de los Dragones, en 1824, alega como argumento a favor de su pedido de perdón, el tener "...fomentado un obraje de maderas en la banda opuesta de este Paraná (aproximadamente a la altura de Goya), en cuya labor invierto el salario entre más de cien hombres y lo que es más el trato mutuo entre los Abipones dueños de aquel suelo en cuyo destino con mi protección han entrado embarcaciones y recibido mis cargamentos con seguridad". Añadía tener, en esos días, tres buques cargados de maderas listos para partir. A. P. C., T., "Díaz, Manuel, solicitando se le levante la pena de extrañamiento de la Provincia que se le impuso", núm. 125, 1825, f. 222, v.

[39] La ex calle Industria, había recibido su nombre por ubicarse en ella algunas actividades como "...la de los aserraderos, consistentes en zanjas paralelas donde se aserraban las grandes vigas traídas de las zonas de bosques". Esto formaba parte de "...actividades industriales primarias, de instalaciones fáciles que en realidad resultaban de uso común o dominio público". H. F. Gómez, *La ciudad de Corrientes*, Corrientes, 1929, pág. 147.

[40] Respecto de la facilidad de improvisar la construcción de las embarcaciones menores, véase, por ejemplo, la narración de Bernal Díaz del Castillo, *Historia verdadera de la conquista de la Nueva España*, México, Porrúa, 1974, págs. 98, 190 y 327; también: Hernán Cortés, *Cartas de Relación*, México, Porrúa, 8ª ed., 1975, págs. 95 y 105.

[41] Respecto de la forma de proceder en los astilleros europeos en tiempos del Renacimiento, véase John Nef, *La conquista del mundo material*, Buenos Aires, Paidós, 1969, pág. 99 y sigts.

[42] Tulio Halperín Donghi, *Revolución y guerra*, Buenos Aires, Siglo XXI, 1972, pág. 46 y sigts.; Enrique Wedovoy, introducción a: Manuel José de Lavardén, *Nuevo aspecto del comercio en el Río de Plata*, Buenos Aires, Raigal, 1955.

[43] [J. J. M. Blondel] ob. cit., pág. 287.

[44] Véase Ernesto J. A. Maeder, ob. cit., "Cuadro general de ocupaciones registradas en la Mesopotamia", fuera de texto.

[45] A. P. C., S. T. P. E., Protocolos del escribano Juan Bautista Méndez, 1829-1831, L, 16, M., fs. 40 y sigts.

[46] A. P. C., C. P., Leg. 2, 1820. Los calafates censados son cinco; M. F. Mantilla, *Crónica...*, ob. cit., I, pág. 249.

[47] *Acuerdos del Viejo Cabildo de Itatí*, ob. cit., págs. 29, 123 y 124.

[48] A. P. C., S. T. P. E., Protocolos del escribano Juan Bautista Méndez, L, 16, M, fs. 40, 1829-1831.

[49] J. P. y G. P. Robertson, ob. cit., pág. 151.

[50] A. P. C., C. P., legajo 2, 1820.

[51] *Telégrafo Mercantil...*, ob. cit., tomo VI, año 1801, págs. 368 y 369. Del informe del diputado de Corrientes al Consulado, Isidoro Martínez Cires.

[52] A. P. C., E. A., 1824, "Relación de los buques que hasta la fecha se hallan arqueados...", Corrientes, 20 de diciembre de 1824. Para estos y otros aspectos de la navegación de la época en el Río de la Plata, véase la muy útil obra de Clifton B. Kroeber, *La navegación de los ríos en la historia argentina, 1794-1860,* Buenos Aires, Paidós, 1968. Respecto a lo citado, pág. 89.

[53] Así, el comprador de una garandumba se compromete a entregar las 18 onzas de oro (306 pesos plata) que le costará su construcción, en tres plazos: el primero, al firmarse el contrato; el segundo, cuando la embarcación tuviese puesta las cintas y estuviese lista para entablar; y el tercero, al estar concluida. Además, corría con la provisión de la tabla necesaria para la cubierta y el palo de arboladura. A. P. C., S. T. P. E., Protocolos del escribano Juan Bautista Méndez, lug. cit.

[54] *Idem,* Protocolos del escribano Ramón Beláustegui, años 1843-1846, "Escritura de censo e hipoteca que otorgó Don José Ignacio Rolón a Pedro Ferré"; Protocolos del escribano Teodoro Gauna, año 1838 ("Juan Oporto y Alberto Pacheco, socios y comerciantes" reconocen su deuda con Ferré, a cinco años, al 6% de interés).

[55] Ley núm. 328 del 31/VII/833, *R. O. P. C.*, III, pág. 161. Sobre la ley del 20/VII/831, véase más adelante, en la Segunda Parte de este trabajo, el parágrafo "La protección a las industrias".

[56] Por ejemplo, los protocolos de los escribanos Ramón Beláustegui y Teodoro Gauna —APC, T—, contienen escrituras de ventas de dos chalanas (c. 1843-1846), un queche (1836), una goleta (1841), un lanchón (1841), una chalana (c. 1843-1846). Los archivos notariales conservan otras escrituras de venta de embarcaciones sin mención de lugar de construcción, que pueden haber sido construidas por astilleros correntinos.

[57] Sobre la participación de súbditos sardos en la navegación rioplatense: Picolet d'Hermilion a Solar de la Margarite, Buenos Aires, 16/V/837, Documenti intorno alla recognizione dell'independenza della Confederazione Argentina per parte de S. M. il Re de Sardegna..., etc., 1837-1838, Archivo di Stato, Sezione Corte, Torino, Materie Politiche, Consolati Nazionali, Buenos Ayres, Mazzo 1, 1835-1841; *ídem,* Buenos Aires, 3/VII/836; Rapporto sul commercio sardo colla Confederazione Argentina e la Banda Orientale /Sud America/ ridatto da Carlo Belloc, Vice Console di 1ª Categoria gia attaccato al Consolato di Buenos Aires, Genova, 10 febbraio 1851, *ídem,* Buenos Ayres, Mazzo 2, 1835-1851; Memoria sopra la Reppubblica Orientale dell'Uruguay, 1835, por el Agente Consolare di S. M. Sarda, M. Pezzi, Montevideo, 20/I/836, M. Pezzi a Clemente Solaro Conte della Margarita, *ídem,* Materie Politiche, Negoziazioni, Uruguay, 1835-1843. Véase, asimismo, Niccolò Cuneo, *Storia dell"emigrazione italiana in Argentina, 1810-1870,* Milán, Garzanti, 1940, caps. tercero y quinto, pág. 47 y sigts., y 85 y sigts.; Beatriz Bosch, "Notas sobre navegación fluvial, 1843-1853", Academia Nacional de la Historia, *In-*

vestigaciones y Ensayos (Buenos Aires), núm. 19, 1975, pág. 335; José Carlos Chiaramonte, "Notas sobre la presencia italiana en el Litoral argentino en la primera mitad del siglo XIX", ponencia a las Jornadas "Argentina e Italia, a la búsqueda de las comunes raíces", CEMLA, Buenos Aires, agosto de 1986.

[58] *R. O. P. C.*, I, II y III, *passim.*

[59] Nos referimos, sobre todo, al sistema de "trabajo a domicilio", cuya calificación ha sido y continúa siendo motivo de discusión. Respecto de esta discusión, y de las relaciones entre los conceptos de producción capitalista y de formas de transición como capital comercial y usurario, trabajo a domicilio, y otras, véase nuestro trabajo *Formas de sociedad...*, ob. cit., Apéndice, pág. 271 y sigts.

SEGUNDA PARTE: POLÍTICA ECONÓMICA, FINANZAS PÚBLICAS Y ORDEN SOCIAL

I. LAS FINANZAS ESTATALES

[1] Reglamento Provisorio Constitucional..., cit., Sec. 6ª, Hacienda, arts. 1º y 12º, *R. O. P. C.*, I, págs. 29 y 30.

[2] Decto. del 21/IX/825, *R. O. P. C.*, I, pág. 411.

[3] H. F. Gómez, *Historia..., Desde el Tratado...*, ob. cit., pág. 216.

[4] Ninguna de las tres ediciones consultadas de los *Registros Oficiales*, ni el conjunto de las tres, contienen la totalidad de los estados de cuenta del período 1825-1841, si bien permiten conocer una buena parte de ellos. Para confeccionar los cuadros 15, 16 y 17, hemos utilizado esos *Registros*, completándolos con las planillas anuales que la Colecturía General elevaba al Poder Ejecutivo, contenidas en los Expedientes Administrativos —que son la fuente, además, de lo publicado en los *Registros*—. Para los años anteriores a 1825, en que no existía la obligación de publicar esos estados de cuenta anuales, hemos debido utilizar los estados que se asentaban en los Libros de Caja al finalizar cada año y que nos crearon algunas dificultades para la homogeneización de la serie, según se explica en las observaciones de esos cuadros.

[5] *R. O. P. C.*, I, pág. 139. El arancel no está incluido en el *Registro Oficial*, pero sí publicado en el tomo *Documentación Histórica...*, ob. cit., pág. 281.

[6] Ley de arancel y reglamento general de Aduana, Ley núm. 88 del 16/I/825, *R. O. P. C.*, I, pág. 347 y sigts.; Ley núm. 66 del 21/VIII/824, *ídem*, pág. 244; Ley núm. 227 del 28/I/829, *ídem.*, II, pág. 308. Otros cambios importantes se comentan más adelante. Las demás modificaciones parciales, anteriores o posteriores a la ley de 1825, se pueden encontrar dispersas en los *Registros Oficiales*. Entre ellas, las famosas de 1830 y 1831: Ley núm. 250, del 20/I/830, que prohíbe la introducción de toda clase de aguardientes y licores, y Ley núm. 8, del 4/I/831, que eleva el arancel general y el de varias mercancías. Es de advertir, por otra parte, que los productos de ultramar que pasaban por Buenos Aires pagaban allí los aranceles de esa aduana. De manera que, por ejemplo, al 9% general de la ley correntina de 1825 se sumaba el 15% ya abonado, por similar concepto, en Buenos Aires. Un 24%, en suma, que se aproximaba al 25% que había regido desde el Reglamento provisional de Artigas de setiembre de 1815 (véase los aranceles que regían en Buenos Aires en Miron Burgin, ob. cit., pág. 105 y sigts. y 279 y sigts.; en

cuanto a los dispuestos por Artigas, véase, más adelante, las referencias de la nota 49 del capítulo II de esta Segunda Parte). En octubre de 1832 se elevaron en una tercera parte los derechos de las mercancías extranjeras que llegasen a Corrientes sin pasar por ningún puerto argentino o uruguayo: Ley núm. 225 del 29/x/832, *R. O. P. C.*, III, pág. 105.

7 La exportación de cigarros, dulces y "toda obra de tejidos de industria" fue libre de derechos a lo largo del período. Los cueros vacunos pagaban dos reales, salvo los de vaca, becerro o ternero que entre 1825 y 1826 pagaron 6 reales, para bajar luego al mismo derecho que los de toro y novillo. Las maderas pagaban entre ½ y 1 real por unidad, derechos que fueron duplicados en 1827. El tabaco colorado pagaba 4 reales la arroba, según la ley de 1825. Los productos no mencionados en la larga lista del arancel pagaban el derecho general del 4 %. Para estos derechos a la exportación, la mayor parte de los gravámenes vigentes en el período fueron fijados en 1822 y 1825, por las leyes ya citadas.

8 Las medidas de 1830 y 1831 ya han sido citadas en este capítulo. Las de 1832 y 1833: Ley núm. 325 del 29/x/832, *R. O. P. C.*, III, pág. 105, y Decto. del 1/II/833, *íd.*, *íd.*, pág. 187.

9 Mensaje del Poder Ejecutivo ante la Tercera Legislatura de la provincia, 4/XII/827, *íd.*, II, pág. 196 y sigts. —la cita en pág. 212—; Mensaje del Poder Ejecutivo al inaugurar sus sesiones la Quinta Legislatura de la provincia, 28/XI/833, *íd.*, III, pág. 197 y sigts. —la cita en pág. 209—; Mensaje del Poder Ejecutivo al abrir las sesiones del Congreso General, 6/XII/836, *íd.*, III, pág. 365 y sigts. —la cita en pág. 376—. En las dos primeras ocasiones, el gobernador era Pedro Ferré. En la tercera, Rafael Atienza.

10 El ramo de Eventuales incluía, como lo señala Burgin, diversas entradas no periódicas, pero solo en las oportunidades mencionadas se aparta acentuadamente de sus promedios habituales.

11 Un sector que parece no haberse beneficiado de esa política adversa al endeudamiento, fue la tropa de las milicias, a la que, hacia 1837, se debía sueldos de años anteriores: véase Ley núm. 402 del 22/II/837, *R. O. P. C.*, III, pág. 400 (destinaba una suma para socorro de las milicias de la provincia). Respecto de los empréstitos forzosos del período anterior a 1821, véase, por ejemplo, M. F. Mantilla, ob. cit., I, pág. 316.

12 Dejamos de considerar aquí, por las razones ya explicadas, los empréstitos de 1839 y 1841, por un monto autorizado de 100.000 pesos cada uno: véase, además de la información contenida en el tomo IV, *del R. O. P. C.*, M. F. Mantilla, ob. cit., I, pág. 300. Sobre los otros dos empréstitos: *R. O. P. C.*, II, pág. 297, y III, pág. 376.

13 A. P. C., E. A., 1834, Leg. 41, enero-marzo.

14 *R. O. P. C.*, II, pág. 217, y III, pág. 376.

15 Asientos sueltos, esporádicos, dan testimonio de haberse dispuesto del dinero de los *Depósitos*. Por ejemplo, en 1828: "Marzo 11, Tomado de un depósito extraño vía de empréstito... 1.000 pesos", "Mayo 2, Tomado de un depósito por vía de empréstito... 200 pesos", Mayor del Estado, A. P. C., L. de C., Leg. núm. 70, años 1828-1829, fs. 41 y 71. En cuanto a los auxilios, una ley del 29/XII/821 autorizaba al Poder Ejecutivo a pagar los ganados que se exigieron a los hacendados desde la época de Ramírez hasta esa fecha. *Íd.*, *R. O. P. C.*, I, pág. 60. Asimismo, se resolvió en 1825 que los cueros provenientes de la matanza de ganado consumido por las tropas fuesen entregados a sus propietarios, Ley del 7/VI/825, *íd.*, I, pág. 372.

16 A. P. C., E. A., 1824, Leg. núm. 12, sublegajos enero y noviembre 1824.

[17] Decto. del 28/IX/826, *R. P. O. C.*, II, pág. 56, y Ley del 18/VII/829, *íd.*, pág. 317.

[18] La descripción de cada ramo de *Ingresos*, según el decreto de 1825, era la siguiente. "Aduana: todo derecho de alcabala y eslingaje. Papel Sellado: Lo que produce la venta de sus cuatro clases, y las patentes de navegación. Diezmos: lo que de este ramo se entera en caja, bien sea del presente año o de anteriores. Patentes de la tienda, etc.: el importe de éstas y demás vendidas a los establecimientos patentados, y derechos de visita de aquellos. Puertos: Los que pagan los buques por derechos de anclage al tiempo de su salida. Venta de tierras: El importe de las vendidas de propiedad pública. Correos: El líquido producto que entrega el Administrador principal de ellos, en la caja general del estado. Eventuales: El producto de comisos, multas y penas pecuniarias, derecho de guías, el de licencias para fuera de la provincia, y otras entradas que no pueden detallarse en los anteriores ramos. Policía: el líquido que el Juez de este departamento entrega en la caja del estado. En cuanto a los *Gastos*: Gobierno: Su sueldo y los de todos sus empleados, gastos precisos de su secretaría y de la del H. Congreso, y hasta el presente va incluso el honorario de los S. S. Representantes, el del Alcalde mayor y los de primera instancia. Hacienda: Los sueldos de todos los empleados de este departamento y gastos precisos de sus oficinas en toda la provincia, los de los maestros de latinidad, los de primera letras y los de la Imprenta. Guerra: El sueldo de la plana mayor, el de los oficiales y tropa veterana, el de las milicias, cuando estén en servicio activo, el de los Comandantes militares de departamento, tripulación del lanchón del Estado y compostura de armamento y demás útiles de guerra. Gastos Extraordinarios: los gastos públicos y reservados del Gobierno, lo invertido en todas las obras públicas de la Provincia, gastos de fiestas cívicas, ordinarias y extraordinarias, compra de armamento y útiles de guerra, de toda clase, compra de caballos para el servicio público, raciones de carne y demás para las tropas, guardias, partidas, presos, etc.; en toda la provincia: pago a los maestros de postas, por el servicio público que prestan, y otros gastos menores que no es posible detallarlos aquí...", A. P. C., E. A., 1833, Leg. núm. 37, enero-febrero, planilla adjunta al "Estado General..."; para la comprensión, se lee al pie de lo anterior, "de estados generales que se han publicado desde el año de 1825 en adelante". En el decreto reglamentario de las operaciones de contaduría general y de aduana de 1825, se incluye una relación similar, más detallada y con algunas variaciones derivadas de modalidades de años anteriores. *R. O. P. C.*, I, pág. 417.

[19] La recaudación del diezmo pasó de 7.994 pesos fuertes de promedio anual entre 1825 y 1830, a 12.593 entre 1831 y 1838.

[20] M. Burgin, ob. cit., pág. 173 y sigts.

[21] Casas y otros edificios para el gobierno y las receptorías, obras portuarias, etc. Véase el Mensaje del gobernador Atienza, del 6/XII/836, *R. O. P. C.*, III, págs. 372 y 373.

[22] "Mensaje..." del gobernador Cabral, del 4/XII/830, *R. O. P. C.*, II, pág. 410; Leyes del 11/IV y 7/VI/838, *ídem.*, IV, págs. 55 y 60.

[23] El primer presupuesto de gastos ordinarios, para 1822, se componía exclusivamente de 22 sueldos y un alquiler: 11 sueldos, incluido el del gobernador, por un total de 3.620 pesos fuertes, 11 sueldos de comandantes de campaña por 2.200 pesos, y un alquiler de casa (de la Tesorería y el Correo), por 300 pesos fuertes. En total, 6.120 pesos fuertes presupuestados como gastos ordinarios. M. F. Mantilla, ob. cit., I, pág. 234. Los gastos reales, al fin del año, ordinarios y extraordinarios, sumaron 22.708 pesos fuertes —Libro

Mayor del Estado para el año de 1822, A. P. C., L. C., 1821 a 1824, Leg. núm. 67—. En 1828, el personal del estado —desde el gobernador a los preceptores de escuelas de primeras letras, porteros de las casas del gobierno, miembros de la Iglesia y del Congreso provincial, entre otros— ascendía a 93 individuos. Y en 1839 eran ya 149. Entre ellos se cuentan también los miembros de la plana mayor —y asistentes— de las fuerzas veteranas y milicianas (42 individuos en 1828 y 51 en 1839). A. P. C., E. A., Legs. núm. 28 de 1839 y núm. 59 de 1839. Los sueldos totales nominales alcanzaron a 31.639 pesos fuertes en el primero de esos años y a 38.427 en el segundo. De ellos, 14.542, en 1828, y 16.336, en 1839, correspondían a Guerra.

[24] A. P. C., E. A., 1833 y 1834, octubre-diciembre. Debe advertirse que, en este caso, se trata de los sueldos realmente abonados durante el año, mientras que las sumas consignadas en la nota anterior corresponden a la nómina regular de los sueldos a cargo del estado. Las cifras de 1832 y 1833 que transcribimos pueden incluir abonos por sueldos adeudados de años anteriores, sueldos de milicias en operación por contingencias bélicas, etcétera.

[25] *R. O. P. C.*, I, pág. 276 y sigts.

[26] *Idem*, II, pág. 212.

[27] *Idem*, lug. cit.

[28] *Idem*, II, pág. 410.

[29] *Idem*, pág. 79 y sigts., 155, 176.

[30] A. D'Orbigny, ob. cit., págs. 121 y 326.

[31] José Francisco a Manuel Ayres, Corrientes, 24/XII/829, 23/II/830 y 3/IV/830, A. P. C., P. P., Leg. único, Papeles de los Ayres.

[32] A. D'Orbigny, ob. cit., pág. 207.

[33] Decreto del 20/XII/826, *R. O. P. C.*, II, pág. 65. Reiterado por Decto. del 8/I/830, *íd.*, pág. 389. Las prohibiciones relativas al metálico, formaban ya parte de la Ley de arancel y reglamento general de aduana de enero de 1825, cap. VII, art. 1º, ya citada (*R. O. P. C.*, I, pág. 350); previamente, el Cabildo había dispuesto similar medida en 1822, en un decreto sobre comercio de mulas, en el que un artículo prohibía a los arrieros la extracción de alhajas de plata y oro y de moneda sellada (*íd.*, I, pág. 121). Las prohibiciones se reiteraron en años posteriores: Dectos. del 3/XII/829 (*íd.*, II, pág. 347) y el ya citado de 1830.

[34] Decto. del 30/XII/826, cit., art. 6, pág. 67.

[35] *Idem*, pág. 65 y sigts.

[36] M. Burgin, ob. cit., págs. 82 y 103.

[37] "Domingo Latorre contra Domingo Dagorret sobre cambio de letra en moneda de oro" y "Ramón Bejarano contra Juan Manuel Bedoya sobre un contrato de préstamo"; el primero iniciado el 11/VII/ y el segundo el 2/VIII/826, A. P. C., T., Expedientes Civiles, 1826.

[38] Decto. del 30/V/826, *R. O. P. C.*, II, pág. 49.

[39] Sesión capitular del 4/XI/822, en A. P. C., *Documentación Histórica...*, ob. cit., pág. 273.

[40] Dectos. del 31/X/826 y 20/V/827, *R. O. P. C.*, II, págs. 59 y 163.

[41] *Idem*, III, pág. 185.

[42] *Idem*, Decto. del 12/XI/835, pág. 298.

[43] Nótese que la serie de importaciones y exportaciones de Corrientes que analiza *El Lucero* —y que reproducen Ravignani y Burgin— termina en 1830. La serie del cuadro 5, al incluir los años siguientes a las medidas del más fuerte proteccionismo correntino, se presta a distintas inferencias. Sin haberse conseguido eliminar el déficit, su acentuada reducción era un argumento más que acicateaba la lucha contra el monopolio del comercio exte-

rior por Buenos Aires. El cuadro de *El Lucero* en: E. Ravignani, ob. cit., pág. 201, y en: M. Burgin, ob. cit., pág. 297.

[44] Rosas a Gramajo, Buenos Aires, 12/x/837; Gramajo a Rosas, Corrientes, 22/xi/837. Ambas (la de Rosas es un borrador) en: A. G. N., Gobierno, Corrientes, x-5-7-6.

[45] *R. O. P. C.*, ii, pág. 266. La medida siguió a un aparente ofrecimiento de varios funcionarios: "Comunicaciones sobre cesiones y donativos de empleados", 15/iii/828, A. P. C., E. A., enero-marzo 1828, Leg. núm. 23.

[46] Leyes del 18/i, 10/ii y 26/vi/827, *R. O. P. C.*, ii, págs. 104, 107 y 120, respectivamente.

[47] Leyes del 1/viii y 1/vii/828, y 28/i/829, *R. O. P. C.*, ii, págs. 241, 240 y 308, respectivamente.

[48] Sobre el conflicto misionero, véase, entre otros documentos oficiales, el "manifiesto" del gobierno correntino a los pueblos de las otras provincias argentinas con motivo de su ocupación del territorio de la provincia de Misiones, del 12/xi/827, *R. O. P. C.*, ii, pág. 176 y sigts.

[49] Ley del 23/v/828 y Dectos. del 10/vi y 9/vii/828, *R. O. P. C.*, ii, págs. 240, 270 y 273, respectivamente; Manifiesto... del gobernador Ferré, del 24/v/828, *ídem*, pág. 298.

APÉNDICE

[1] Lo que sigue es parte del ya citado trabajo "Notas sobre la presencia italiana en el Litoral argentino en la primera mitad del siglo xix", publicado en Fernando J. Devoto y Gianfausto Rosoli (comps.), *L'Italia nella societa argentina*, Roma, Centro Studi Emigrazione, 1988. Cabe agregar que la influencia del iluminismo napolitano del siglo xviii en Argentina fue objeto de un trabajo nuestro publicado en la *Rivista Storica Italiana* en 1964 —"Gli Illuministi napoletani nel Rio de la Plata", *Rivista Storica Italiana* (Turín), anno lxxvi, fasc. i, 1964—, luego incluido, en lengua castellana, en José Carlos Chiaramonte, *Problemas del europeísmo en Argentina*, Paraná, Facultad de Ciencias de la Educación, 1964, y posteriormente reeditado en *íd.*, *La crítica ilustrada de la realidad*, Buenos Aires, c.e.a.l., 1982, cap. vi.

[2] Relación que fuera objeto de valiosos análisis por parte de Franco Venturi: Franco Venturi, "Economisti e riformatori spagnoli e italiani del '700", *Rivista Storica Italiana, anno* lxxiv, fasc. iii. Para el iluminismo napolitano véase, del mismo autor, *Iluministi italiani*, tomo v, *Riformatori napoletani*, Milán-Nápoles, Ricciardi, 1962.

[3] Victorián de Villava fue un firme exponente del despotismo ilustrado de los Borbones españoles y autor de algunos notables trabajos sobre problemas sociales y económicos del Alto Perú. Al respecto, véase nuestro trabajo *La crítica...*, ob. cit., caps. vi y vii.

[4] *Ídem*, pág. 157. Véase, asimismo, José Mario García Laguardia, "Ilustración y liberalismo en Centroamérica. El pensamiento de José Cecilio del Valle", *Boletín Mexicano de Derecho Comparado*, Nueva serie, año xvi, núm. 46, 1983, pág. 115 y sigts.

[5] Los textos de esa polémica fueron recopilados, en su mayor parte, por Emilio Ravignani: *La Liga del Litoral*, Instituto de Investigaciones Históricas, Facultad de Filosofía y Letras, Documentos para la Historia Argentina, tomo xvii, Buenos Aires, 1922, Apéndice segundo.

[6] Manuel F. Mantilla, ob. cit., págs. 160 y 161. Véase también la biogra-

fía de García de Cossío en Valerio Bonastre, *Varones Correntinos*, Buenos Aires, La Facultad, 1936.

[7] Sobre la influencia del iluminismo napolitano en Guatemala véase el ya citado trabajo de Jorge Mario García Laguardia. En cuanto a la influencia en Cuba: Julio Le Riverend, *Historia Económica de Cuba*, La Habana, Instituto Cubano del Libro, 4ª ed., 1974, pág. 275. En Buenos Aires, el fuerte interés despertado por Filangieri a principios de siglo también parece haber tenido larga duración. La *Gaceta Mercantil* del martes 3 de abril de 1838, incluía el siguiente anuncio:

> "Libros de Medicina, Leyes y Jurisprudencia: Beccaria, Bentham, Filangieri, Cabanis, Mably, Montesquieu, Comte (Tratado de Legislación)."

[8] "De la ocupación de los pobres y los vagabundos", y "De la costumbre, como primer e importantísimo medio de mejorar los oficios y aumentar la cantidad de trabajo y la renta de la nación". Antonio Genovesi, *Lezioni di Economia Civile*, Milán, 1803, tomo VII.

[9] "...che dove l'arti non si risguardano che pel solo fine del sostegno e d'un sostegno filosofico, no vi puo esser soverchio, ne percio commercio. Perche allora, como tra selvaggi, niuno procurera di avere che quanto basta alla natura. Mancando adunque il soverchio, dee mancare il fondo al commercio. E percio da fare che ogni mestiero si guardi da chi l'intrapende con occhio di trafficante; affinche studiandosi tutti di aver piu che loro basta, creino nella nazione un amplio fondo di traffico esterno". *Idem*, tomo VII, cap. XX, "Regole generali del commercio esterno", pág. 153. Este capítulo, por otra parte, es una de las fuentes de los escritos correntinos sobre el tema.

[10] Pedro Ferré, "Cuestiones nacionales", en Emilio Ravignani, ob. cit., pág. 271.

[11] Temas tales como el de la importancia del saldo favorable en la balanza de comercio, la regulación del comercio exterior mediante una legislación protectora de las producciones nacionales, o la conveniencia del fomento de la industria y el papel de esta en la prosperidad de un estado.

[12] Antonio Genovesi, *Opuscoli Economici*, Milán, 1803, pág. 51 y sigts.; "Decreto reglamentando las operaciones aduaneras...", del 20/XII/826, *Registro Oficial de la Provincia de Corrientes*, Segundo tomo, 1826-1830, Corrientes, 1929, pág. 65.

[13] En un contexto como el de la política correntina, claro está, que obliga a descartar la influencia fisiocrática. Manifiesto del gobernador de la provincia del 19/VIII/826. *Registro...*, ob. cit., pág. 77.

[14] Eli F. Heckscher, *El Mercantilismo*, México, Fondo de Cultura Económica, 1943, págs. 587 y 588.

[15] Geronymo de Uztaritz, *Theórica y Práctica del Comercio y de Marina*, Madrid, Aguilar, 1968, cap. LXXXI, pág. 247 y sigts., cap. LXXXIX, pág. 285 y sigts., cap. XVII, pág. 33.

II. El proteccionismo económico en la construcción del orden social

[1] Decto. del 1/XII/822, *R. O. P. C.*, I, pág. 138, y Decto. del 21/VIII/824, *ídem*, pág. 244.

[2] Blanco a Martín Rodríguez, 28/II y 28/III/822, 5/I y 19/II/823, A. G. N., Gobierno, Corrientes, 1818-1832, X-5-7-2. Blanco a M. Rodríguez, 25/I y 8/III/

823, *ídem*, lug. cit., Juan José Blanco, según los documentos oficiales, Juan José Fernández Blanco, según otras fuentes, era miembro de la antigua familia Fernández Blanco, de comerciantes y curtidores correntinos.

[3] El Reglamento provisional del 9 de setiembre de 1815, que promulgara Artigas para las provincias confederadas bajo su mando, fijaba un impuesto general del 25%, con algunas excepciones del 15 y el 4% a los "frutos de América", del 40% a ciertos productos como la ropa hecha y del 30% a los caldos y frutas secas de Cuyo. Los derechos de extracción eran del 4%, excepto los cueros mulares y yeguarizos, que pagaban 6% más un real los de mulo y ½ real los de mula y yegua, por unidad. El resto de los productos ganaderos abonaba el 8%. En abril de 1816, Artigas promulgó un reglamento similar especialmente destinado a los puertos de Corrientes, que añadía la expresa aplicación del 25% de impuesto general a los productos provenientes de Buenos Aires y 1/8 adicional a los de ultramar —Aurora Capilla de Castellanos, "Historia del Consulado de Comercio de Montevideo, 2ª parte, 1815-1816", *Revista Histórica* (Montevideo), 2ª época, tomo XXXV, diciembre de 1964, Apéndice, págs. 238 y 247—. Este Reglamento reservaba el comercio interior a los nativos, criterio que Corrientes mantendrá, incorporándolo a sus textos constitucionales en 1821 y 1824. Respecto de la rebaja que significan los aranceles de 1822, es de interés advertir que los "preceptos orgánicos" que el primer Congreso provincial dejó como recomendaciones al gobernador, antes de disolverse, a fines de diciembre de 1821, facultaban a Blanco para proceder a disminuir algunos considerados excesivos, sin especificar, empero, cuáles eran. Ley del 29/XII/821, *R. O. P. C.*, I, pág. 61.

[4] Ferré al gobernador de Buenos Aires, 3/III/825, A. G. N., Gobierno, Corrientes, 1818-1832, X-5-7-2.

[5] Manifiesto del gobernador de la Provincia, pro desarrollo de la industria y fomento de la agricultura, 19/VIII/826, *R. O. P. C.*, II, pág. 77.

[6] Decto. del 22/VII/825, *R. O. P. C.*, I, pág. 407.

[7] Actas Capitulares, Sesiones del 11, 18 y 26/XI/821, *R. O. P. C.*, I, págs. 274 y 275: "...se discutió sobre varias materias en el arreglo de derechos, y por la importancia se postergó la resolución...", Ses. 11/XI; "...se cerró el Acta por no haberse concluido de acordar la sanción, que se promovió sobre el nuevo Reglamento de derechos dándose treguas hasta el Acta venidera", Sesión del 18/XI, pág. 274.

[8] Ley 143, del 18/IX/826, *R. O. P. C.*, II, pág. 21.

[9] Leyes del 29/XII/21, *R. O. P. C.*, I, págs. 60 y 62. Respecto de los auxilios en ganado, otra ley de 1825 vuelve sobre el problema: "En atención a la guerra general y la situación de los hacendados en la campaña con respecto al poco valor en que le son abonados los animales vacunos que dan para el abasto de la tropa, la Sala ha acordado se siga abonando por los animales tres pesos y se le devuelvan los cueros que anteriormente quedaban a beneficio del Estado...". El decreto reglamentario del 13 del mismo mes y año era más detallado en sus considerandos: "El gobierno no puede desentenderse del conocimiento que ha adquirido sobre el perjuicio a que se hallan expuestos los hacendados de la campaña, por el método que se ha seguido de darles papeletas que acrediten la calidad y cantidad del ganado que dan de auxilio, ya porque la distancia de sus habitaciones los obligan a no procurar el valor de sus animales, por el perjuicio que de hacerlo se les originaría en sus ocupaciones domésticas, cuanto porque impulsados de la necesidad venden sus papeletas por menos valor...". Uno de los artículos del decreto disponía que los comandantes militares llevasen una razón dia-

ria del ganado pedido en auxilio, con nombre del propietario y cantidad y calidad del ganado. Ley del 7/VI/825 y Decto. del 13/VI/825, *R. O. P. C.*, I, págs. 372 y 402.

[10] Mensaje del Poder Ejecutivo al inaugurar las sesiones de la Segunda Legislatura, 8/VII/824, *R. O. P. C.*, I, pág. 302.

[11] P. Ferré, *Memoria...*, ob. cit., pág. 10 y sigts.; Manifiesto del Gobernador Ferré, 12/XI/827, *R. O. P. C.*, II, pág. 177: "...La memoria se horroriza de recordar una época de sangre y desvastación...". Véase, también, el testimonio de D'Orbigny sobre la versión del artiguismo en los líderes correntinos: ob. cit., págs. 203 y 204.

[12] Blanco a M. Rodríguez, 25/I/823, A. G. N., Gobierno, Corrientes, 1818-1832, x-5-7-2.

[13] Lucio Mansilla al gobernador de Buenos Aires, Paraná, 10/I/823, A. G. N., Gobierno, Entre Ríos, 1820-1825, 10-5-4-5.

[14] José J. de Goytía, alcalde provincial [de Hermandad], al gobernador Blanco, Batel, 19/II/822, A. P. C., *Documentación Histórica...*, ob. cit., pág. 156.

[15] Actas Capitulares, Ses. del 21 y 27/I/823, *R. O. P. C.*, I, págs. 173 a 175.

[16] *Idem*, Ses. del 1 y 4/III/823, pág. 182 y sigts.

[17] "García, José Vicente de Cossío, pide el desalojo a los pobladores del campo de su propiedad", 14/XII/825, A. P. C., T., 1825, Expedientes Civiles.

[18] *R. O. P. C.*, I, pág. 107.

[19] Ley del 15/IX/825, I, pág. 379. Sobre esta forma de penar el delito, tomada de las *Partidas* españolas, véanse los comentarios del jurista guatemalteco de la primera mitad del siglo pasado, José María Álvarez, en sus *Instituciones de Derecho Real de Castilla y de Indias*, México, UNAM, 1982 (reimpresión facsimilar de la edición de 1826), tomo II, libro IV, título I, núm. III, "De las acciones que competen contra los ladrones y penas que les impone el derecho", pág. 24 y sigts. El criterio de Álvarez es menos riguroso que el de la legislación correntina, en consonancia con la mudanza de criterios jurídicos derivados del iluminismo. Mucho más crítico de la severidad de las penas en la tradición española antigua es el primer texto de derecho civil que, bajo la influencia de Bentham, se utilizó en la Universidad de Buenos Aires, desde 1824 hasta 1833, año en que fue reemplazado por la obra de Álvarez. Nos referimos a los apuntes de Pedro Somellera que, en su parte principal, fueron editados en Buenos Aires el primero de esos años, y cuyo Apéndice, al que hacemos referencia, apareció en Montevideo en 1848: Pedro Somellera, *Principios de Derecho Civil (Apéndice), de los Delitos*, Buenos Aires, Elche, 1958, "Artículo 7º, De los remedios penales", pág. 34 y sigts. (Más información sobre las obras de Somellera y Álvarez puede encontrarse en el Estudio Preliminar de Jorge Mario García Laguardia y María del Refugio González a la citada edición de las *Instituciones* del jurista guatemalteco.)

[20] Decto. del 4/II/826, *R. O. P. C.*, pág. 36. Otras medidas oficiales sobre el problema: Acta Capitular núm. 5 del 22/I/823, *R. O. P. C.*, I, pág. 173; *íd.*, núm. 6, 27/I/823, *íd.*, pág. 175; Decto. del 22/VII/825, *íd.*, pág. 407; Decto. 19/X/829, *íd.*, II, pág. 344; Ley del 14/I/831, *íd.*, III, pág. 17; Decto. del 9/I/832, *íd.*, pág. 112; Decto. del 6/IV/832, *íd.*, pág. 118; Decto. del 1/XII/835, *íd.*, pág. 304. Sobre este material volveremos más adelante.

[21] *R. O. P. C.*, I, pág. 396; Decto. del 13/XII/832, *íd.*, III, pág. 143. El Cabildo de Corrientes recogía la preocupación del juez comisionado de Paiubre, a mediados de 1824, porque un sujeto de su jurisdicción había ganado en juego un buey y una vaca lechera, únicos recursos con que el perdedor aten-

día el sostenimiento de la familia. El lenguaje del Cabildo es significativo: "Esta Municipalidad no puede desentenderse de la necesidad de contener estos desórdenes, mucho más cuando el ejemplo de aquel individuo debe inferir en los demás el desprecio a las disposiciones superiores..." por lo que ruega al gobernador ordene la devolución de los dos animales, "...para que de este modo los Jueces Comisionados mantengan el orden que les está encomendado". El Cabildo de Corrientes al gobernador, 16/VI/824, A. P. C., C. O., 1824, legajo 16, mayo-agosto, folio 16.

[22] *R. O. P. C.*, I, pág. 236 y sigts., 274 y sigts., 383 y sigts.

[23] A. P. C., *Documentación Histórica...*, ob. cit., pág. 172.

[24] Sobre el primer levantamiento y la actitud del gobernador Blanco, H. F. Gómez, ob. cit., págs. 10 y 30.

[25] Ley del 22/X/825, *R. O. P. C.*, I, pág. 383.

[26] *Ídem*, lug. cit.

[27] Causa criminal "Contra los Sargentos de Dragones Matías Custidiano, Benigno Barrios y Blas González y los cabos Luis Cardoso, Bernardo Antelo y Bonifacio Romero", A. P. C., T., 1825, núm. 48.

[28] Por ejemplo, además de lo citado en las notas anteriores: "Reunión denunciada al Gobierno sobre el proyecto de trastornar el orden público", A. P. C., T., 1823, núm. 23; "Proceso indagatorio sobre la revolución intentada en el Pueblo de la Esquina por el Comandante del Partido Dn. Juan González Alderete y su ayudante don Manuel Palacios", *ídem*, 1824, núm. 37; "Sumario indagatorio seguido contra el Capitán de Milicias D. Pedro Gauna perteneciente al Partido de las Ensenadas; Sargentía Mayor de Plaza", por intento de "revolución" contra su comandante militar, *ídem*, 1825, núm. 50; "Sobre insubordinación del Alférez Juan Bautista Gutiérrez con dos Sargentos". *Ídem*, 1929, núm. 376 (todos, expedientes Criminales).

[29] Véase Antonio Genovesi, *Lezioni di Commercio o sia di Economia Civile*, Milán, Scrittori Classici di Economia Politica, Parte Moderna, tomo VII, 1803, cap. XIII, "Dell'impiego de' poveri e de' vagabondi", pág. 303 y sigts. y cap. XIV, "Del costume siccome primo e grandisimo mezzo de migliorare le arti e accrescere la quantita della fatica e della rendita delle nazione", pág. 323 y sigts. Sobre la influencia de Genovesi en Hispanoamérica y especialmente en la Universidad de Charcas, donde enseñaba su traductor, Victorian de Villava (y en donde había estudiado José Simón García de Cossío), véase nuestro trabajo *La crítica ilustrada de la realidad. Economía y sociedad en el pensamiento argentino e iberoamericano del siglo XVIII*, Buenos Aires, Centro Editor de América Latina, caps. VI y VII. (Véase también el Apéndice al capítulo anterior.)

[30] Ley del 26/VI/827. Véase también el Decreto complementario del 1/VII/827, *R. O. P. C.*, II, págs. 117 y 167, respectivamente.

[31] A. D'Orbigny, ob. cit., I, págs. 125 y 187.

[32] Mensaje del Poder Ejecutivo al inaugurar las sesiones de la Segunda Legislatura, 8/VII/824, *R. O. P. C.*, I, pág. 301.

[33] Ley del 14/II/825, *íd.*, pág. 367.

[34] Decto. del 30/VI/825, íd., pág. 406.

[35] Leyes del 18/II/, 11/VI y 11/V/825, *íd.* págs. 368, 372 y 374 (las del 11/VI, núms. 101 y 102 en la edición de 1929).

[36] Decto. del 4/II/826, *íd.*, pág. 35.

[37] Ley del 25/I/830, *íd.*, II, pág. 361.

[38] Ley Constitucional..., cit., *íd.*, I, pág. 249.

[39] Se promulgó también una ley autorizando al Poder Ejecutivo a premiar con mercedes de tierras los servicios importantes a la causa del país.

Ley del 6/III/828, *íd.*, II, pág. 235. Entre otros agraciados, estarían gobernadores de la provincia: leyes del 4/I y 11/I/837, *íd.*, III, págs. 386 y 388.

[40] Ley del 13/XI/827, *íd.*, II, pág. 141.

[41] Decto. del 9/VII/827, *íd.*, pág. 166.

[42] Ley del 3/VII/828, *íd.*, II, pág. 245.

[43] Ley del 4/II/829, *íd.*, II, pág. 309.

[44] Ley del 3/VII/830, II, pág. 374.

[45] Decto. reglamentario del contrato de enfiteusis, 16/IV/831; sobre el mismo asunto, leyes del 4/I y 24/IV/831, fijando al canon reiterado en el decreto de abril y aprobando dicho decreto. *Íd.*, III, págs. 62, 10 y 24, respectivamente.

[46] Ley del 24/XI y Dectos. del 9/VI y 26/VIII/831. *Íd.*, III, págs. 53, 68 y 83, respectivamente.

[47] Decto. del 22/I/832. *Íd.*, pág. 115.

[48] Decto. del 5/IX/832. *Íd.*, pág. 137.

[49] Decto. del 28/IX/832. *Íd.*, pág. 139.

[50] Decto. del 27/X/834. *Íd.*, pág. 246.

[51] Decto. del 16/I/836, *íd.*, pág. 350.

[52] Ley del 21/VIII/824, *íd.*, I, pág. 244.

[53] Leyes del 17/VI/826, 20/I y 7/XII/830. *Íd.*, II, págs. 17, 358 y 377, respectivamente.

[54] P. Ferré, *Memoria*. . ., ob. cit., pág. 15.

[55] Ley del 4/I/831, *R. O. P. C.*, III, pág. 9.

[56] Miron Burgin, ob. cit., cap. IX, "Aranceles: emisiones y política", pág. 279 y sigts.

[57] Leyes núms. 272 a 277, del 4/I, núms. 278 y 279, del 5/I, núms. 303 y 304 del 19/VII y núm. 305 del 20/VII/831. *R. O. P. C.*, III, pág. 7 y sigts., y 31 y sigts.

[58] Dectos. del 11/VIII/832 que aprobaban el contrato para la enseñanza de la industrialización del azúcar, licores, etc., y reglamentaban la enseñanza oficial al respecto, *íd.*, págs. 132 y 134. Ley núm. 303, 9/VII/831, que prohibía la importación de azúcar, *íd.*, pág. 33. Ley núm. 326, del 15/XII/832, sobre el control del beneficio y elaboración de tabaco, *íd.*, pág. 106. Ley núm. 323 que autorizaba el beneficio de la yerba mate. Decto. del 1/II/833, que prohibía la importación de yerba mate, *íd.*, pág. 187. Es significativo que las dos prohibiciones, la de la importación de azúcar y de yerba mate, fuesen anuladas en enero de 1834, a los pocos días de asumido el gobierno por Rafael de Atienza, gobernador adicto a la política de Buenos Aires. Asimismo, un año más tarde Atienza anuló la prohibición de importación de calzado hecho: leyes núms. 337 y 338, del 20 y 23/I/834, y núm. 358, del 3/II/835, *íd.*, págs. 223, 224 y 269.

[59] Ley núm. 305 del 20/VII/831, que imponía un 25% más a los efectos importados en buques "extranjeros". Entendiendo por tales "los construidos en los puertos extraños de la República Argentina". La ley aclara también que los artículos gravados con el 25% adicional eran lo que ". . .estaban sugetos al aforo de plaza, pues los que tienen derecho determinado, como maderas, etc., pagarán el doble de lo establecido". *Íd.*, pág. 33. En mayo de 1838, ante una consulta del gobernador, el Congreso de la provincia aclaró que debían gozar del privilegio acordado por la ley aquellas embarcaciones que aunque no fuesen construidas en la provincia hubieran sido refaccionadas al menos en dos terceras partes de su valor en astilleros correntinos. No así, las refaccionadas en astilleros de otras provincias argentinas —leyes núms. 452 y 463, del 28/V y 5/X/838, *íd.*, IV, págs. 58 y 68. La última de estas

leyes suplantaba el adicional a las mercancías importadas en buques extranjeros, establecido por la ley de 1831, por un derecho de cuatro pesos por tonelada de esos buques.

[60] Ley núm. 328 del 31/VII/833, *íd.*, III, pág. 161. La comisión dictaminó no hacer lugar, dictamen que el Congreso de la provincia hizo suyo y elevó al gobernador.

[61] Actas Capitulares. Ses. del 17/II/823, *íd.*, I, pág. 179.

[62] Decto. reglamentario de las operaciones portuarias y de policía del puerto, artículos 23, 24 y 25, *íd.*, I, pág. 390; Decto. de policía general y funciones del juez de policía y alcaldes de barrio, 4/II/825, *íd.*, I, pág. 394 —especialmente artículo 32, pág. 399—.

[63] Decto. reglamentario de los contratos de trabajo y deberes de peones y patrones, 12/XI/825, *íd.*, I, pág. 423.

[64] Decto. del 30/XII/830, *íd.*, II, pág. 401.

CONSIDERACIONES FINALES

[1] La comisión redactora de ese documento había tropezado con "... el escollo casi insuperable de la escasez de sujetos idóneos..." para integrar un organismo de esa naturaleza que "...podía causar contrastes peligrosos por la falta de luces y de experiencia". La solución adoptada en la reforma de 1824 fue la de crear una comisión permanente de cinco diputados para cubrir las funciones del Congreso durante los casi tres años que duraba su receso luego de la elección de gobernador. Hernán F. Gómez, *Instituciones de la provincia de Corrientes*, con una carta-prólogo del Dr. Juan Ramón Vidal, Buenos Aires, J. Lajouane, 1922, pág. 26.

[2] Hernán F. Gómez ha hecho una amplia reseña del proceso de organización institucional de la provincia en diversas obras. Además de las ya citadas, es particularmente atinente a este aspecto su libro *Instituciones de la provincia de Corrientes*, ob. cit. Véase, del mismo autor, *Bases del Derecho Público Provincial*, Buenos Aires, Corrientes, 1915.

[3] H. F. Gómez, *Instituciones...*, ob. cit., pág. 29. Hubo enmiendas en julio de 1827 y en diciembre de 1830.

[4] Ley núm. 37, del 13/XII/821, Arancel de derechos de los jueces ordinarios, comisionarios, escribanos, medidores y tasadores, *R. O. P. C.*, I, pág. 49.

[5] *Íd.*, pág. 49. Nótese también la supervivencia de los servicios personales en lo que sigue:

> De los Indios que aprehendiesen por embriaguez u otros casos semejantes que sólo miren a la corrección y que se manden soltar, bajo de apercibimiento, no llevará derecho alguno, salvo cuando por otros delitos fueren condenados y vendido su servicio personal en algún trabajo, u otra oficina, en cuyo caso de la condenación percibirá lo mismo que de los españoles, mestizos o mulatos. (Pág. 50.)

[6] Véase, por ejemplo, *R. O. P. C.*, I, págs. 132, 136, 180, 197, 334; *íd.*, II, págs. 166 y 390.

[7] *La Verdad sin Rodeos*, Corrientes, núm. 96, 10/IX/829.

[8] No nos es posible evaluar la importancia de la producción industrial en el conjunto de la economía correntina más allá de lo que permiten las limitadas fuentes de que disponemos: testimonios de viajeros y algunos da-

tos de archivo, como los censales e impositivos, entre otros. Fuera de esto, y de lo que examinamos al tratar de la política económica, subsiste la incertidumbre sobre la dimensión de su peso relativo en la economía y la magnitud de las variaciones que habría tenido a lo largo de estos años. Los datos de las exportaciones —pese a ser también incompletos, por la ya mencionada circunstancia de estar exentos de derechos varios de los productos industriales, y por la dificultad de establecer el valor de lo exportado (véase cuadros 6 y 7)—, permiten inferencias de valor, pese a que para varias de las principales exportaciones, como tabaco, cigarros y maderas, entre otras, la evaluación no nos ha sido posible por las dificultades ya señaladas (véase las Observaciones a los cuadros 6 y 7 y las efectuadas en el capítulo III de la Primera Parte, en el parágrafo relativo al comercio exterior).

[9] Ley núm. 369 del 19/XII/835, que castigaba la introducción fraudulenta de alcohol, *R. O. P. C.*, III, pág. 281.

[10] Considerandos de la ley del 31/VII/833, que negaba la concesión de privilegios exclusivos para la navegación del Paraná, *R. O. P. C.*, III, pág. 162.

[11] "...los montes de algarrobo son de consideración, y de consiguiente, interesantes en el día para la construcción de buques, tanto más por la proximidad a los astilleros que en Goya hace tiempo no cesan de trabajar, y que es muy probable serán más en lo sucesivo...". Solicitud de compra de un terreno por Gregorio García, Protocolos de Teodoro Gauna, año 1835, APC, Protocolos de Escribanos, tomo 74, folios 7 y 8.

La participación de súbditos sardos en las actividades navales del Plata, que comentamos en otro lugar, parece asimismo reflejarse en otra escritura: en mayo de 1838, un genovés residente en Corrientes, declara en su testamento que "...no tiene ni posee más bienes que las herramientas de su oficio de carpintero de ribera..."; y que tiene en obra un buque encargado por dos comerciantes de la ciudad. Última voluntad de Don Juan Borsona..., *ídem*, año 1838, tomo 74, folio 169. (Tomamos estos datos de la monografía de Graciela I. Balestra, "Inmigración italiana a la provincia de Corrientes, 1820-1850", diciembre de 1988, para nuestro Seminario de Metodología de la Investigación Histórica.)

[12] Es un error considerar a Pedro Ferré un caudillo en el sentido del líder militar exitoso en el manejo de masas rurales para su ascenso y mantenimiento en el poder. No era militar; tenía, además de incapacidad para ese oficio, una manifiesta animadversión hacia los hombres de armas, y su mayor fuerza política provenía, además del ascendiente sobre sus seguidores, común a caudillos y otros líderes, de su preferencia por la negociación política sobre el uso de la fuerza armada.

[13] *El Federal*, Santa Fe, 5/IX/831, cit. en Alberto David Leiva (comp.), *Fuentes para el estudio de la Historia Institucional Argentina*, Buenos Aires, Eudeba, 1982, pág. 302.

ÍNDICE

Esta edición
se terminó de imprimir en
RIPARI S.A.
General J.G.Lemos 248, Buenos Aires
en el mes de septiembre de 1991